XIAOWEI QIYE CHENGGONG ZHILU

小微企业成功之路

康建雄　编

西北工业大学出版社

图书在版编目（CIP）数据

小微企业成功之路/康建雄编. —西安：西北工业大学出版社，2015.8
ISBN 978 - 7 - 5612 - 4595 - 8

Ⅰ.①小… Ⅱ.①康… Ⅲ.①中小企业—企业管理—通俗读物
Ⅳ.①F276.3 - 49

中国版本图书馆 CIP 数据核字（2015）第 214612 号

出版发行：西北工业大学出版社
通信地址：西安市友谊西路 127 号　　邮编：710072
电　　话：(029)88493844　88491757
网　　址：www.nwpup.com
印　刷　者：兴平市博闻印务有限公司
开　　本：727 mm×960 mm　　1/16
印　　张：18
字　　数：323 千字
版　　次：2015 年 10 月第 1 版　　2015 年 10 月第 1 次印刷
定　　价：39.00 元

前　　言

创业是当今社会发展的大趋势。鼓励创业,不仅有利于拓宽劳动者的就业门路,为社会创造更多的就业岗位,而且有利于实现劳动者的个人价值,在全社会形成创新、创业的氛围,推动社会经济的持续、快速、健康发展。

党的十八大以来,为实现国家经济增速换挡、结构转型、动力转换的新方式,党中央号召全民创新创业,并出台了一系列的相关扶持和倡导政策。特别是广大的大中专学生及城乡青年的就业与创业问题,越来越受到社会的广泛关注。

因此,本书根据广大社会青年及学生的特点,为更好地指导他们的创业,并结合笔者近来在创业培训教学过程中的一些心得体会,编写的融知识性、通俗性、实务性、思想性、时代性于一体的创业培训参考读物。本书是对国家劳动和社会保障部出版的,由国际劳工组织开发的《创办你的企业》(简称 SYB)和《改善你的企业》(简称 IYB)创业培训教材的补充和完善,可以作为该套创业培训教材的补充读物,也可以作为企业内部管理人员培训的参考资料。

通过学习本书的内容,可获得关于创业的关键知识和实用信息,深化对创业的认识,强化创业的技能、动力和信心,同时也可以运用相关方法来提高创业者的综合素质,提升创业成功率。

本书的基本结构主要包括创业知识讲座、管理知识链接、创业杂谈和典型案例四个部分组成。

第一部分创业知识讲座共有十四讲,从创业的基本概念入手,系统地介绍了创业的思想启蒙、创业必备条件、创业的基本类型、创业的基本模式,并逐步深入,进一步说明创业机遇的把握、迈出创业第一步,如何进行行业、项目的选择,如何筹措资金、组建创业团队、选择创业合作伙伴,最后介绍了如何规避失误、进行面对创业失败。这一部分是教材的核心内容。

第二部分管理知识链接共有三十三个企业在经营中非常有用的管理学知识原理,包括吉芬商品、威士忌效应、牛尾效应、庞氏骗局、蝴蝶效应、青蛙现象、鳄鱼法则、鲶鱼效应、羊群效应、刺猬法则、手表定律、破窗理论、二八定律、木桶理论、马太效应、鸟笼逻辑、责任分散效应、帕金森定律、晕轮效应、霍桑效应、习得性无助实验、证人的记忆、罗森塔尔效应、虚假同感偏差、纳代均衡理论、彼得原理、酒与污水定律、零和游戏原理、华盛顿合作规律、不值得定律、蘑菇管理、奥卡姆剃刀定律、倍增学原理。通过运用一些寓言故事、生活趣味故事，阐述了经济管理中的一些重要现象和原理，对创业者今后所要从事的经营和管理有着重要的启发意义。

第三部分创业杂谈共有八个在创业过程中必须认真思考的问题，包括马云写给在工厂上班同学们的信，笔者写给创业者的心声，创业认知，中国创业者十大素质，创业问答，创业定律，创业诚律，中国创业教育与创业环境等。以交流沟通的形式，引导创业者树立良好的创业心态，掌握创业的相关规律，少走弯路，提升创业的成功率。

第四部分典型案例共例举了三十五个经典的创业成功案例，包括打工皇帝唐骏的创业故事，魔漫相机创始人创业的真实与梦想，宗庆后谈娃哈哈成功创业背后的创业故事，俞敏洪成立创投公司，马云励志创业故事，百度的创业故事，比尔·盖茨的创业故事，携程四君子的创业故事，杨澜创业故事，永和豆浆创始人林炳生创业的三重境界，24 小时便利店的"非主流"盈利秘诀，柳传志创新成就联想，梅特卡夫食品的创业秘诀，黄记煌创始人自述，如家十年创新用心，全聚德资产数百亿创业史，芭比娃娃创始人罗丝的创业故事，小肥羊的制胜之道，星巴克成功营销的六脉神剑，李河君的创富秘法，年长的创业者褚时健，女强人董明珠等。榜样的力量是无穷的，通过这些名人名企的创业成功案例故事，广大草根创业者能够受到很好的启发和引导，增强信心和动力，提高创业成功率。

创业改变命运，奋斗成就人生！

编 者
2015 年 5 月

目　录

第一部分　创业知识讲座

第二部分　管理知识链接

第三部分　创业杂谈

第四部分　典型案例

第一部分　创业知识讲座

第一讲　创业的概念

一、什么是创业?

(1)定义:创业就是创业者对自己拥有的资源或通过努力能够拥有的资源进行优化整合,从而创造出更大经济或社会价值的过程。简单地说,创业就是捕捉机会,开创基业。通过开拓性思维,创造性的劳动,去开创自己的事业,建功立业。

既然所创办的事业是自己赖以生存的基业,那就必须认真地做下去,并且热爱它。而所谓热爱,就是要有激情,并且全身心投入到这个事业中去。

(2)创业的过程是提升自我的过程,是不断学习、不断提高、不断发展的过程。很多事情是从来没有做过的,所以创业的过程实际上也是在不断探索的过程中去开创事业的进程,然后赚钱赢利,生存发展下去。

(3)捕捉机会,就有冒险、风险。①把握事物的"度";②从事熟悉、有经验的行业;③要有敏锐的"眼光",是智力、能力、体力的综合。

二、创业者应具备的素质和能力

(1)心理素质:①独立、自主的心理素质;②善于交流、合作;③敢于承担风险、勇于拼搏;④克服盲目冲动;⑤坚持不懈、不屈不挠、顽强努力;⑥善于进行自我调节、适应性强。

(2)能力:①专业能力(岗位从业、新技术、环保、能源、安全、经济、劳动等知识与法规);②方法能力(信息接受与筛选、捕捉机遇、分析决策创新、知人善任、融资理财、控制调节、风险评估驾驭);③社会能力(人际交往、谈判推销、策划推广、合作、自我约束、适应变化、承受挫折)。

三、地方经济发展所面临的机遇

(1)先要研究地方政府的经济发展政策,看看地方经济发展的战略思想有哪些,看所创办的事业是否符合政策导向,能否争取到政府的支持,这包括一些政策支持、税收支持、财政资金支持等。

(2)地方的优势：一是区位优势；二是交通优势，包括公路、水路、铁路、机场等；三是资源优势，包括矿产品、农林产品、其他生产性原材料、人文山水环境等；四是政策优势等。更要注意近期地方经济发展的特点。

(3)要仔细研究创业发展机会。城市建设、消费经济（衣食住行）、旅游、娱乐、农业、工业。

四、政府对创业工作的支持

一是国家在宏观层面上出台的对创业工作的相关支持政策，包括国家劳动和社会保障部、教育部、国务院等政府指导性文件；二是省级政府及相关部门关于创业工作的操作性文件；三是地方政府及部门的具体创业支持办法、文件。

第二讲　创业启蒙

1.关于做人做事

(1)先做人、后做事。

(2)做人做事做企业,必须一贯。

(3)这个世界不是因为你能做什么,而是你该做什么。

(4)心态、智慧、勇气都需要,更要学会专注。沃尔玛成功的秘诀:专注。

(5)李嘉诚讲过,多元化经营一定要等到一至两个项目永远赚钱时,才进行第三个,长江实业是他的旗舰,有了长江实业他才有今天,所以,40岁前每个创业者都要有自己的旗舰。

(6)永远不要让资本说话,而要让资本赚钱,让股东赚钱,坚持这一原则,资本一定会听你的。

2.关于想法

(1)创意只是一环,不是所有,要把每项工作落到实处。

(2)在创业过程中,要多听各方面的意见,偏听则暗,兼听则明。

(3)永远把批评记在心里,把表扬忘了。男人的胸怀是"委屈撑大"的。

(4)做任何事情必须要有突破,没有突破,就等于没做。

(5)团队中如果自己力量太强,大树底下难长草。真正的领导是通过别人获得结果,而不是自己冲在前面。

3.建立自我,追求忘我

(1)做一份喜欢的工作,就是很好的创业。

(2)不是你的公司在哪里,你的心在哪里,眼光在哪里更重要。如:肯德基不在纽约,在全球。

(3)创业要有个性化的东西,即特色,个性不是喊口号,不是成功学,而是经验的总结。例如:李嘉诚投资,为什么都很成功,他回答:手头上一定要有一样产品,天塌下来都挣钱。星巴克的咖啡卖两三百年,15000家店开到全世界。

(4)创业就凭独特的想法,等你有独特的想法再创业,来得及。

4.关于老板

(1)什么是老板。并不是人人都能做好老板,需要有一定的能力、素质、实力。在外人眼里,老板很风光,但实际上压力很大。

(2)什么是经理。中层骨干,经常被老板修理、经常对部下不讲理。

(3)不想当将军的士兵不是好士兵,但当不好士兵的将军也一定不是好将军。能够当一个好老板的人未必是好员工,但想要当一个好老板他首先应是一个好员工。

5.关于诚信

(1)一个创业者最重要的,也是他最大的财富——诚信。

例1:武汉有栋老建筑,快80年了,业主最近收到英国一家设计公司寄来的图纸资料,指出期限快到了,要求注意隐患,维修水电线路,令人感动。

例2:深圳一老板,做出口贸易,讲诚信。2008年金融危机时判断失误,导致亏本,近期想东山再起,无钱,想卖肾,医生不允,后被老客户知情,立即赊销,重新启运。

例3:德国人闯红灯的故事:交罚款、取消保险、停止贷款。

(2)CEO的艺术就在于人、财、物三者之间寻求平衡。

(3)开诚布公地跟团队沟通。

(4)一个创业者一定要有一批朋友,是多年来诚信积累起来的。

6.小公司的战略

(1)活下来,挣钱。

(2)生存下来的第一个想法是做好,不是做大,不是把对手打倒。

7.关于学习

(1)什么是学习,指通过阅读、听讲、研究、观察、实践等手段获得知识或技能的过程,是一种使个体可以得到持续变化(知识和技能,方法与过程,情感与价值的改善和升华)的行为方式;泛指人在生活过程中,通过获得经验而产生的行为或行为潜能的相对持久的行为方式。

(2)学习是一种习惯、学习使人成功。

(3)创业者书读得多不多不是最主要的,关键是在创业过程中去学习、去提升。

8.关于成功和失败

(1)小企业成功靠精明,中企业成功靠管理,大企业成功靠诚信。

(2)最大的失败是放弃,最大的敌人是自己,最大的对手是时间。

（3）今天很残酷,明天更残酷,后天很美好,但绝大部分人死在明天晚上,所以不要放弃,坚持到底就是胜利。

（4）从创业第一天起,你每天要面对的是困难和失败,不是成功。任何困难都必须自己扛、去面对。成功者最幸运的是比别人有毅力、可多熬几秒钟。成功没有捷径。

（5）每次打击只要扛过来了,就会更加坚强,抗打击能力强了,真正的信心就有了。

9.关于品德

（1）品德是一个人的人品和道德情操。

（2）品——三个口,大家说你好,才是真的好。

（3）用显微镜找自己的缺陷,改正它。

（4）忠告人们,指出我错误的人,才是真正的朋友。

第三讲　创业的基本类型

一、生存型创业

生存型创业是指那些由于没有其他就业选择或者对其他就业选择不满意,而从事创业的活动,也即那些由于没有其他更好的工作选择,出于生存目的,而不得已选择的创业形态。大多为下岗工人、失地农民、刚毕业又找不到工作的大中专学生。

典型案例:浙商的早期创业者周成建(创立服装品牌美特斯邦威)、王振滔(创立皮鞋品牌奥康)的故事。

二、机会型创业

机会型创业是指那些为了追求某种商业机会而从事创业的经营活动与行为,是已感知到商业机会的人自愿组织资源,去开发其所预想的商业机会。这种创业者实际上可以有其他的选择,但他们通过发现或创造新的市场机会,并偏好于走创业这条路,以追求更大的发展空间,从而自动自发地开创他们的企业。

机会型创业情况往往能反映出该地区的地方经济活跃程度,一般发达地区的机会型创业比例较高,我国沿海发达地区机会型创业的比例高于内地。

很多世界著名的大企业都是从机会型创业成长起来的,如戴尔、苹果、甲骨文、Google 等公司。当年,比尔·盖茨因为认识到软件发展的机遇,甚至中止学业,开创了微软公司。

国内的典型机会型创业案例有张朝阳创办搜狐、李彦宏创办百度、江南春创办分众传媒等。

机会型创业与生存型创业相比,在创业动机、创业目标、资源需求及创业领域等方面都有不同。

生存型创业与机会型创业的划分并非泾渭分明,一些成功的创业者会迅速完成由前者到后者的"切换"。生存型创业者在取得早期成功后,也必须转向机会型创业从寻求更大的发展。国内著名的联想电脑、华为公司都经历了这样的历程。

三、技术创业

它是以技术密集型、高成长性、追求经济效益的创业活动,在我国也称为科技创业,并受到政策的重点扶持。技术创业是以技术创新为支撑,以技术成果的商业化为基础的一类创业活动。技术创业是最有影响力和挑战性的一种机会型创业。在目前我国正在大力推进的传统产业升级换代,大力开展产业结构调整,以科技进步和技术创新推动社会经济转型发展的大背景下,技术创业更有着重要的战略意义。

技术创业的潜在主体是大学、研究机构、高科技企业、学生、教师、科研人员、技术人员。技术创业呈现了创新性和高风险性的特点。

案例:伟大的发明家创业家爱迪生的故事。爱迪生一生有 1093 项发明,但更重要的是他能够使一项发明,在技术上与商业上都可行,并且引发市场需求,为投资者创造丰厚利润。如著名的电灯泡灯丝实验。

四、公益创业

无论生存型创业还是机会型创业,创业者都以追求明确的商业利益为目标,但还有一种不以商业利益为重的创业形态,即公益创业。它是以办企业的方法达到使某些目标受众受益于创业者提供的某种特定服务的创业行为,并且目标受益者不需要为此支付该项服务的成本。随着社会的发展,公益创业也已经成为一种主流创业意识,并成为学生创业实践的一种重要方式。

案例:赛扶(国际大学生企业家联盟)是一个全球性的以在校大学生为主体的商业实践社团,目前在 40 多个国家 2000 余所大学拥有独立运行的学生团队。在众多世界 500 强企业的赞助下建立起商界和高等教育之间的桥梁,其培训和组织学生,自主策划并实施公益性的商业实践项目,帮助民众提高经济收入,改善生活质量,营造和谐社会氛围。

第四讲 创业的基本模式

"他山之石,可以攻玉。"了解常见的创业模式,可以使创业者了解如何对自己的创业进行定位,整合创业资源,获取创业机会。以下介绍几种基本创业模式,供大家借鉴。

一、概念创业

概念创业是凭借创意、点子、想法来创业。这些创业概念必须标新立异,在行业或领域内有足够的独特性、开创性和可操作性。这样才能赢得市场先机,吸引投资商或消费者,进而获取创业所需要的资源,包括人才、资金、物资等。

案例一:30多年前,美国人弗雷德·史密斯凭着一个想法——隔夜传递,被风险投资家看中,创办了"联邦快递",现已成为全球最大的快递运输公司,在200多个国家开展业务。

案例二:1999年,阿里巴巴公司刚刚成立不久,马云在向许多投资家讲述他的互联网电商梦想而毫无结果,陷入困境中时,却有一位名叫孙正义的华裔日本投资家义无反顾地投资了2000万美元入股阿里巴巴,成就了今天的一个中国首富、一个日本首富。

大部分概念创业尤其是服务业领域的创业,一般以问题解决为主,如新东方培训、携程网、如家连锁酒店、分众传媒、立体车库等。众多提供新功能的创新产品类创业,也是这种类型,如宠物反光衣、弯曲吸管、方便食品、净水器等。

案例三:腾讯QQ的创业来历。创业需要创意,但创意不等同于创业。如何筛选出真正的好创意,并不是一件简单的事,就像淘金一样,千奇百怪的想法和朦朦胧胧的灵感就像沙子,想要淘出金子般的创业想法来,首先要做严谨的分析论证,调查测试,客观地检视自己的创意有无市场需求,有无可操作性,风险有多大等等,再进行SWOT竞争分析和PEST环境分析,最后确定能否创业。

二、白手起家(积累演进)创业

白手起家创业是在没有基础或条件很差的情况下,从很小的生意开始,通过艰辛的努力逐渐积累,并在此过程中不断把握机遇,提升能力,最终创立起一番事业的创业模式。这并非简单盲目的闯与创,也不是一味充满激情,而需要有超人的毅力,吃苦耐劳的精神,强大的意志力和心理承受力来面对市场竞争;也需要有一定的预见能力,能把握好市场方向,抓住市场机会;而良好的信誉和人品更是创业者的最大财富。

白手起家创业就像先有一个鸡蛋,孵出小鸡后,鸡生蛋、蛋生鸡这样不断循环,一点一滴摸索、一步一步积累资产的过程。像李嘉诚、王永庆、曾宪梓以及早期的温州人、邵东人都是典型的创业代表。

三、收购接手现有企业的创业

收购接手现有企业包括两种方式:接手别人的公司或生意,收购公司后对其进行重组、转卖。

收购前要对收购企业做全面的评估,彻底了解资产、负债、产品、利润、商誉、市场等方面的情况。如果你能控制或降低风险,并扭转经营局面,通过业务转型实现超常发展,就可以这样运作。

四、依附创业

依附创业包括代理经销、特许经营、直销等子模式,是创业模式中内容最丰富的一种。此创业模式最需关注的是市场销售问题,而不需要自己去开发创意和产品。

1.代理经销模式

代理经销通常选择品牌信誉好、发展潜力大的产品和公司,但好产品的代理经销权在市场上抢手,你的主动权就小。那如何去选择经销或代理的产品呢?

一是要选研发能力和资源优势强的厂家。

二是产品最好上市不久,属起步阶段,企业处于成长期。

三是产品卖点突出,差异化明显。

四是产品价位基本上在目标消费者能够接受的范畴。

五是要谨慎选择冷僻产品。

六是要经常参加各种产品博览会、展销会、新闻发布会,捕捉产品信息,了解企业动态,选择合适产品进行合作。

2.特许经营模式

特许经营是指特许人将自己所拥有的商标(包括服务商标)、商号、产品、专利和专有技术、经营模式等以特许经营合同的形式授予被特许人使用,被特许人按合同规定,在特许人统一的业务模式下从事经营活动,并向特许人支付相应的费用。

特许经营主要有三种类型:

一是生产特许。加盟商要自己投资建厂,使用盟主的专利技术、设计标准等加工或制造取得特许权的产品,然后向批发或零售商出售,加盟商不与最终用户即消费者直接联系,如可口可乐的灌装厂、哇哈哈水厂、百事流行鞋等。

二是产品和品牌特许。该类特许经营主要涉及加盟商要使用盟主的品牌和有效的销售方法来批发、销售盟主的产品,加盟商仍保持其原有企业的商号,单一地或在销售其他商品的同时销售盟主生产并取得商标所有权的产品。通常以零售商较多。如汽车销售、家电销售、化妆品销售、珠宝手饰销售等。

三是经营模式特许。加盟商有权使用盟主的商标、商号名称、企业标识及广告宣传,完全按盟主的模式来经营。加盟商在公众中完全以盟主企业的形象出现,盟主对加盟商的内部管理、市场营销等方面具有很强的控制。它集中体现了特许经营的优势,越来越成为当今主导的商业模式。如麦当劳、肯德基、全聚德、好利来、星巴克等餐饮业,如家、汉庭等旅店业,服务性行业较多。

特许经营的成功关键可概括为 3S 原则:即标准化(Standardization)、专业化(Specialization)、简单化(Simplification)。

那么,应当如何进行特许经营加盟的创业呢?大致可以分三步走。

第一步:挑选行业。加盟时要选择自己熟悉的领域,或者是自己感兴趣的。由于创业者资金的压力,也要根据自己期望的资金回报率来选择行业。不同行业都有自身的特点,如餐饮业的毛利率高、分类较细,其中火锅、粉面、饺子、茶饮、快餐相对容易复制,中西式正餐较麻烦,也多以直营为主;教育类服务的口碑、所在店址的辐射区域都会决定经营情况,以服务为主导,对教师的要求很高;美体健身业的装修、器械成本高,采用预收款办卡制,资金回笼就会较快,但不同商家的服务同质性较强。

第二步:挑选加盟主。要对加盟主进行六个方面的考察。一是要看直营店,特许经营意味着加盟主和加盟商一起把店开好,好的品牌一定是直营店先做好再做大；二是看那些直营店的统一性，如视觉识别系统、陈列、面积、服务态度等；三是看二次加盟商的数量和比例，他们之所以敢开第二家、第三家店，肯定是因为第一家能够盈利，所以重复加盟体现了可复制性；四是看同店增长率，是否推出新产品，具有让老店继续盈利增长的能力；五是特许经营合同越厚越好，合同越薄越麻烦；六是要看对方有几个品牌，最好选择单一品牌专注经营的，一般多品牌经营的难度很大，且有些"骗子"就是用多品牌运作的。

第三步：维护好双方关系。加盟就意味着双方要维持长久的关系，要有协议对经营的各方面进行详细约定，协议越完整越好，因为对各种情况加以明确，可以避免日后可能产生的纠纷。加盟商要尽量使用加盟主的特许经营资源，有维护品牌意识，认同总部的经营理念，遵循总部规章，服从总部管理。

五、SOHO 创业

SOHO 创业也称为在家创业，起源于美国 20 世纪 80 年代后期，而后迅速在经济发达国家风靡起来，它是"个体户"在互联时代的"升级版"。SOHO 是 Small Office 和 Home Office 的缩写，即"在家里办公、小型办公"的意思，特指那些在家办公的自由职业者，包括作家、撰稿人、自由音乐人、画家、美编、职业玩家、网站设计人员、网络主持等。从事这一行的人大多是 20～30 岁的年轻人，能熟练运用电脑，是当代新新人类。

据估计，我国的 SOHO 族已经超过 500 万人，而美国已有 1/5 的工作人员是 SOHO 族，且以每年 5% 的速度增长。澳大利亚已有超过 1/10 的人在家里办公。

调查显示，在 SOHO 大军中，有 70% 的人全部或者大部分时间在家里办公，他们主要是从事 IT 行业的经理人员和专业人员，依靠互联网、传真和电话等现代化信息传输工具与外界联系。还有一部分是"自己开公司"的人和自由职业者。

SOHO 族分个人和团体两种。前一种是基于当事人个人独立接活，并独立完成相关业务，适合于对独创性比较强调的业务，追求创意性和风格的独特、个性，如自由撰稿人、音乐人、画家、平面设计师、自由摄影师等；后一种是以所谓"工作室"的形式开展业务，几个志同道合的朋友，相互配合，完成更复杂、要求更高一些的工作，如动画制作、简单游戏制作、礼品、配送、理财与投资顾问、幼儿教育、家政、商务代理、广告与音乐制作，以及婚礼、联谊会、发布会、驴友俱乐部的项目活动策划等。另外，淘宝网上的女性创业者已超过一半以上，反映出互联网是女性创业者成长的沃土。

大部人认为，能在家里创业挣钱是件令人幸福的事，最大的好处是可以自由地工作,不需要向雇主作长期承诺,免去了上下班交通拥挤浪费的时间,不拘泥于办公室的各种繁文褥节,可以自由宽松地做自己喜欢做的事,的确是个很不错的创业选择。

六、兼职创业

兼职创业是指在完成本职工以外,在业余时间内,与其他单位建立的工作关系。社会发展的多元化让人的个性和价值有了张扬的空间,一些新兴的行业如软件编程、财会服务等工作有很大的随机性和自由性,为人们提供了大量的兼职机会。兼职时,创业者要做好自己的职业规划,根据所在单位的工作要求和自己的实际情况,摆正兼职与正职两者之间的位置,且需要具备极强的职业道德和敬业精神,做一个成功的兼职人员。

第五讲　创业必备条件

一、创业五问

(1)能否简单描述你的创业构想。这主要是对自己创业的项目有整体的考虑，包括选定的内容、位置、特色、对象、成本价格、对手情况等等，越具体越好。举例：有人想开一家儿童摄影馆，必须回答以下问题：开在哪？怎么开？特色在哪？主要消费对象？成本算过吗？竞争对手情况？

(2)是否了解将从事的行业。举例：有人想开超市，开什么超市？如果是社区的超市，该行业情况如何？位置选在哪？周边是否有大超市？而自己的特色在哪里？包括资产小，物流、配送、价格方面的优势应如何体现？

(3)通过什么办法深入了解你要进入的行业。学会进行市场调查，掌握方法、形式，获取准确的第一手信息资料。

(4)你能否确定自己愿意长期从事这个行业。主要是看自己有没有足够的思想准备。

(5)在创业方面是否有比较好的人际关系储备。要有长期积累人际关系的意识。如开儿童摄影店，有摄影师、幼儿园老师、小学老师的人际关系，则大大有益。

二、创业者需要具备的五个必要条件

1.要有良好的心理素质

一是要争取赢、不怕亏。从辩证的观点出发，吃亏、亏损并不可怕，亏是赢的开始。举例：开小杂货店，主动免费送货上门，打动顾客，争取稳定的客源。

二是善于合作。相互搭台，一起发财；相互拆台，一起垮掉。

三是学习循序渐进。做任何事情，只有静下心来，用心钻进去，不断学习，才能最终成为真正的行家里手。

四是永不言败。就像买股票一样，不管它怎么跌，只要你不抛掉，它就存在上涨的机会。所以创业一定要想方设法撑下去。

古话说：用心计较般般错，退步思量事事难。有人上街看电影，在马路上走，就

— 15 —

担心遇车祸;早餐吃包子,担心肉不卫生,吃了会生病。如果总是担心万一,那就什么都做不成了。

2.要有可行的概念

比如说在社区开商店,只能卖家庭生活常见东西,如果你开一家家电商店,则必定生意难做。试想,人家要买彩电冰箱这些家电产品,一定会考虑到专卖店或大型商场去买,一是质量有保障,二是价格合理,三是维修有保证。

3.要有好的盈利模式

例:小区商店,由于地理位置好,方便顾客,又具有唯一性,因而有些小商品价格可适当高一点。如一瓶红茶饮料,在外面超市只卖2.8元/瓶,小区店里则可卖3.5元/瓶。又例:有一种产品——醋,本身其价格并不高,但是发掘其卖点,取名香妃醋,把醋当酒卖,产品就大大增值了。

4.要准备一定的人脉资源

比如要开一家餐馆,创业者如有卫生、防疫、工商、税务这些相关部门的熟人关系,则办理相关手续就要方便得多了。

5.要有强烈的竞争意识

创业者强烈的竞争意识是其不断做强做大的内在动力。

第六讲 把握创业机遇

有一首古诗是这样说的:但肯寻诗便有诗,灵犀一点是吾师,夕阳芳草寻常物,解用多为绝妙词。站在创业的角度,我们可以这样来解读:要想创业能创业,聪明一点,创业机会就在身边。

那么,我们究竟应该如何寻找创业的机会呢?可以从以下几方面来考虑:

(1)问题中孕育机会。解决问题,就有创业机会。

故事一:等电梯无聊,找点事打发时间,诞生了楼宇电视,播放大量的广告,创立了分众传媒公司,不断发展壮大,成大公司,然后在美国上市,成就了一番大事业,这就是著名的企业家江南春的故事。

故事二:美国有个小伙子在咖啡馆里喝咖啡,发现桌子晃,杯子里的咖啡溅出来,就想把垫片垫在桌子脚下,于是发明了防摇器,并申请了专利,卖出了不菲的价格。

(2)人生的每一个环节都孕育机会。

故事一:德国一年轻的摄影师,经常下班后在镇上拍照,学校、幼儿园、公共场所,只要是人多的地方,就有他在摄影,而且他从不给人家照片,又不要钱,拍完就走人,大家也不在意。而到他60岁退休后,开了一家店,店名叫"寻找当年的你",店里挂满了他几十年来所拍的那些珍贵的照片。很多人去逛他的店,看到自己多年前的样子和神态,就勾起了对往事的美好回忆,只要花10元钱就可买回那张照片,结果生意很好,摄影师退休后发了财。

故事二:有个美国商人77岁因病临死,想了一个赚钱的主意。他在报纸上登一则广告,给天堂的亲人捎信,10元/次,他死前竟然赚了一大笔钱。

(3)创新思维中发现机会。

故事一:有个小伙子从大型演艺会上观众手中挥舞的荧光棒和人们吃棒棒糖时的旋转所受到的启示,研究出一种电动旋转牙刷,结果产品的专利被宝洁公司高价收购。

故事二:一家理发用品的公司要招聘一位销售经理,从面试者中选取了三位候选人,布置了一个题目:把梳子卖到寺庙里去,每把梳子5元。于是三个人分别去了三个不同的寺庙。第一个人只卖了1把梳子。原因是和尚说我六根清静,光头不需要梳子,最后经不起销售者的死缠,买了1把梳子;第二个人卖了10把梳子。他劝说和尚,山上风大,把香客头发吹乱了,对菩萨是不恭敬的,要和尚买了10把梳子,让香客先梳梳头,整理好自己,再去烧香还愿;第三个人则不仅卖光所带的一箱梳子100把,还外加长期订单一份。香客捐功德费100元赠梳子一把,并由主持刻"积善"两字在上,开光,可梳去三千烦恼丝。

(4)根据社会新需求来发现机会。

故事一:沈南鹏1999年创办携程公司——免费送卡,提供低折扣机票、酒店折扣房费——通过大批量折扣佣金获利,大受欢迎。故事二:如家酒店——连锁模式——价低、回家感觉、服务亲切。

(5)从做加减法中发现机会。

如:功能——铅笔+橡皮=新商品,自行车+方便=折叠式自行车,手机+照相+摄像+mp3=新产品,电脑-重量=手提。

第七讲 迈好创业第一步

一、项目分析的六个方面

(1)分析项目所属行业。

长期行业:药店、餐馆、服装(衣食住行)。长盛不衰。

周期行业:初期——可做,衰退期——谨慎。如,呼拉圈(发生期、上升期、高峰期、衰退期)。

(2)分析项目在行业中处于哪一个阶段。如家庭钟点工(家政行业)——上升期,带路公司——衰退期(因电子地图普及),微波炉(格兰仕)——利润很薄,200元/台,很难进入。

(3)分析做这个项目的自身优势。如,开餐馆,自己学厨艺的,不用请大师傅;老婆是会计、精打细算。

(4)对项目风险的分析。如,市场竞争中,桶装水(做的人多),开店(新老城区、转让原因调查、要拆了)。

(5)对竞争者的分析。看一看:自己能否战胜别人。如,开餐馆在自己附近的一家,比一比口感、口味、服务、价格、装修,改做包子、馒头、油条,非正餐、宵夜。

(6)对项目前景的分析。例如,日本人口出生率低,企业家做童装——小孩少、竞争少,且孩子宝贝、家长看得重、舍得花钱,12年做了285亿日元销售额——"天使蓝"品牌(中国的蓝猫品牌)。

从别人碗里分饭吃——生意难做。别人不做——有机会。例如:一次性卫生碗筷。

二、小本创业的准则

(1)资金周转期要短。花钱进货,回笼资金的时间短。

周转快的行业:餐饮(早上买菜、晚上回收、很累),卖冷饮(学校小卖部),卖热狗(1.5元进,2元卖掉)。赊销——不花钱进货,代销别人的产品,卖完再结帐,宁可利润少一点,也不占用资金。

（2）选择盈利的产业。资金见效慢，压力就大。

（3）人手要少。工资成本低，压力小。要1人当2人用、1分钱当2分钱用、把干毛巾拧出水来。小企业怕"吃"、大企业怕"息"。

（4）选择熟悉的项目。

第八讲 寻找创业项目

在创新中找项目，在问题中找项目。

一、"傍大款"的方法

1. 做产品代理
化妆品、服装（3.5 折进货、20％～25％给商场、20％成本、20％利润）。

2. 加盟连锁
如上岛咖啡。柳传志先做代理，再做自己的品牌（联想）。

（1）加盟连锁的好处：①可得到系统的帮助，包括交费后的店面装修、人员培训、管理模式。②可以降低采购成本和保证货源。统一采购、价低、不断货。③可以使用著名商标。④可以节约广告费。⑤可以最快得到高技术和新产品、新信息。

（2）加盟连锁陷阱：①诈骗。解决办法：考察。看它有没有五年以上的经营经历、执照、许可证等资质。②低门槛陷阱。如，5 万元加盟费，3 万元也行。门槛越高越可靠，名气大，服务到位，不要怕花钱，该省则省，不该省就不能省。租门面有 5000 万元、1000 万元的，应租 5000 万元的，是投资。如何避免加盟连锁陷阱：①一定要去总店现场考察。②要看营业执照上有没有加盟连锁的资格。③请律师审查合同。

二、市场定位——细分市场

开店：谁的钱都想赚，但最后谁的钱都赚不到。
原因：没有清晰的定位，顾此失彼。
结论：紧抓一点，做透、做精、炉火纯青，才能盈利。
（1）按年龄细分市场：服装店（童装、青少年、中老年）。
（2）按性别细分市场：男士用品店（西装、领带、皮带、打火机、鞋、护扶品）。
（3）按地域细分市场：南方、北方、少数民族。
（4）按收入细分市场：美容店（按档次分）。
（5）按商品细分市场：百货店、食品店、炒货店等，定位越细生意越好。
懂得放弃也是一种成功，有舍弃，才有抓住。

第九讲　选择前景行业

一、女性产业好赚钱

犹太人发现:女人、孩子的钱好赚,其数量多,购物起主导作用。

(1)美丽产业:美容美发美体,容貌是第二生命,护肤、化妆品应运而生,"资生堂"品牌、700~800元/样。超市里最好的柜台是化妆品,比黄金还好,利润最高。整容,韩国风靡,男女都整容,费用高。

(2)服装产业:时装以女性为主。

(3)首饰产业:珠宝昂贵,仿真手饰便宜漂亮。

二、儿童商品好赚钱

现代家庭结构变化:孩子第1位,父母第2位,自己家庭第3位,祖父母、外祖父母第4位。

(1)身体健康——吃、穿。

(2)智力健康——学音乐、舞蹈、绘画等。

三、精神消费品好赚钱

商品的精神附加值举例:男衬衣+皮尔卡丹标志=名牌,几百元;巧克力做成玫瑰花式样——情人节好卖、且贵——满足虚荣心。

四、健康产业好赚钱

花钱买健康的观念,袋袋装满黄金,再富的人都不会拒绝健康,如健身房、瑜伽、网球场。

五、懒人产业好赚钱

(1)卖时间:省时省事,如方便面——先生半夜下班回家,肚子饿,煮面、洗碗、累,想办法,油炸面条、装纸杯、加佐料、留条,开水泡吃,省时省事。

（2）罐头的故事。

（3）家政服务公司：服务家庭（搞卫生、做饭、做保姆、带孩子）、服务老人（物质好、精神空虚、儿女忙、精神赔护、聊天）、美国送人公司（还差 10 分钟、开车尴尬、专人处理、有技巧、情深深、意长长）。

六、旅游休闲产业好赚钱

每年增长 20％以上，随着物质生活条件改善，长假时间充裕，旅游需求大，风景名胜、红色老区、郊区农家乐等。举例凤凰旅游：2001 年购买 50 年经营权，当年门票收入 156 万元，2002 年 1300 万元，2003 年 3200 万元，2005 年 5000 万元，2007 年 1.2 亿元以上。

没有那么多资金怎么办？抓住旅游产业六个经济增长点：食、宿、行、游、购、娱。举例：故宫方便面 10 元/碗，特色小餐馆生意火，凤凰卖茶水赚钱，丽江古城小客栈、家庭客栈等等，有心人、机会多。

七、互联网上开店好赚钱

1. 如何在淘宝网上开网店

第一步，在淘宝网注册自己的用户名。第二步，认识淘宝网用户界面，了解如何在淘宝网卖东西。第三步，免费开店。

先来了解一下淘宝网：

淘宝网（www.taobao.com）是国内首选购物网站，亚洲最大购物网站，由全球最佳 B2B 平台阿里巴巴公司投资 4.5 亿元创办，致力于成就全球首选购物网站。淘宝网，顾名思义——没有淘不到的宝贝，没有卖不出的宝贝。自 2003 年 5 月 10 日成立以来，淘宝网基于诚信为本的准则，从零做起，迅速成为国内网络购物市场的第一名，占据了中国网络购物 70％左右的市场份额，创造了互联网企业发展的奇迹。根据 Alexa 的评测，淘宝网为中国访问量最大的电子商务网站，居于全世界网站访问量排名的第 22 位，中国第 7 位。淘宝网倡导诚信、活泼、高效的网络交易文化。"宝可不淘，信不能弃。（金庸）"在为淘宝会员打造更安全高效的网络交易平台的同时，淘宝网也全心营造和倡导互帮互助、轻松活泼的家庭式氛围。每位在淘宝网进行交易的人，不但交易更迅速高效，而且在交易的同时交到更多朋友。目前，淘宝网已经成为越来越多网民网上创业和以商会友的最先选择。

以上的介绍是淘宝网官方的版本，那么对于我们个人网商而言，为什么在淘宝网上开网店值得信赖？

一是淘宝网开网店人气旺。现在淘宝网是中国最大的网店聚合平台，几乎全部的个人网商都在淘宝网有个人网店,而大量的宣传带来了巨大的流量,几乎每一个年轻人都知道在淘宝网可以买到便宜的东西。

二是淘宝网产品丰富。不仅在淘宝网开网店能卖东西,而且可以很方便的找到货源,有些网商足不出户,一个月就可以净赚几万元,而且从发货到收款,都有专门的人员进行处理,丰富的货源不仅使得我们在网上开店更加的节省成本,而且能吸引大量的用户前来购买,无形中也增加了淘宝网网商的生意机会。

三是淘宝网开网店操作简单,功能全面。在淘宝网上开网店,基本上复杂的设计都不是用户自己处理,而且还推出了淘宝旺旺来加强网店卖家和顾客沟通的渠道,推出的支付宝系统,极大地加强了网络安全和诚信体系。在淘宝网上开网店,安全,方便!

四是在淘宝网上开店,只要肯努力,就一定有光明的前途。在淘宝网上开店,只要是网店店主肯努力,就一定会有很好的销售业绩,这里的竞争都是来自电脑后面的网商,而不是所谓的社会资源,不是复杂的人际关系,而只要你肯努力,服务好,货物好,慢慢地就会在淘宝越来越好,淘宝网上开网店,机会在每一个人面前!

五是淘宝网背靠阿里巴巴,马云先生运作的主要网商项目,资金雄厚,有政府支持。作为网商大会的主办者,淘宝网现在在中国网商的影响力越来越大,而阿里巴巴的持续增长,也给淘宝网带来了强大的资金和能量,淘宝网的成长,就是中国网商的成长!

下面我们图文并茂地看看:一个完全不了解淘宝网的人,是如何在淘宝网上开网店。

第一步,在淘宝网注册自己的用户名

首先,我们先进入淘宝网的首页:www.taobao.com,如图3-1所示。

点击红色方框标识的"我要卖"这个图标,如果你不是淘宝网的注册用户,点击后就进入了用户注册界面,如图3-2所示。

如果有帐号,请根据提示登录。如果没有,则点击"现在就注册",接下来就会出现以下的界面,如图3-3所示。

按照提示填写完成内容后,点击"提交注册信息"这个按钮。为了方便注册,应把该页面(见图3-4)下面的注册事项仔细阅读,方便你更加了解淘宝网开网店的政策。

接下来就是进入邮箱中,点击确认链接,激活淘宝网帐号,激活后就可以看到以下的欢迎页面图,如图3-5所示。

第二步,认识淘宝网用户界面,了解如何在淘宝网卖商品,点击"我的淘宝",进入淘宝网用户界面,如图3-6所示,在这里,可以了解你买卖的情况,资金情况,是否发货,可以说了解这个界面,是你走向成功淘宝网商的重要一步。

图　3-1

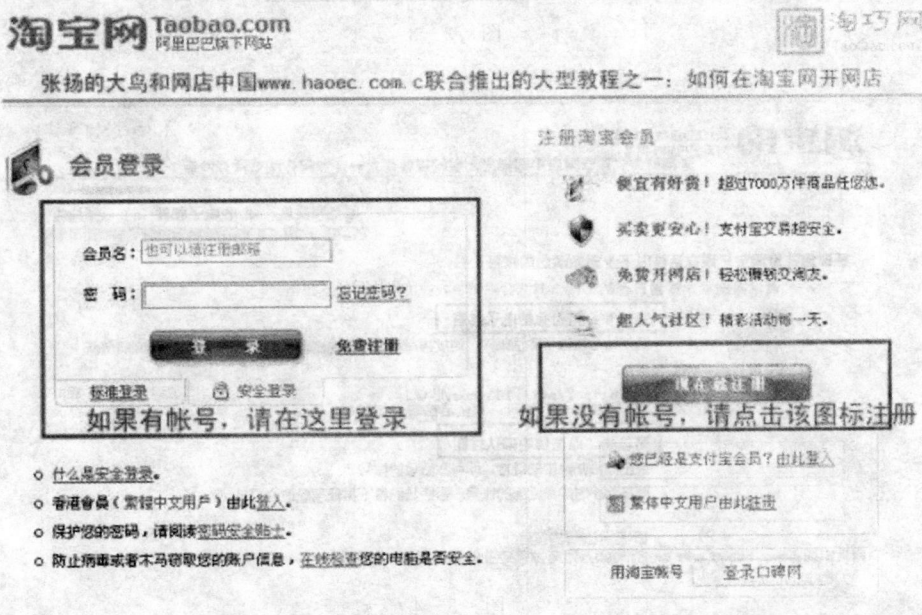

图　3-2

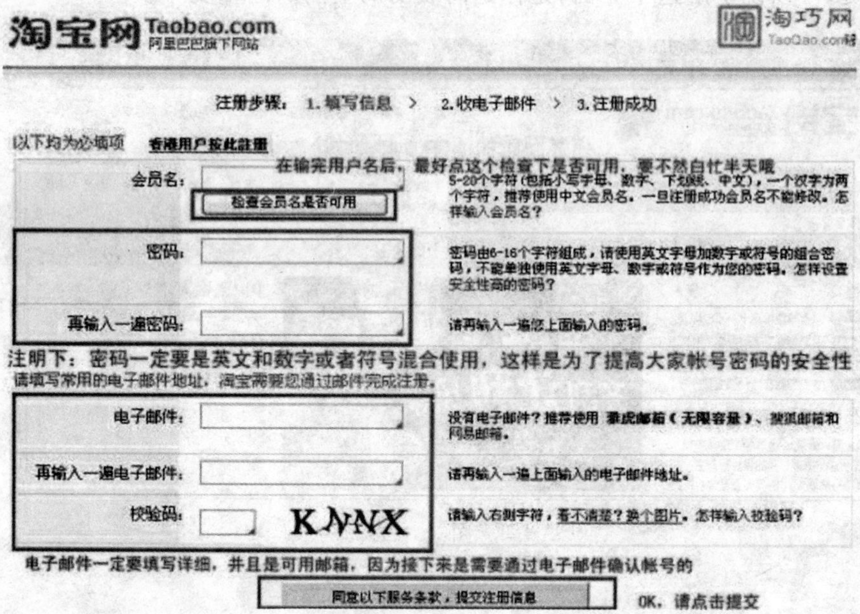

淘宝网 Taobao.com
阿里巴巴旗下网站

淘巧网
TaoQao.com

注册步骤: 1.填写信息 > 2.收电子邮件 > 3.注册成功

以下均为必填项 **香港用户按此註冊**

会员名: _____ 在输完用户名后,最好点这个检查下是否可用,要不然白忙半天哦
[检查会员名是否可用] 5~20个字符(包括小写字母、数字、下划线、中文),一个汉字为两个字符,推荐使用中文会员名。一旦注册成功会员名不能修改。怎样输入会员名?

密码: _____ 密码由6~16个字符组成,请使用英文字母加数字或符号的组合密码,不能单独使用英文字母、数字或符号作为您的密码,怎样设置安全性高的密码?

再输入一遍密码: _____ 请再输入一遍您上面输入的密码。

注明下: 密码一定要是英文和数字或者符号混合使用,这样是为了提高大家帐号密码的安全性
请填写常用的电子邮件地址,淘宝需要您通过邮件完成注册。

电子邮件: _____ 没有电子邮件?推荐使用 兼虎邮箱(无限容量)、搜狐邮箱和网易邮箱。

再输入一遍电子邮件: _____ 请再输入一遍上面输入的电子邮件地址。

校验码: ___ K NNX 请输入右侧字符,看不清楚?换个图片。怎样输入较验码?

电子邮件一定要填写详细,并且是可用邮箱,因为接下来是需要通过电子邮件确认帐号的

[同意以下服务条款,提交注册信息] OK,请点击提交

图 3-3

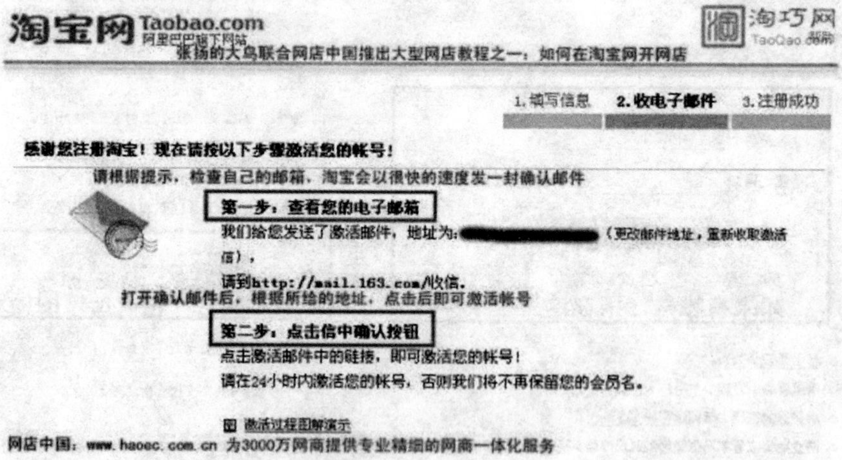

淘宝网 Taobao.com
阿里巴巴旗下网站
张扬的大鸟联合网店中国推出大型网店教程之一:如何在淘宝网开网店

淘巧网
TaoQao.com

1.填写信息 **2.收电子邮件** 3.注册成功

感谢您注册淘宝! 现在请按以下步骤激活您的帐号!

请根据提示,检查自己的邮箱,淘宝会以很快的速度发一封确认邮件

第一步: 查看您的电子邮箱
我们给您发送了激活邮件,地址为: ▬▬▬▬▬ (更改邮件地址,重新收取激活信)。
请到http://mail.163.com/收信。
打开确认邮件后,根据所绘的地址,点击后即可激活帐号

第二步: 点击信中确认按钮
点击激活邮件中的链接,即可激活您的帐号!
请在24小时内激活您的帐号,否则我们将不再保留您的会员名。

图 激活过程图解演示

网店中国: www.haoec.com.cn 为3000万网商提供专业精细的网商一体化服务

图 3-4

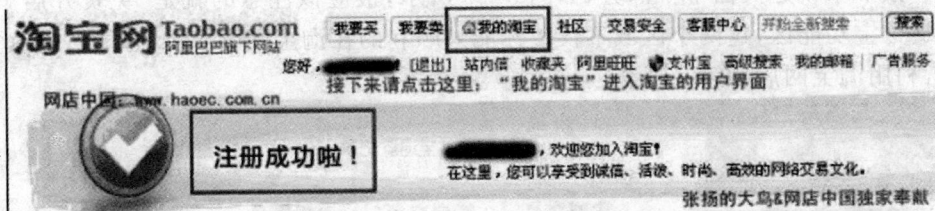

图 3-5

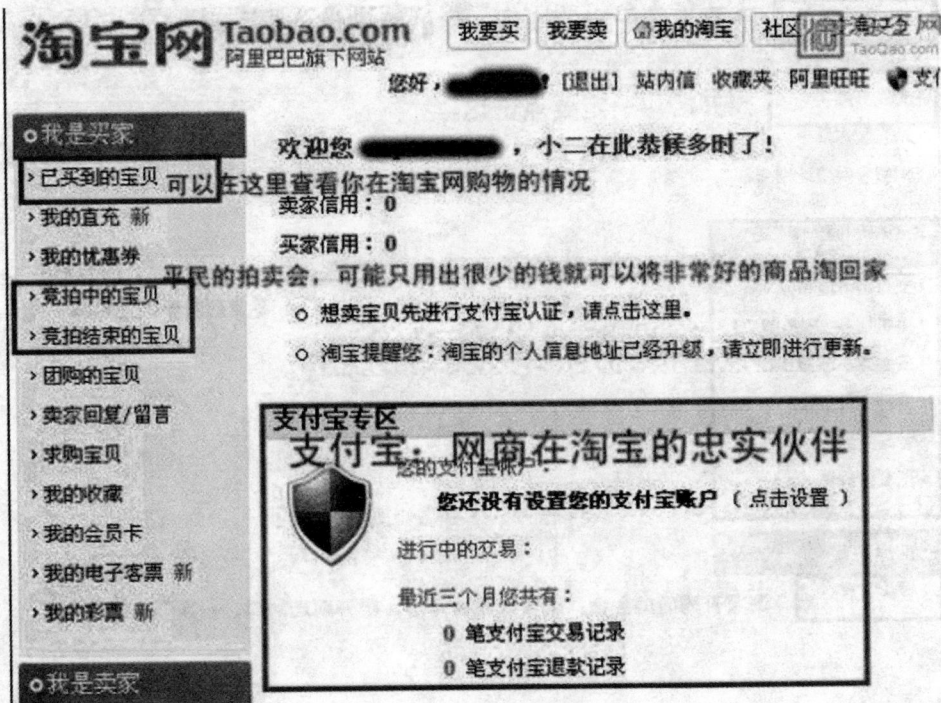

图 3-6

  首先我们看页面上半部分,页面左边是作为淘宝网买家的一些功能选项,其中最重要的已经用框线标识了出来,而左边的支付宝专区,更加重要,不管是买家还是淘宝网卖家,以后的一切网络电子商务行为,只要是在淘宝网这个平台上进行,都跟支付宝有着直接密切的联系,所以,一定要对支付宝帐户进行设置,开通后才能进行未来的淘宝网店之旅。

接下来就是页面下半部分,如图 3-7 所示,最应该注意的就是"免费开店"以及支付宝功能区,这两个区域不仅使你能够顺利的在淘宝网开店,而且能够回收货款,利用淘宝网店赚第一桶金。

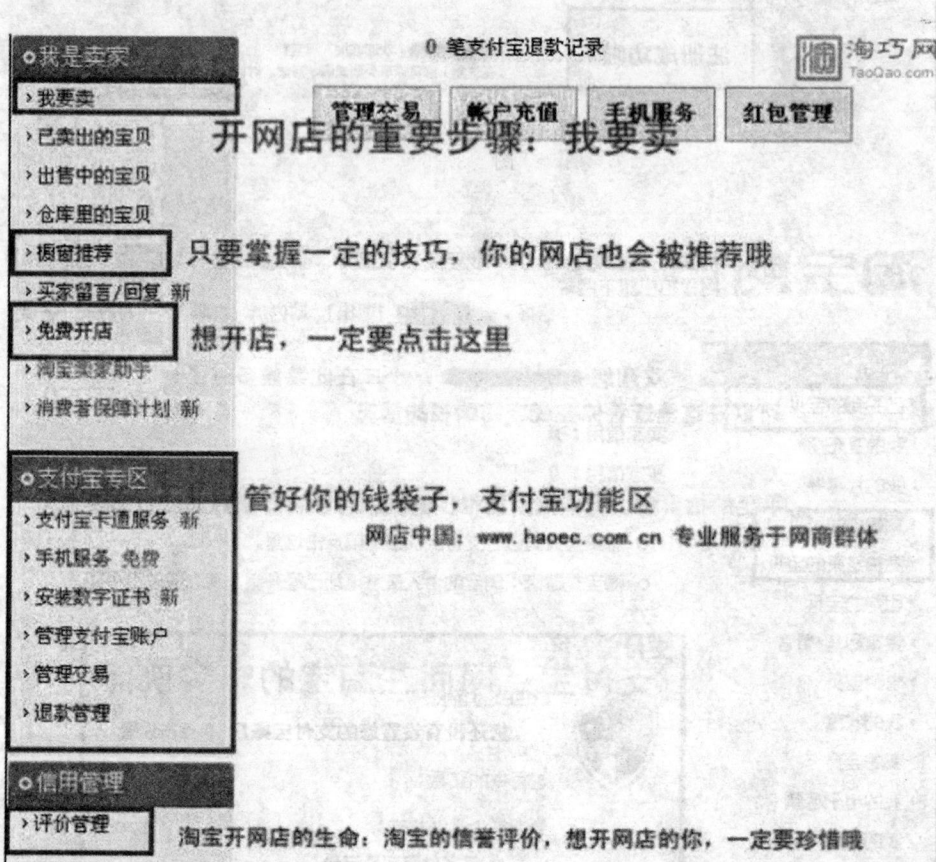

图 3-7

第三步,免费开店,需要做哪些工作?

我们已经经过了注册,进入到淘宝网用户使用界面,而且也找到了"免费开店"这个按钮,点击"免费开店",然后进入到了图 3-8 所示页面。

如果想要在淘宝网开网店,一定要有两大步骤:

一是需要有至少 10 件以上的不同商品发布。

二是三个准备工作要在事先做完。

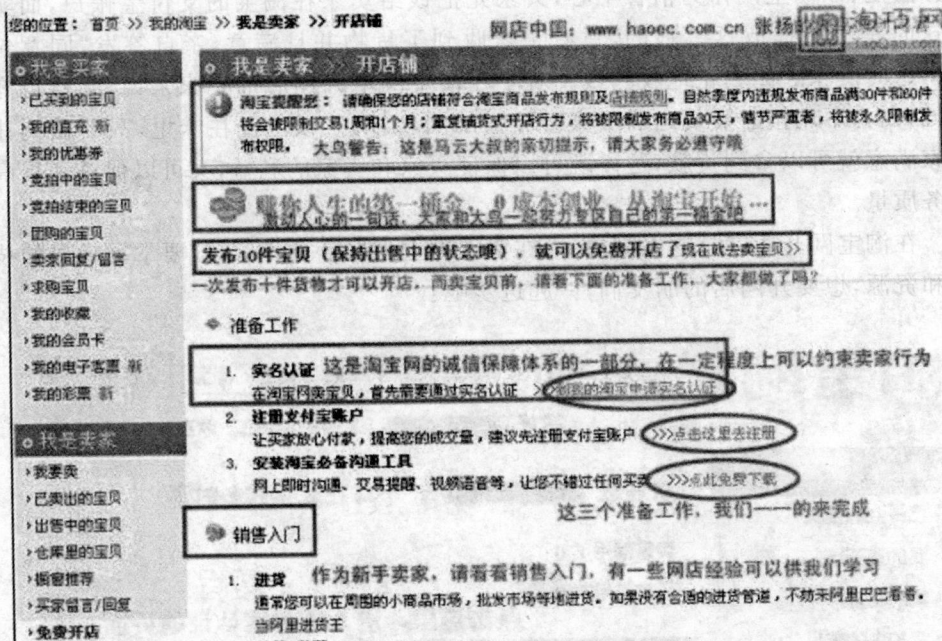

图　3-8

第一点在淘宝网申请实名认证,需要本人的身份证进行认证,这从一定程度上限制了卖家,但保障了整个网络交易的安全性。想要在淘宝网卖东西,这一个是不可缺少的。

第二点注册支付宝帐号,这个在前面已经说过了,支付宝就相当于淘宝卖家的钱袋子,也是保证双方正常诚信交易的基础,如果想到淘宝网上开网店,肯定要注册支付宝的帐号。

第三点安装阿里旺旺,阿里旺旺是淘宝网卖家和买家沟通的法宝,有很多卖家功能集成在里面,非常的实用。

接下来点击“到我的淘宝申请实名认证”,点击进去后,又进入了淘宝用户功能页面,然后点击如图3-9所示位置,进入支付宝认证页面。

根据官方的解释:“支付宝,是支付宝公司针对网上交易而特别推出的安全付款服务,其运作的实质是以支付宝为信用中介,在买家确认收到商品前,由支付宝替买卖双方暂时保管货款的一种增值服务。”

以前在网络上,电子商务迟迟不能发展,最主要的一个障碍就是:不知道货物如何,不知道给了钱会不会发货,或者不知道发了货对方会不会给钱,淘宝网的解决办法是:以淘宝网作为信誉中心,买家先把钱给卖家在淘宝的支付宝帐户,而卖家这时是不能提取这笔钱的,只有买家收到了货物并且满意,亲自签发"同意付款",这时卖家才能真正地收到钱。对于在淘宝网上开网店的卖家来说,同样也有好处,因为不用担心发货之后买家会赖账的问题,既然钱已经在卡里,只要做到让买家满意就可以拿到货款,这样既可以保证买家和卖家的利益,又可以促进和提高服务质量。

在淘宝网开店就是这么简单,而在淘宝网上做网商并不容易,要掌握大量的技巧和资源,想要开网店的朋友们,一起进步吧!

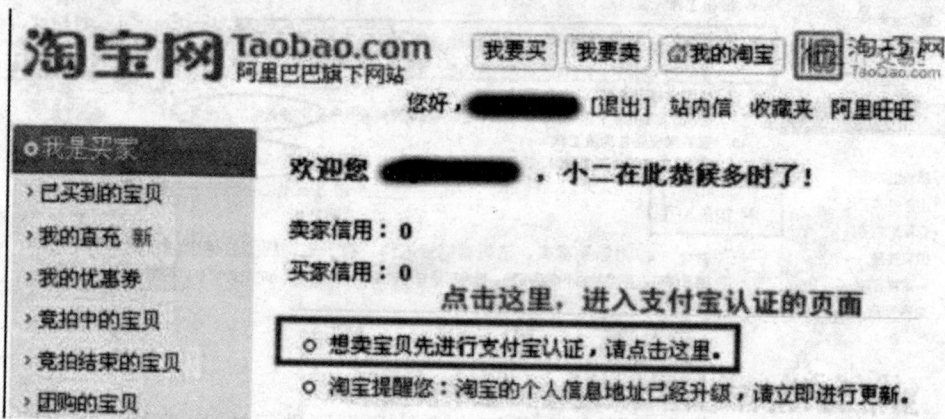

图 3-9

2.怎么开微店

微店是目前比较流行的开店方式,不仅有手机微店,还有电脑端微店,但这是两家不同的公司推出的,那么怎么开微店呢?

(1)手机端微店:

第一步,手机端微店只要下载微店 APP 注册(见图 3-10)就可以了。注册的时候要求输入手机号码,输入手机号码注册,通过验证,可立刻登陆使用。

第二步,进入主界面后打开我的微店,登录进入我的微店,自己起一个微店的名字,一般要容易让人记住。刚开的微店里面是没有商品的,要自己添加,如图3-11所示。

第三步,点击添加货物,可以加入货物图片,如图 3-12 所示,货物详情等描述。还可以设置商品价格,库存等,设置完成后货物就上架了。

第四步,如果你没有货物来源,可以在主页面第二页卖家市场里找到批发市场。或者你可以用转发分成来推广盈利。甚至没事逛逛附近的微店。在促销管理中是微店商品的促销活动管理，"我要推广"就是把自己店里的商品推广出去。如图3-13所示。

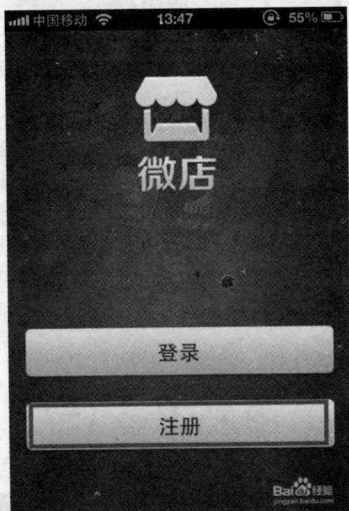

图　3-10

图 3-11

图 3-12

图 3-13

第五步,如果你是淘宝店主,甚至可以进行店铺搬家,如图 3-14 所示。

(2)电脑端微店:

可以直接百度微店,很容易找到微店网,进入后使用 **QQ** 登录可以 5 秒注册,如图 3-15 所示,和手机端差不多,注册很快。

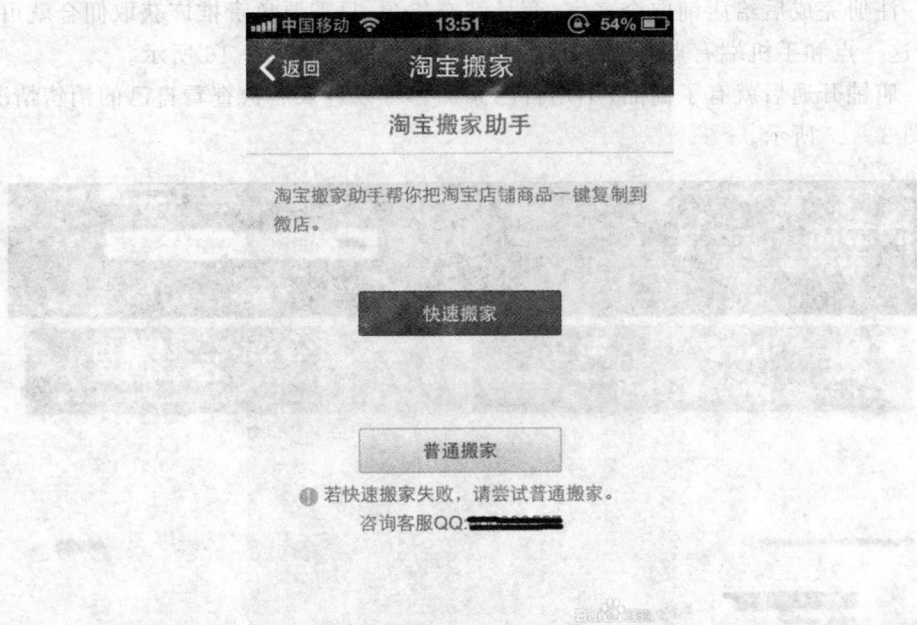

图　3-14

图　3-15

注册完成后给店铺取个名字,商品都有货源,只需要负责推广获取佣金就可以了,这一点和手机端有点不同。商品包含广泛,具体如图 3 - 16 所示。

店铺开通后就有了商品,不用自己添加。可以进入后台查看自己的销售情况,如图 3 - 17 所示。

图　　3 - 16

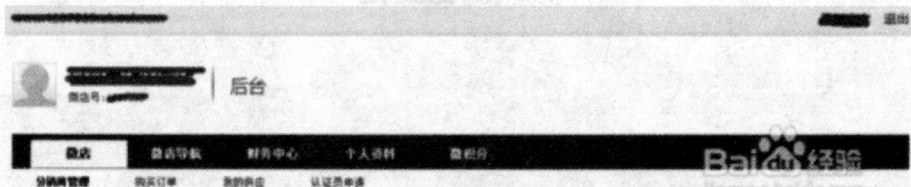

图　　3 - 17

八、农业产业好赚钱

农村具有广阔的天地,也有着广阔的市场,随着近年来人们对身体健康的重视,对生态环境意识的提高,使得现代农业产业项目的创业迎来了良好的发展机遇。

现代农业产业项目的创业主要是围绕具有规模的种植业、养殖业、农产品加工业、设施园艺业、休闲观光农业这几大块开展的。下面介绍一下现代农业及其特征。

第一,具备较高的综合生产率,包括较高的土地产出率和劳动生产率。农业成为一个有较高经济效益和市场竞争力的产业,这是衡量现代农业发展水平的最重要标志。

第二,农业成为可持续发展产业。农业发展本身是可持续的,而且具有良好的区域生态环境。广泛采用生态农业、有机农业、绿色农业等生产技术和生产模式,实现淡水、土地等农业资源的可持续利用,达到区域生态的良性循环,农业本身成为一个良好的可循环的生态系统。

第三,农业成为高度商业化的产业。农业主要为市场而生产,具有很高的商品率,通过市场机制来配置资源。商业化是以市场体系为基础的,现代农业要求建立非常完善的市场体系,包括农产品现代流通体系。离开了发达的市场体系,就不可能有真正的现代农业。农业现代化水平较高的国家,农产品商品率一般都在90%以上,有的产业商品率可达到100%。

第四,实现农业生产物质条件的现代化。以比较完善的生产条件,基础设施和现代化的物质装备为基础,集约化、高效率地使用各种现代生产投入要素,包括灌溉、电力、农膜、肥料、农药、良种、农业机械等物质投入和农业劳动力投入,从而达到提高农业生产率的目的。

第五,实现农业科学技术的现代化。广泛采用先进适用的农业科学技术、生物技术和生产模式,改善农产品的品质、降低生产成本,以适应市场对农产品需求优质化、多样化、标准化的发展趋势。现代农业的发展过程,实质上是先进科学技术在农业领域广泛应用的过程,是用现代科技改造传统农业的过程。

第六,实现管理方式的现代化。广泛采用先进的经营方式、管理技术和管理手段,从农业生产的产前、产中、产后形成比较完整的紧密联系、有机衔接的产业链条,具有很高的组织化程度。有相对稳定、高效的农产品销售和加工转化渠道,有高效率的把分散的农民组织起来的组织体系,有高效率的现代农业管理体系。

第七,实现农民素质的现代化。具有较高素质的农业经营管理人才和劳动力,是建设现代农业的前提条件,也是现代农业的突出特征。

第八,实现生产的规模化、专业化、区域化。通过实现农业生产经营的规模化、专业化、区域化,降低公共成本和外部成本,提高农业的效益和竞争力。

第九,建立与现代农业相适应的政府宏观调控机制。建立完善的农业支持保护体系,包括法律体系和政策体系。

第十讲　筹措创业资金

盘桓在创业者心中的问题——创业资金。

一、自己的钱自己花——用自己的钱投资

个人积蓄,几万几千都行,大钱做大事、小钱做小事。

(1)自己投资的好处:①没有外部压力;②没有分权的隐患;③做决断相当迅速;④投资小、风险也小

5000元做水果摊或蔬菜摊,翻了船,才脚背深的水,船小好调头。

(2)自己投资适合于:①主意比较大的人,不喜欢跟别人商量;②有自己的资金和一定的实力;③切入口比较小。

二、合伙投资

1.四大优势

(1)资金上有支持:每人3万元,5人就15万元;

(2)设备上有支持:如办公用品、桌椅板凳等;

(3)技术上有支持:张三懂财务、李四懂技术、王五懂销售;

(4)人际网络的支持:认识多部门的朋友。

往往两个好朋友一块做生意,结果就翻脸了。合伙——散伙,朋友——仇人。

2.合伙投资需要注意的五个方面

(1)经营理念不同。做高端(赚大钱),做低端(薄利多销),卖牛肉面——10元/碗,3元利润;5元/碗,1元利润。

(2)管理思想不同。制度管理:考勤、纪律、工作要求高;人情管理:家庭式、松散、能者多劳。

(3)合伙人之间缺乏信任。开面馆谁采购?5个股东互不放心,又不可能都去买,买回的菜有的说贵了,有的说质量不好。

(4)责权划分不清晰。5个股东,谁有哪些权力?哪些责任?一个公司只能一

个老板,选一个执行董事,只能一个人拍板,如都去管事,绝对吵架。股东会管老板,授权。

(5)利润分配不合理。共苦容易、同甘难。分钱多了少了、意见不统一。

3. 规避合伙投资风险的建议

(1)合伙之前要仔细考察对方。

结婚:一见钟情——领证——矛盾——离婚。因为恋爱掩饰缺点,埋下隐患。调查老同学、老邻居、同事、朋友、领导、熟人,了解情况。

(2)及时处理矛盾。矛盾越久,怒气越深,越难调和。

办法:自我检讨、回避退让、求同存异。

(3)合伙之前要制定合理的条约。先小人后君子,先君子必后小人。

(4)条约应规定的内容:一是要明确每个合伙人的管理权限;二是要明确投资额及所占的比例。如投资 30 万元,3 人投资,各投 10 万元,各占 33.3％股份,分红也按比例分,但某人没时间来,可以少分一些,明确写出来。三是要明确新合伙人的权利和义务。如 30 万元,本来 4 人投,但有 1 人观望,看到盈利了,也想投 10 万元进来,必须规定新股东不能按原始股东同样对待,因而 10 万元不能占 25％股份,只能占 20％股份。

三、贷款和抵押

用资产、房子、门面等抵押,资金多、成本高。

三个观点:

(1)大多数不是钱的问题,而是项目的问题。

(2)借钱不如借势。如普通城市开餐馆,不如去旅游景点卖茶水。势头起来了,生意就好做。

(3)整合资源。整合大家的需求,形成自已的优势。如恒源祥品牌,广告:羊羊羊,董事长刘瑞旗 90 年接手——专做品牌(没有产品)——整合各工厂(毛线厂、羊绒厂)——央视广告(18 万元、5 秒)——成功解决资金不足、共同发展。

第十一讲　组建创业团队

投资小,自己就是团队;投资一定规模,则需组建团队(风险投资——孵化——退出——获利)。

一、组建团队应考虑的三方面问题

(1)团队的来源:

1)熟人:亲戚、朋友、同学等。缺点:产生角色偏差现象,犯错批评——摆架子,要先讲清工作是工作,朋友归朋友,不能混淆。

2)生人:位置正、当下级。弊端:不了解、要磨合,根据需要选人。

(2)团队人员的观念要相近。价值观相同、看法相近、谈得来。

(3)团队的互补性。各有所长、相互支援。例:三国演义中,刘备——方向感好,有包容心、威望高、桃园三结义;诸葛亮——文官,出谋策划、军师;关羽、张飞、赵子龙——武将、能征善战;要逆向思维——兼听则明、偏听则暗。

二、建立团队关系的要点

(1)要有意培养团队的归属感。要心往一处想、汗往一处流、劲往一处使;要投入情感、关心成员、生日贺卡、电话短信、吃喝玩乐、家庭氛围、建立员工归属感。

(2)要建立互信机制。所谓用人不疑、疑人不用,有意培养。

(3)要有一个坦诚的氛围。从我做起、有什么说什么。

(4)要有包容心。对不好听的话,不同的意见要听得进、容得下,不能顺者昌、逆者亡。

(5)要有有效的分享机制。领导者公正、分配公平、办事公开就得民心。

三、凝聚团队的力量

(1)创业者的人格魅力。

(2)好的企业文化和团队精神。例:某一跨国公司负责人工作失误,损失2000万美元——辞职报告——董事长笑了,视2000万元为交学费,勇于承担责任,就可能犯错误。

深圳华为标语:华为呼唤英雄、华为决不让雷锋(奉献)吃亏。

第十二讲　选择创业伙伴

一、对创业者的要求

（1）要待人以诚、待人以信（诚恳、信任）。

（2）要实事求是地请求别人的帮助。

（3）不要过分谦虚。不妨吹一回牛皮，要别人对你有信心，不要唠叨困难，不要见人就诉苦。

（4）注意自己的语言，学会与人沟通。

①不要滔滔不绝：有效沟通＝有口才。

②多给对方一些赞美：赞别人的优势、长处，没人不爱听好话。例：清曾国藩同帐下谋士说"本人不好谀，比不过彭玉麟、李鸿章。"一谋士答："彭公刚直、人不敢欺，李公精明、人不能欺。"曾说："我呢？ 既无刚直，也不精明呀！"谋士答："大帅仁德、人不忍欺。"曾公大笑："此人有才。"后来此谋士当到盐运使。

③学会倾听：会说是长处、多听也是长处。

④要有幽默感：亲和力。

⑤衣着整齐、大方得体：男：阳光。女：端庄稳重，给人好的第一印象。要点：衣冠楚楚、举止优雅、谈吐得体、充满自信。夫妻双方相互尊重，不能当着别人的面贬损家人。

二、创业者在创业的初始阶段尽量多用自己的家人

好处：忠诚度高，成本特别低，彼此了解、不易产生矛盾。

缺点：企业做大了，家族企业就不好做。

三、企业最需要的五种人

（1）德、才、识兼备者（品德、才能、见识）；

（2）屡败屡战者——斗志强；

（3）敢于直言者——有人直言、少犯错；

(4)灵活创新者——思维开扩；
(5)生活条件较差者——会珍惜。

四、不能招聘的四种人

(1)一来就问累不累的人——懒惰；
(2)一来就问薪金报酬的人——谨慎；
(3)不愿意承担责任的人——无担当；
(4)过于情绪化的人——情商过低、伤害企业团队。

五、韩国把企业员工分为四类人

(1)有本事没脾气的人——人才——留住；
(2)有本事有脾气的人——人才——谨慎使用；
(3)没本事没脾气的人——看得起——培训后能胜任、可用；
(4)没本事有脾气的人——人灾——清除掉。

第十三讲　规避创业失误

创业中需要规避的五个错误。

一、过于乐观

只看到美妙的前景，看不到隐藏的问题。如开鞋厂，13亿人，每人买一双，就13亿双，只要1%占有率就不得了。要把问题考虑得更多一些，更细一些、更复杂一些……有备无患，准备越充分，问题越少。

二、招兵买马过头了

一个好汉三个帮，招人容易、辞人难，请菩萨容易、送菩萨难。

1.辞退员工的弊端

(1)很伤感情；

(2)如果操作不当，还会带来一些负面作用。如临走前，上电脑删除重要客户资料，带走公司机密材料，造谣中伤，等等。

2.招聘员工时慎用两类人

(1)脾气比较古怪的亲戚：职位可解脱掉、但亲戚关系解不掉。

(2)朋友推荐的人：要仔细考察，往往碍于情面的事，最后伤情面更重些。帮急不帮穷。

三、现金流断裂

(1)创业者手上始终要有一定的支付能力，一定的现金量。

(2)对于刚创业的企业，现金流比盈利还重要。

例：花5万元，半年后可变6万元，这生意不能做，因为5万花了，就没钱了，用不了半年，企业早就跨了。

现金/月平均开销＝企业寿命

(3)资金是企业血液。

四、产品推出太慢

(1)产品不完美,先别推出——错的。只要产品有市场,不完美不要紧,可以推出。

问题:法国智力竞赛题,假如罗浮宫(大量文物珍藏)起火,先救哪一样东西?答:离出口最近的那幅画。

(2)创业者最佳目标不是最有价值的目标,而是最有可能实现的目标。

(3)产品没有优势,但服务优势同样重要。

例1:王永庆1932年创业,200元起家,卖米,周围30多家米店,压力大,亲自选米,石子最少,价格公道,胜出,发展壮大,2008年四川赈灾捐款1亿元。

例2:婚礼摄像,竞争激烈,自拍,不要钱,拍完后制成精美礼品送给新人看,特别好,愿意买。

五、成交太慢

尽快完成第一单,士气大振,产品有市场。例:研制无压锅炉,卖给家润多(胡子敬),走上发展之路,成就今天的远大集团。

尽快实现第一单的好处:信心大振;迅速收回第一笔现金。

第十四讲　面对创业失败

失败是成功之母,我国创业成功人士不到30%,企业平均存活年限不到三年。争取赢、不怕输。

给失败创业者的三条建议

1.迅速调整自己的心态

失败是正常的,心态平和,成大事者要有精神和毅力。司马迁:"猝然临之而不惊,无故加之而不怒。"学走路的过程中摔了一跤、不愿再走,则永远不会走路。

如何调整失败情绪?

(1)多和智者聊天——结交智者、心胸开阔、开导迷惑。

(2)出去旅游、散散心——名山大川、散尽阴霾。

《三国演义》开篇:滚滚长江东逝水、浪花淘尽英雄、是非成败转头空。

小小的失败,放在整个人生来看,放在人世间看,非常小。

挫折是最好的老师,因为有挫折,才有前进;因为有挫折,才有将来胜利的希望。

2.善于总结经验教训

有总结,才会有提高。

失败=标本,解剖它,看到底败在哪里?项目选择?营运过程?团队?赢利模式?

格罗夫斯将军(美)说:我们在一次失败中学到的东西,可能比十次成功中学到的还要多。

智慧人在失败中寻找教训,吸取经验;愚蠢人在失败中只见悲观、阴暗。

总结哪些经验教训?我败在哪儿了。如果重来,我应该怎么做。

失败时要思考失去了什么?留下了什么?得到了什么?

(1)失去了金钱、时间。

山西平遥城隍庙匾:钱同(通)人性。

越花越有、越留越死。

钱只有在你使用的时候，它才是你的。

（2）如果遇到暂时的失败，希望你留下诚信，生意可以失败、做人不能失败。人格不输。

留得青山在，不怕没柴烧。

（3）得到了大量经验，得到了朋友。

3.总结经验，准备再战

第二部分　管理知识链接

1. 吉芬商品

指的是价格上升引起需求量增加的物品。英国统计学家罗伯特·吉芬最早发现,1845年爱尔兰发生灾荒,土豆价格上升,但是土豆需求量反而增加了。这一现象在当时被称为"吉芬难题"。

英国经济学家马歇尔在其著名的《经济学原理》(1980)一书中详细讨论了这个问题,并在分析中提及罗伯特·吉芬的看法,从而使得"吉芬商品"这一名词流传下来。发生灾荒的爱尔兰,土豆是一种非常强的低档商品。当土豆价格上升时,消费者变穷了。收入效应使消费者想少买肉并多买土豆。同时,由于土豆相对于肉变得更为昂贵,替代效应使消费者想购买更多的肉和更少的土豆。但是,在这种特殊的情况下,收入效应如此之大,以至于超过了替代效应。结果消费者对土豆的反应是少买肉,多买土豆。这样就可以解释"吉芬难题"了。也称"土豆效应"。

其实质是在灾荒面前,生存成为第一要义。相对昂贵的肉类和相对廉价的土豆存在替代效应。同样的金钱,可以买到更多用于果腹的土豆,造成对土豆需求量的增加。从而引发对土豆的追捧,造成土豆价格抬升。

简单地说,就是危机面前,人的需求滑向马洛斯需求层次的较低层。同样,经济危机面前,吃比萨饼的人必然减少,作为替代,大饼需求量必然增加。

据称,随着世界经济危机的加剧,高层次产品需求量下降,中低替代品需求量增加。

2. 威士忌效应

管理学上有一个著名的"威士忌效应"。说的是北欧有一个渔夫在湖里打鱼,带着一瓶自己酿造的威士忌酒。突然看到游来一条蛇,嘴里咬着一只青蛙。渔夫救了青蛙,蛇很不高兴。渔夫为了安慰蛇,就把威士忌给蛇喝。蛇从来没喝过酒,觉得很美妙,对渔夫谢过后离开。渔夫顷刻间将此事圆满处理,不免有些得意洋洋,在午后的阳光下昏沉沉入睡。不料过了一会儿,河里又有声响,刚才离去的蛇又游了回来,嘴里咬着两只青蛙,并不吞下去,而是用渴望的目光望着渔夫,好像在说:这下我是不是可以得两瓶威士忌酒?

启示:威士忌效应实际上是指政策激励中出现的负效应。在一项政策或措施出台之后,有时候得到的结果往往会出乎设计者的预料,甚至是截然相反——希望得到的是A,结果却是B。渔夫的目的是挽救青蛙的生命,结果是给青蛙带来了更大的麻烦——为了得到美味威士忌,蛇会捕捉更多的青蛙。

　　渔夫用威士忌酒激励了不该激励的蛇,造成蛇变本加厉的行为。而在我们很多企业,高层管理者或企业主在处理具体问题时,因为一时不忍,成了带头破坏制度的始作俑者,而往往身在事中不自知。于是被免于责罚的"蛇"得到了无形的激励,开始游离于制度之外。员工的某些行为的偶发,得到了高层漠视的"激励",这些违反制度的行为就无意中被强化。而身在事外的更多的人,也读懂了规则外的规则,于是制度成了纸上文章。长此以往此类企业员工规则意识被彻底淡化,企业规章制度从此失去了执行力,这就是负向激励给企业造成的最直接的影响。正向激励对企业管理的作用已经越来越为广大管理人员所认同,那么认清负向激励的危害,相信企业管理工作会做得更好!

3. 牛尾效应

　　在经济学上,有一个术语叫牛尾效应,指供应链上的一种需求变异放大的现象,是信息流从最终客户端向原始供应商端传递时,无法有效地实现信息的共享,使得信息扭曲而逐级放大,导致了需求信息出现越来越大的波动。

　　比如说有某种啤酒,因为歌星唱的流行歌曲里提到这种啤酒,年轻人开始喝,酒吧的老板发现很好卖,脱销了,就告诉批发商这种啤酒很好卖,下次的进货量翻一倍。批发商收到了订金,发现很好卖,就向商家多订了一卡车。经过层层传递,层层失真后,到一定的时间汇总到生产厂家,要满足"需求"可能就要加一条流水线了。这个时候流行歌曲过时了,销量回到了正常水平。原来生怕脱销的商家就放大需求,现在积压了怕处理不掉又纷纷销价处理。这样就产生了亏损。

　　这种信息扭曲的放大作用在图形上很想像一根甩起的牛尾,因此被形象地称为牛尾效应。可以将处于上游的供应商比做梢部,下游的用户比做根部,从牛的尾巴到牛的屁股,从供应商的末梢到供应链的源头不停的左右摇摆,一旦根部抖动,传递到末梢端就会出现很大的波动。

4. 庞氏骗局

　　庞氏骗局是对金融领域投资诈骗的称呼,是金字塔骗局的变体,很多非法的传销集团就是用这一招聚敛钱财的,这种骗术是一个名叫查尔斯·庞兹的投机商人"发明"的。庞氏骗局在中国又称"拆东墙补西墙","空手套白狼"。简言之就是利用新投资人的钱来向老投资者支付利息和短期回报,以制造赚钱的假象进而骗取更多的投资。

查尔斯·庞兹(Charles Ponzi)是一位生活在19～20世纪的意大利投机商,1903年移民到美国,1919年他开始策划一个阴谋,骗人向一个事实上子虚乌有的企业投资,许诺投资者将在三个月内得到40%的利润回报,然后,狡猾的庞兹把新投资者的钱作为快速盈利付给最初投资的人,以诱使更多的人上当。由于前期投资的人回报丰厚,庞兹成功地在七个月内吸引了3万名投资者,这场阴谋持续了一年之久,才让被利益冲昏头脑的人们清醒过来,后人称之为"庞氏骗局"。

衍生出来的著名十大骗术:彩票骗局(加拿大的中奖手续费)、传销诈骗(英国女人交纳入会费)、419诈骗案(尼日利亚高官转账)、征婚骗局(新加坡女子)、连环信(快速赚钱)、传销骗局(阿尔巴尼亚)、克洛斯(英国)、白血病(美国捐款)、虚拟银行(第二人生在线游戏)。

骗局共性特征:低风险、高回报的反投资规律;拆东墙、补西墙的资金腾挪回补特征;投资诀窍的不可知和不可复制性;投资的反周期性特征;投资者结构的金字塔特征。

危害性:一是受害者人数众多;二是受骗金额巨大;三是社会影响面广,影响层次众多;四是危及投资信心和金融稳定;五是骗术的欺骗性和隐蔽性造成监管追查的困难。

5. 蝴蝶效应

蝴蝶效应是指20世纪70年代,美国一个名叫洛伦兹的气象学家在解释空气系统理论时说,亚马逊雨林一只蝴蝶翅膀偶尔振动,也许两周后就会引起美国得克萨斯州的一场龙卷风。

蝴蝶效应是说,初始条件十分微小的变化经过不断放大,对其未来状态会造成极其巨大的差别。有些小事可以糊涂,有些小事如果经过系统放大,则对一个组织、一个国家来说是很重要的,就不能糊涂。

今天的企业,其命运同样受"蝴蝶效应"的影响。消费者越来越相信感觉,所以品牌消费、购物环境、服务态度……这些无形的价值都会成为他们选择的因素。所以只要稍加留意,我们就不难看到,一些管理规范、运作良好的公司在他们的公司理念中都会出现这样的句子:

"在你的统计中,对待100名客户里,只有一位不满意,因此你可骄称只有1%的不合格,但对于该客户而言,他得到的却是100%的不满意。"

"你一朝对客户不善,公司就需要10倍甚至更多的努力去补救。"

"在客户眼里,你代表公司"。

今天,能够让企业命运发生改变的"蝴蝶"已远不止"计划之手",随着私营企业承包铁路专列、南京市外资企业参与公交车竞争等新闻的出现,企业坐而无忧的垄断地位日渐式微,开放式的竞争让企业不得不考虑各种影响发展的潜在因素。

精简机构、官员下岗、取消福利房等措施,让越来越多的人远离传统的保障,随之而来的是依靠自己来决定命运。而组织和个人自由组合的结果就是谁能捕捉到对生命有益的"蝴蝶",谁就不会被社会抛弃。

6.青蛙现象

青蛙现象:把一只青蛙直接放进热水锅里,由于它对不良环境的反应十分敏感,就会迅速跳出锅外。如果把一个青蛙放进冷水锅里,慢慢地加温,青蛙并不会立即跳出锅外,水温逐渐提高的最终结局是青蛙被煮死了,因为等水温高到青蛙无法忍受时,它已经来不及、或者说是没有能力跳出锅外了。

青蛙现象告诉我们,一些突变事件,往往容易引起人们的警觉,而易致人于死地的却是在自我感觉良好的情况下,对实际情况的逐渐恶化,没有清醒的察觉。

启示之一:我们的组织和社会生存的主要威胁,并非来自突如其来的事件,而是由缓慢渐进而无法察觉的过程形成。人们目光短浅,只看到局部,而无法纵观全局,对于突如其来的变化,可以从容面对,而对于悄悄发生的大的变化无法察觉,最终会带给我们更加严重的危害!

启示之二:青蛙,就好像是我们生活中的芸芸众生,我们要着眼未来,勤于思考新的问题,勤于学习新的知识,不能过"今日有酒,今日醉"和"当一天和尚,撞一天钟"的醉生梦死的生活,到头来将是非常可悲的!

　　启示之三:当今的社会,是一个知识爆炸、日新月异的时代,知识也需要不断更新,所以我们不要一味地沉迷于现状、安于现状,不思进取,这样下去的话,肯定会被时代所淘汰,也会有面临失业的危险!

　　启示之四:我们不要单纯地只能面对突如其来的危险,而忽视那种缓慢而又微小的危险,因为,那种缓慢而又微小的危险,才是最可怕的!

7. 鳄鱼法则

　　鳄鱼法则:其原意是假定一只鳄鱼咬住你的脚,如果你用手去试图挣脱鳄鱼便会同时咬住你的脚与手。你越挣扎,就被咬住得越多。所以,万一鳄鱼咬住你的脚,你唯一的办法就是牺牲一只脚。

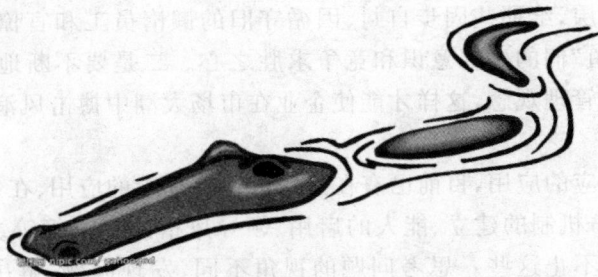

　　譬如在股市中,鳄鱼法则:当你发现自己的交易背离了市场的方向,必须立即止损,不得有任何延误,不得存有任何侥幸。

8. 鲶鱼效应

　　以前,沙丁鱼在运输过程中成活率很低。后来有人发现,若在沙丁鱼中放一条鲶鱼,情况却有所改观,成活率会大大提高。这是何故呢?

　　原来鲶鱼到了一个陌生的环境后,就会"性情急躁",四处乱游,这对于好静的沙丁鱼来说,无疑起到了搅拌作用;而沙丁鱼发现多了这样一个"异己分子",自然也很紧张,加速游动。这样沙丁鱼缺氧的问题就迎刃而解了,沙丁鱼也就不会死了。

　　当一个组织的工作达到较稳定的状态时,常常意味着员工工作积极性的降低,"一团和气"的集体不一定是一个高效率的集体,这时候"鲶鱼效应"将起到很好的

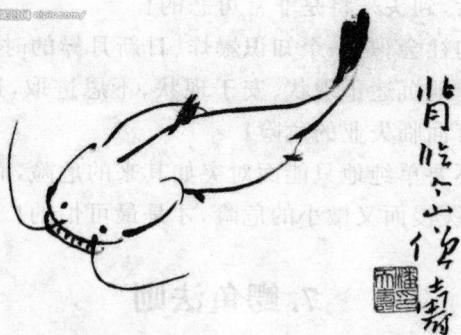

"医疗"作用。一个组织中,如果始终有一位"鲶鱼式"的人物,无疑会激活员工队伍,提高工作业绩。

"鲶鱼效应"是企业领导层激发员工活力的有效措施之一。它表现在两方面,一是企业要不断补充新鲜血液,把那些富有朝气、思维敏捷的年轻生力军引入职工队伍中甚至管理层,给那些固步自封、因循守旧的懒惰员工和官僚带来竞争压力,才能唤起"沙丁鱼"们的生存意识和竞争求胜之心。二是要不断地引进新技术、新工艺、新设备、新管理观念,这样才能使企业在市场大潮中搏击风浪,增强生存能力和适应能力。

关于鲶鱼效应的应用,目前已有在人力资源管理中的应用、在领导活动中的应用,具体包括竞争机制的建立、能人的启用、领导风格的变革等等。但对鲶鱼效应的分析和应用远不止这些。思考问题的视角不同,发现问题、解决问题的方法就不同。

首先,如果鲶鱼本体代表领导者。

领导者即影响他人完成任务的个体或者集体,在死气沉沉的沙丁鱼箱内,沙丁鱼就象征着一批同质性极强的群体,他们技能水平相似,缺乏创新和主动性,人浮于事,效率低下,整个机构是一种臃肿不堪的状态,而鲶鱼领导者的到来(或者内部沙丁鱼进化成鲶鱼),新官上任三把火,整顿纪律,规范制度,改造流程,合理配置岗位和人、财、物,逐渐经营有了起色,成本减下来了,臃肿的机构简化了,无能的沙丁鱼被吃了、赶走了,有能耐的沙丁鱼得到了正面的激励,这样整个机构呈现欣欣向荣的景象,在鲶鱼领导者的带领下,整个组织的活力都被调动起来,从而使集体的力量更加强大,占领市场、保有市场才有了坚实的基础。

从这个角度看,鲶鱼领导者应该具备如下特质:

(1)办事果断、雷厉风行:迅速发现组织停滞不前的病症所在,并能够快刀斩乱麻,迅速而有效地解决问题。

(2)说话算话、强势作风:科学地决策,并能够监督决策的执行,及时评估政策的有效性。

（3）倡导创新、结果导向：提倡创新，塑造鼓励创新的氛围，从业务流程、工作设计、人员招聘与配置、薪酬设计和考核等方面体现创新思想，体现创新的利。

（4）成就需求、前瞻视野：有短中长期发展规划和目标，能够预见组织发展的方向以及现存人力资源与未来的差距，能够有效地辨别未来人才，裁减不适合组织发展的拖后腿人员。

（5）系统视角、敢于变革：能够从系统内外观察组织系统结构的变化和功能，既要把自己当作组织的一部分（相对于渔夫，鲶鱼领导者本身也是沙丁鱼，渔夫才是领导者），又要把自己看成一个小系统中的领导者，能够带动员工队伍打开局面、打破常规，取得良好效益。

对于在领导者领导下为了共同目标而奋斗的职工群体而言，如果领导者有鲶鱼特性，那么要生存下去的方法就是运动起来，激发自己的能量，至少要和鲶鱼同步速度，并且要保证同一方向（企业目标），这样才不至于被鲶鱼追上吃掉，或者被其他沙丁鱼挤掉，最后憋死。

其次，如果鲶鱼代表团队中一员。

那么它就意味着新、奇、异，包括观点的不一样、行为的不同、习惯的迥异，正因为不同，才会激发智慧，一个团队需要不同性格、不同技能、不同工作经历的人加盟，如果都是同质的员工，那么这个团队产生奇思妙想、产生高绩效的可能性是微乎其微的。在注重团队建设、致力团队沟通的今天，适当地吸引一些鲶鱼加入团队，会给整个团队带来活泼的工作气氛，带来创新，带来多赢。但是鲶鱼的数量应当加以控制，全是鲶鱼的话，整个团队就会出现"个个是英雄、整体是狗熊"的现象，因为个个鲶鱼都想坚持自己的观点，合作和沟通就不存在了，整个团队就乌烟瘴气了，所以日本有些企业信奉"一流管理者、二流员工"的用人信条，既然一条鲶鱼能够带动一群鱼翻腾搅动，那就没有必要再放第二条了，一山不容二虎也是这样的道理。从这个角度看，团队中的鲶鱼分子应注重良性沟通、影响力的塑造，其他员工对待团队中的鲶鱼，也应该在工作的基础上与其加强合作。

再次，如果鲶鱼代表让人兴奋的工作内容。

现在很多企业，组织结构和工作设计依然成为流程改造的一大课题，不合理、枯燥无味、没有前景、单调无聊的工作内容让人们感觉像一桶拥挤的沙丁鱼一样没有激情，不愿意在岗位上多思考多改进，以致慢慢地形成了集体惰性。如果能够把工作扩大化、丰富化的鲶鱼效应应用到工作设计（Jobdesigning）上，那对组织的财务贡献也是显而易见的。如何把好动、充满激情的鲶鱼放到一潭死水的工作中呢？这又是一门棘手的学问，有人主张从横向和纵向扩大工作范围、深化工作内容，让员工们体验丰富的工作活动,感受努力工作的成就,让他们体现面对挑战性、来劲性工作时的激动与欲望;有人主张运用轮岗的方式增长员工的才干,让他们工作中的鲶鱼越游越欢;还有人则主张在应用以上措施的同时还要注重人与岗位的匹配,鲶鱼就要做鲶鱼的事情,沙丁鱼就要做沙丁鱼的事情,岗位中既要有鲶鱼性工作内容也要有沙丁鱼性工作内容,最重要的是要发现员工的偏好,看哪些工作能够让他们产生鲶鱼的动力与激情,只有匹配了之后,鲶鱼效应才能真正发挥它的作用,不然虽然设置了鲶鱼性工作内容,却发现这种工作根本不能让员工为之动容、为之奋斗,那么这条鲶鱼就会变成死鱼。

从这个角度看,工作中的鲶鱼代表着丰富的工作内容、令人来劲的责权利、充满挑战的工作期望、新鲜的岗位体验等等。对于领导者和人力资源管理者而言,是否要在工作中设置鲶鱼工作、在什么层次上设置鲶鱼工作,都将是一个组织的战略问题。

综上,从不同的角度分析,鲶鱼代表的内容是不同的,对于一个从业者,领导可能是鲶鱼,那么你的努力最好和组织保持同方向,不要往后游,否则就有被吃掉的危险,永远充满激情地向上游,也许某一天你也变成了鲶鱼,赶着一群沙丁鱼向上奋斗;你的同事也可能是鲶鱼,那就和他比拼比拼,看谁翻腾的能量更大;你的下级也可能有鲶鱼,那就在激励下属成长的同时,别忘了给自己充充电,保持强劲的发展势头,否则你也有被下属吃掉的危险;你的工作也可能有鲶鱼,那就合理地安排自己的工作,分清主次,让鲶鱼工作越游越欢,最好能到上一层工作岗位上去搅动一番。

9. 羊群效应

羊群效应最早是股票投资中的一个术语,主要是指投资者在交易过程中存在学习与模仿现象,"有样学样",盲目效仿别人,从而导致他们在某段时期内买卖相同的股票。

羊群效应理论(The Effect of Sheep Flock):在一群羊前面横放一根木棍,第一只羊跳了过去,第二只、第三只也会跟着跳过去。这时,把那根棍子撤走,后面的羊,走到这里,仍然像前面的羊一样,向上跳一下,尽管拦路的棍子已经不在了,这就是所谓的"羊群效应"也称"从众心理"。它是指管理学上一些企业的市场行为的一种常见现象。由于对信息缺乏了解,投资者很难对市场未来的不确定性作出合理的预期,往往是通过观察周围人群的行为而提取信息,在这种信息的不断传递中,许多人的信息将大致相同且彼此强化,从而产生从众行为。"羊群效应"是由个人理性行为导致的集体的非理性行为的一种非线性机制。

羊群行为是金融学领域中比较典型的一种现象,主流金融理论无法对之解释。经济学里经常用"羊群效应"来描述经济个体的从众跟风心理。羊群是一种很散乱的组织,平时在一起也是盲目地左冲右撞,但一旦有一只头羊动起来,其他的羊也会不假思索地一哄而上,全然不顾前面可能有狼或者不远处有更好的草。因此,"羊群效应"就是比喻人都有一种从众心理,从众心理很容易导致盲从,而盲从往往会陷入骗局或遭到失败。

羊群效应的出现一般在一个竞争非常激烈的行业上,而且这个行业上有一个领先者(领头羊)占据了主要的注意力,那么整个羊群就会不断摹仿这个领头羊的一举一动,领头羊到哪里去"吃草",其他的羊也去哪里"淘金"。

10. 刺猬法则

刺猬法则:两只困倦的刺猬,由于寒冷而拥在一起。可因为各自身上都长着刺,于是它们离开了一段距离,但又冷得受不了,于是又凑到一起。几经折腾,两只刺猬终于找到一个合适的距离:既能互相获得对方的温暖而又不至于被扎。

刺猬法则主要是指人际交往中的"心理距离效应"。

法国前总统戴高乐就是一个很会运用刺猬法则的人。他有一个座右铭:"保持一定的距离!"这也深刻地影响了他和顾问、智囊、参谋们的关系。在他十多年的总统岁月里,他的秘书处、办公厅和私人参谋部等顾问和智囊机构,没有什么人的工作年限能超过两年以上。他对新上任的办公厅主任总是这样说:"我使用你两年,正如人们不能以参谋部的工作作为自己的职业,你也不能以办公厅主任作为自己的职业。"这就是戴高乐的规定。这一规定出于两方面原因:一是在他看来,调动是正常的,而固定是不正常的。这是受部队做法的影响,因为军队是流动的,没有始终固定在一个地方的军队。二是他不想让"这些人"变成他"离不开的人"。这表明戴高乐是个主要靠自己的思维和决断而生存的领袖,他不容许身边有永远离不开的人。只有调动,才能保持一定距离,而惟有保持一定的距离,才能保证顾问和参谋的思维和决断具有新鲜感和充满朝气,也就可以杜绝年长日久的顾问和参谋们利用总统和政府的名义营私舞弊。

戴高乐的做法是令人深思和敬佩的。没有距离感,领导决策过分依赖秘书或某几个人,容易使智囊人员干政,进而使这些人假借领导名义,谋一己之私利,最后拉领导干部下水,后果是很危险的。两相比较,还是保持一定距离好。

通用电气公司的前总裁斯通在工作中就很注意身体力行刺猬理论,尤其在对待中高层管理者上更是如此。在工作场合和待遇问题上,斯通从不吝啬对管理者们的关爱,但在工余时间,他从不要求管理人员到家做客,也从不接受他们的邀请。正是这种保持适度距离的管理,使得通用的各项业务能够芝麻开花节节高。与员工保持一定的距离,既不会使你高高在上,也不会使你与员工互相混淆身份。这是管理的一种最佳状态。距离的保持靠一定的原则来维持,这种原则对所有人都一视同仁:既可以约束领导者自己,也可以约束员工。掌握了这个原则,也就掌握了成功管理的秘诀。

11. 手表定律

猴子与表的故事:

森林里生活着一群猴子,每天太阳升起的时候它们外出觅食,太阳落山的时候回去休息,日子过得平淡而幸福。

一名游客穿越森林,把手表落在了树下的岩石上,被猴子"猛可"拾到了。聪明的"猛可"很快就搞清了手表的用途,于是,"猛可"成了整个猴群的明星,每只猴子都向"猛可"请教确切的时间,整个猴群的作息时间也由"猛可"来规划。"猛可"逐渐建立起威望,当上了猴王。

做了猴王的"猛可"认为是手表给自己带来了好运,于是它每天在森林里巡查,希望能够拾到更多的表。功夫不负有心人,"猛可"又拥有了第二块、第三块表。

　　但"猛可"却有了新的麻烦：每只表的时间指示都不尽相同，哪一个才是确切的时间呢？"猛可"被这个问题难住了。当有下属来问时间时，"猛可"支支吾吾回答不上来，整个猴群的作息时间也因此变得混乱。过了一段时间，猴子们起来造反，把"猛可"推下了猴王的宝座，"猛可"的收藏品也被新任猴王据为己有。但很快，新任猴王同样面临着"猛可"的困惑。

　　这就是著名的"手表定律"：只有一只手表，可以知道时间；拥有两只或更多的表，却无法确定几点。更多钟表并不能告诉人们更准确的时间，反而会让看表的人失去对准确时间的信心。

　　手表定律带给我们一种非常直观的启发：

　　对于任何一件事情，不能同时设置两个不同的目标，否则将使人无所适从；对于一个人不能同时选择两种不同的价值观，否则他的行为将陷于混乱。

　　一个人不能由两个以上的人来指挥，否则将使这个人无所适从；对于一个企业，更是不能同时采用两种不同的管理方法，否则将使这个企业无法发展。

　　在这方面美国在线与时代华纳的合并就是一个典型的失败案例。美国在线是一个年轻的互联网公司，企业文化强调操作灵活、决策迅速，要求一切为快速抢占市场的目标服务。时代华纳在长期的发展过程中建立起强调诚信之道和创新精神的企业文化。两家企业合并后，企业高级管理层并没有很好地解决两种价值标准的冲突，导致员工完全搞不清企业未来的发展方向。最终，时代华纳与美国在线的世纪联姻以失败告终。这也充分说明，要搞清楚时间，一块走时准确的表就足够了。

　　只选择你认为正确的。

　　在现实生活中，我们常常会处在"两只表"中，你要做的就是选择其中较信赖的一只，尽量校准它，并以此作为你的标准，听从它的指引行事。

　　尼采有一句名言："兄弟，如果你是幸运的，你只要有一种道德而不要贪多，这样,你过桥会更容易些。"如果每个人都"选择你所爱,爱你所选",无论成败都可以心安理得。然而,困扰很多人的是,他们被"两只表"弄得无所适从,心力交瘁,不知自己该信哪一个。还有人在环境或他人的压力下,违心选择了自己并不喜欢的道路,并因此而郁郁终生。即使取得了受人瞩目的成就,也体会不到成功的快乐。

在现实生活中,我们也经常会遇到类似的情况。比如两门选修课都是你所感兴趣的,但是授课时间重合,而且你又没有足够的精力学好两门课程,这个时候你很难做出选择。择业时,地点、待遇不分伯仲的两家单位,你将何去何从?在人生的每一个十字路口,我们都要面对"鱼与熊掌不能兼得"的苦恼。

在面对矛盾选择的时候,我们推荐使用"模糊心理"。所谓"模糊心理",就是在一个很难决策的情况下,以潜意识的心理为主要基调,做出符合潜意识心理的选择。心理学研究表明,"模糊心理"实际上是人在成长过程中不断积累的一种心理沉积。也许你并不能说出一条明确的原因,但是通过心理的潜意识,一般情况下可以做出最符合个体心理需求的决定。这里说的潜意识,实际上就是我们常说的第一印象。"模糊心理"在矛盾选择面前,能够提供给我们最安全的心理保护,因而是值得提倡的。

核心理念:更多选择、更多标准会让人无所适从。

应用要诀:明确目标、不受干扰;懂得取舍,该放则放。

12. 破窗理论

破窗理论:一个房子如果窗户破了,没有人去修补,隔不久,其他的窗户也会莫名其妙地被人打破;一面墙,如果出现一些涂鸦没有被清洗掉,很快地,墙上就布满了乱七八糟、不堪入目的东西;一个很干净的地方,人们不好意思丢垃圾,但是一旦地上有垃圾出现之后,人就会毫不犹疑地抛,丝毫不觉羞愧。

破窗理论一:也称"破窗谬论",源于一位名叫黑兹利特的学者在一本小册子中的一个譬喻(也有人认为这一理论是法国19世纪经济学家巴斯夏作为批评的靶子而总结出来的,见其著名文章《看得见的与看不见的》)。这位黑兹利特说,假如小孩打破了窗户,必将导致破窗人更换玻璃,这样就会使安装玻璃的人和生产玻璃的人开工,从而推动社会就业。

在这里,学者是为了说明孩童的行为与政府的行为所能产生的后果,从而彻底地否定凯恩斯主义的政府干预政策。"破窗理论"就是典型的"破坏创造财富"。把这样的谬论放之于洪灾,放之于地震,放之于战争,好像都很合适。

破窗理论二:也叫破窗效应,一扇窗户被打破,如果没有修复,将会导致更多的窗户被打破,甚至整栋楼被拆毁。由美国政治学家威尔逊和犯罪学家凯琳观察总结的"破窗理论"指出环境可以对一个人产生强烈的暗示性和诱导性。

华眉　插图

13. 二八定律

二八定律(巴莱多定律):19 世纪末 20 世纪初意大利的经济学家巴莱多认为,在任何一组东西中,最重要的只占其中一小部分,约 20%,其余 80%尽管是多数,却是次要的。

社会约 80%的财富集中在 20%的人手里,而 80%的人只拥有 20%的社会财富。这种统计的不平衡性在社会、经济及生活中无处不在,这就是二八法则。

二八法则告诉我们,不要平均地分析、处理和看待问题,企业经营和管理中要

抓住关键的少数;要找出那些能给企业带来 80% 利润、总量却仅占 20% 的关键客户,加强服务,达到事半功倍的效果;企业领导人要对工作认真分类分析,要把主要精力花在解决主要问题、抓主要项目上。

20% 的人成功——————————80% 的人不成功

20% 的人用脖子以上赚钱————80% 的人脖子以下赚钱

20% 的人正面思考——————80% 的人负面思考

20% 的人买时间——————80% 的人卖时间

20% 的人找一个好员工————80% 的人找一份好工作

20% 的人支配别人——————80% 的人受人支配

20% 的人做事业——————80% 的人做事情

20% 的人重视经验——————80% 的人重视学历

20% 的人认为行动才有结果————80% 的人认为知识就是力量

20% 的人我要怎么做才有钱————80% 的人我要有钱我就怎么做

20% 的人爱投资——————0% 的人爱购物

20% 的人有目标——————80% 的人爱瞎想

20% 的人在问题中找答案————80% 的人在答案中找问题

20% 的人放眼长远——————80% 的人只顾眼前

20% 的人把握机会——————80% 的人错失机会

20% 的人计划未来——————80% 的人早上起来才想今天干嘛

20% 的人按成功经验行事————80% 的人按自己的意愿行事

20% 的人做简单的事情————80% 的人不愿意做简单的事情

20% 的人明天的事情今天做————80% 的人今天的事情明天做

20% 的人如何能办到——————80% 的人不可能办到

20% 的人记笔记——————80% 的人忘性好

20% 的人受成功的人影响————80% 的人受失败的人影响

20% 的人状态很好——————80% 的人态度不好

20% 的人相信自己会成功————80% 的人不愿改变环境

20% 的人永远赞美、鼓励————80% 的人永远漫骂、批评

20% 的人会坚持——————80% 的人会放弃

14. 木桶理论

木桶理论:组成木桶的木板如果长短不齐,那么木桶的盛水量不是取决于最长

的那一块木板,而是取决于最短的那一块木板。

木桶效应是指一只水桶想盛满水,必须每块木板都一样平齐且无破损,如果这只桶的木板中有一块不齐或者某块木板下面有破洞,这只桶就无法盛满水。一个水桶无论有多高,它盛水的高度取决于其中最低的那块木板,也可称为短板效应,又称木桶原理或短板理论,木桶短板管理理论,所谓"木桶理论"也即"木桶定律",其核心内容为:一只木桶盛水的多少,并不取决于桶壁上最高的那块木块,而恰恰取决于桶壁上最短的那块。根据这一核心内容,"木桶理论"还有两个推论:其一,只有桶壁上的所有木板都足够高,那木桶才能盛满水。其二,只要这个木桶里有一块不够高度,木桶里的水就不可能是满的。

15. 马太效应

《新约·马太福音》中有这样一个故事:一个国王远行前,交给 3 个仆人每人一锭银子,吩咐道:你们去做生意,等我回来时,再来见我。国王回来时,第一个仆人说:主人,你交给我的一锭银子,我已赚了 10 锭。于是,国王奖励他 10 座城邑。第二个仆人报告:主人,你给我的一锭银子,我已赚了 5 锭。于是,国王奖励他 5 座城邑。第三仆人报告说:主人,你给我的 1 锭银子,我一直包在手帕里,怕丢失,一直没有拿出来。于是,国王命令将第三个仆人的 1 锭银子赏给第一个仆人,说:凡是少的,就连他所有的,也要夺过来。凡是多的,还要给他,叫他多多益善,这就是马太效应,反应当今社会中存在的一个普遍现象,即赢家通吃。

马太效应,指强者愈强、弱者愈弱的现象,广泛应用于社会心理学、教育、金融以及科学等众多领域。"马太效应"与"平衡之道"相悖,与"二八定则"有相类之处,是十分重要的自然法则。

对企业经营发展而言,马太效应告诉我们,要想在某一个领域保持优势,就必须在此领域迅速做大。当你成为某个领域的领头羊时,即便投资回报率相同,你也能更轻易地获得比弱小的同行更大的收益。而若没有实力迅速在某个领域做大，就要不停地寻找新的发展领域，才能保证获得较好的回报。

16. 鸟笼逻辑

挂一个漂亮的鸟笼在房间里最显眼的地方，过不了几天，主人一定会做出下面两个选择之一：把鸟笼扔掉，或者买一只鸟回来放在鸟笼里。这就是鸟笼逻辑。过程很简单，设想你是这房间的主人，只要有人走进房间，看到鸟笼，就会忍不住问你：“鸟呢？是不是死了？”当你回答：“我从来都没有养过鸟。”人们会问：“那么，你要一个鸟笼干什么？”最后你不得不在两个选择中二选一，因为这比无休止的解释要容易得多。鸟笼逻辑的原因很简单：人们绝大部分的时候是采取惯性思维。可见在生活和工作中培养逻辑思维是多么重要。

17. 责任分散效应

1964 年 3 月 13 日夜 3 时 20 分，在美国纽约郊外某公寓前，一位叫朱诺比白的年轻女子在结束酒巴间工作回家的路上遇刺。当她绝望地喊叫：“有人要杀人啦！救命！救命！”听到喊叫声，附近住户亮起了灯，打开了窗户，凶手吓跑了。当一切恢复平静后，凶手又返回作案。当她又叫喊时，附近的住户又打开了电灯，凶手又逃跑了。当她认为已经无事，回到自己家上楼时，凶手又一次出现在她面前，将她杀死在楼梯上。在这个过程中，尽管她大声呼救，她的邻居中至少有 38 位到窗前观看，但无一人来救她，甚至无一人打电话报警。这件事引起纽约社会的轰动,也引起了社会心理学工作者的重视和思考。人们把这种众多的旁观者见死不救的现象称为责任分散效应。

对于责任分散效应形成的原因,心理学家进行了大量的实验和调查,结果发现:这种现象不能仅仅说是众人的冷酷无情,或道德日益沦丧的表现。因为在不同的场合,人们的援助行为确实是不同的。当一个人遇到紧急情境时,如果只有他一个人能提供帮助,他会清醒地意识到自己的责任,对受难者给予帮助。如果他见死不救会产生罪恶感、内疚感,这需要付出很高的心理代价。而如果有许多人在场的话,帮助求助者的责任就由大家来分担,造成责任分散,每个人分担的责任很少,旁观者甚至可能连他自己的那一份责任也意识不到,从而产生一种"我不去救,由别人去救"的心理,造成"集体冷漠"的局面。如何打破这种局面,这是心理学家正在研究的一个重要课题。

18. 帕金森定律

英国著名历史学家诺斯古德·帕金森通过长期调查研究,写出一本名叫《帕金森定律》的书。他在书中阐述了机构人员膨胀的原因及后果:一个不称职的官员,可能有三条出路,第一是申请退职,把位子让给能干的人;第二是让一位能干的人来协助自己工作;第三是任用两个水平比自己更低的人当助手。这第一条路是万万走不得的,因为那样会丧失许多权利;第二条路也不能走,因为那个能干的人会成为自己的对手;看来只有第三条路最适宜。于是,两个平庸的助手分担了他的工作,他自己则高高在上发号施令,他们不会对自己的权利构成威胁。两个助手既然无能,他们就上行下效,再为自己找两个更加无能的助手。如此类推,就形成了一个机构臃肿,人浮于事,相互扯皮,效率低下的领导体系。

19. 晕轮效应

俄国著名的大文豪普希金曾因晕轮效应的作用吃了大苦头。他狂热地爱上了被称为"莫斯科第一美人"的娜坦丽,并且和她结了婚。娜坦丽容貌惊人,但与普希金志不同道不合。当普希金每次把写好的诗读给她听时,她总是捂着耳朵说:"不要听! 不要听!"相反,她总是要普希金陪她游乐,出席一些豪华的晚会、舞会,普希金为此丢下创作,弄得债台高筑,最后还为她决斗而死,使一颗文学巨星过早地陨落。在普希金看来,一个漂亮的女人也必然有非凡的智慧和高贵的品格,然而事实并非如此,这种现象被称为晕轮效应。

所谓晕轮效应,就是在人际交往中,人身上表现出的某一方面的特征,掩盖了其他特征,从而造成人际认知的障碍。在日常生活中,"晕轮效应"往往在悄悄地影响着我们对别人的认知和评价。比如有的老年人对青年人的个别缺点,或衣着打扮、生活习惯看不顺眼,就认为他们一定没出息;有的青年人由于倾慕朋友的某一可爱之处,就会把他看得处处可爱,真所谓"一俊遮百丑"。晕轮效应是一种以偏概全的主观心理臆测,其错误在于:第一,它容易抓住事物的个别特征,习惯以个别推及一般,就像盲人摸象一样,以点代面;第二,它把并无内在联系的一些个性或外貌特征联系在一起,断言有这种特征必然会有另一种特征;第三,它说好就全都肯定,说坏就全部否定,这是一种受主观偏见支配的绝对化倾向。总之,晕轮效应是人际交往中对人的心理影响很大的认知障碍,我们在交往中要尽量地避免和克服晕轮效应的副作用。

20. 霍桑效应

心理学上的一种实验者效应。20 世纪 20－30 年代，美国研究人员在芝加哥西方电力公司霍桑工厂进行的工作条件、社会因素和生产效益关系实验中发现了实验者效应，称霍桑效应。

实验的第一阶段是从 1924 年 11 月开始的工作条件和生产效益的关系，设为实验组和控制组。结果不管增加或控制照明度，实验组产量都上升，而且照明度不变的控制组产量也增加。另外，又试验了工资报酬、工间休息时间、每日工作长度和每周工作天数等因素，也看不出这些工作条件对生产效益有何直接影响。第二阶段的试验是由美国哈佛大学教授梅奥领导的，着重研究社会因素与生产效率的关系，结果发现生产效率的提高主要是由于被实验者在精神方面发生了巨大的变化。参加试验的工人被置于专门的实验室并由研究人员领导，其社会状况发生了变化，受到各方面的关注，从而形成了参与试验的感觉，觉得自己是公司中重要的一部分，从而使工人从社会角度方面被激励，促进产量上升。

这个效应告诉我们，当同学或自己受到公众的关注或注视时，学习和交往的效率就会大大增加。因此，我们在日常生活中要学会与他人友好相处，明白什么样的行为才是同学和老师所接受和赞赏的，我们只有在生活和学习中不断地增加自己的良好行为，才可能受到更多人的关注和赞赏，也才可能让我们的学习不断进步，充满自信！

21. 习得性无助实验

习得性无助效应最早由奥弗米尔和西里格曼发现，后来在动物和人类研究中被广泛探讨。简单地说，很多实验表明，经过训练，狗可以越过屏障或从事其他的行为来逃避实验者加于它的电击。但是，如果狗以前受到不可预期（不知道什么时候到来）且不可控制的电击（如电击的中断与否不依赖于狗的行为），当狗后来有机会逃离电击时，他们也变得无力逃离。而且，狗还表现出其他方面的缺陷，如感到沮丧和压抑，主动性降低等等。

狗之所以表现出这种状况，是由于在实验的早期学到了一种无助感。也就是说，它们认识到自己无论做什么都不能控制电击的终止。在每次实验中，电击终止都是在实验者掌控之下的，而狗会认识到自己没有能力改变这种外界的控制，从而学到了一种无助感。

人如果产生了习得性无助,就成为了一种深深的绝望和悲哀。因此,我们在学习和生活中应把自己的眼光再开阔一点,看到事件背后的真正的决定因素,不要使我们自己陷入绝望。

22. 证人的记忆

证人,在我们的认识里,通常都是提供一些客观的证据的人,就是把自己亲眼看到、亲耳听到的东西如实地讲出来的人。然而,心理学研究证明,很多证人提供的证词都不太准确,或者说是具有个人倾向性,带着个人的观点和意识。

证人对他们的证词的信心并不能决定他们证词的准确性,这一研究结果令人感到惊讶。心理学家珀费可特和豪林斯决定对这一结论进行更深入的研究。为了考察证人的证词是否有特别的东西,他们将证人的记忆与对一般知识的记忆进行了比较。

他们让被试者看一个简短的录像,是关于一个女孩被绑架的案件。第二天,让被试者回答一些有关录像里内容的问题,并要求他们说出对自己回答的信心程度,然后做再认记忆测验。接下来,使用同样的方法,内容是从百科全书和通俗读物中选出的一般知识问题。

和以前发生的一样,珀费可特和豪林斯也发现,在证人回忆的精确性上,那些对自己的回答信心十足的人实际上并不比那些没信心的人更高明,但对于一般知识来说,情况就不是这样,信心高的人回忆成绩比信心不足的人好得多。

人们对于自己在一般知识上的优势与弱势有自知之明,因此,倾向于修改他们对于信心量表的测验结果。一般知识是一个数据库,在个体之间是共享的,它有公认的正确答案,被试者可以自己去衡量。例如,人们会知道自己在体育问题上是否比别人更好或更差一点。但是,目击的事件不受这种自知之明的影响。例如,从总体上讲,他们不大可能知道自己比别人在记忆事件中的参与者头发颜色方面更好或更差。

23. 罗森塔尔效应

美国心理学家罗森塔尔等人于 1968 年做过一个著名实验。他们到一所小学,在一至六年级各选三个班的儿童进行煞有介事的"预测未来发展的测验",然后实验者将认为有"优异发展可能"的学生名单通知教师。其实,这个名单并不是根据测验结果确定的,而是随机抽取的。它是以"权威性的谎言"暗示教师,从而调动了教师对名单上的学生的某种期待心理。8个月后,再次智能测验的结果发现,名单上的学生的成绩普遍提高,教师也给了他们良好的品行评语。这个实验取得了奇迹般的效果,人们把这种通过教师对学生心理的潜移默化的影响,从而使学生取得教师所期望的进步的现象,称为"罗森塔尔效应",习惯上也称为皮格马利翁效应(皮格马利翁是古希腊神话中塞浦路斯国王,他对一尊少女塑像产生爱慕之情,他的热望最终使这尊雕像变为一个真人,两人相爱结合)。

教育实践也表明:如果教师喜爱某些学生,对他们会抱有较高期望,经过一段时间,学生感受到教师的关怀、爱护和鼓励;常常以积极态度对待老师、对待学习以及对待自己的行为,学生更加自尊、自信、自爱、自强,诱发出一种积极向上的激情,这些学生常常会取得老师所期望的进步。相反,那些受到老师忽视、歧视的学生,久而久之会从教师的言谈、举止、表情中感受到教师的"偏心",也会以消极的态度对待老师、对待自己的学习,不理会或拒绝听从老师的要求;这些学生常常会一天天变坏,最后沦为社会的不良分子。尽管有些例外,但大趋势却是如此,同时这也给教师敲响了警钟。

24. 虚假同感偏差

我们通常都会相信,我们的爱好与大多数人是一样的。如果你喜欢玩电脑游戏,那么就有可能高估喜欢电脑游戏的人数。你也通常会高估给自己喜欢的同学投票的人数,高估自己在群体中的威信与领导能力等等。你的这种高估与你的行为及态度有相同特点的人数的倾向性就叫做"虚假同感偏差"。有些因素会影响你的这种虚假同感偏差强度:

(1)当外部的归因强于内部归因时;

(2)当前的行为或事件对某人非常重要时;

(3)当你对自己的观点非常确定或坚信时;

(4)当你的地位或正常生活和学习受到某种威胁时;

(5)当涉及到某种积极的品质或个性时;

(6)当你将其他人看成与自己相似时。

25. 纳什均衡理论

纳什均衡:在经济学中,我们都知道市场是一只看不见的手在配置资源,个人追求利益最大化,构成纳什均衡,但并非能达到整体最优。市场可以说是在供求关系博弈中实现纳什均衡。众所周知市场仍有一定的缺陷,是否意味着纳什均衡无法达到最优呢？如今,纳什均衡已成为经济学中的新课题。

纳什均衡定义:纳什均衡是一种策略组合,使得每个参与者的策略是对其他参与者策略的最优反应。

假设有 n 个局中人参与博弈,如果某情况下无一参与者可以独自行动而增加收益(即为了自身利益的最大化,没有任何单独的一方愿意改变其策略的),则此策略组合被称为纳什均衡。所有局中人策略构成一个策略组合。从实质上说,纳什均衡是一种非合作博弈状态。

纳什均衡达成时,并不意味着博弈双方都处于不动的状态,在顺序博弈中这个均衡是在博弈者连续的动作与反应中达成的。纳什均衡也不意味着博弈双方达到了一个整体的最优状态,个人最优状态未必达到整体最优。

从经济学角度来看,所谓纳什均衡,指的是参与人的这样一种策略组合,在该策略组合上,任何参与人单独改变策略都不会得到好处。换句话说,如果在一个策略组合上,当所有其他人都不改变策略时,没有人会改变自己的策略,则该策略组合就是一个纳什均衡。

以两家公司的价格大战为例,纳什均衡意味着两败俱伤的可能:在对方不改变价格的条件下,既不能提价,否则会进一步丧失市场;也不能降价,因为会出现赔本甩卖。于是两家公司可以改变原先的利益格局,通过谈判寻求新的利益评估分摊方案,也就是纳什均衡。类似的推理当然也可以用到选举,群体之间的利益冲突,潜在战争爆发前的僵局等。

纳什均衡特性:

- 存在性:在同时博弈中(纯策略的)纳什均衡可能存在,也可能不存在。
- 唯一性:在纳什均衡存在的条件下,它既可能是唯一的,也可能不唯一。
- 最优性:如果纳什均衡存在,则它既可能是最优的,也可能不是最优的。

纳什均衡经典案例:

1950 年,数学家塔克任斯坦福大学客座教授,在给一些心理学家作讲演时,讲到两个囚犯的故事。

假设有两个小偷 A 和 B 联合犯事、私入民宅被警察抓住。警方将两人分别置于不同的两个房间内进行审讯,对每一个犯罪嫌疑人,警方给出的政策是:如果一个犯罪嫌疑人坦白了罪行,交出了赃物,于是证据确凿,两人都被判有罪。如果另一个犯罪嫌疑人也作了坦白,则两人各被判刑 8 年;如果另一个犯罪嫌疑人没有坦白而是抵赖,则以妨碍公务罪再加刑 2 年,而坦白者有功被减刑 8 年,立即释放。如果两人都抵赖,则警方因证据不足不能判两人的偷窃罪,但可以私入民宅的罪名将两人各判入狱1年。

关于案例,显然最好的策略是双方都抵赖,结果是大家都只被判1年。但是由于两人处于隔离的情况,首先应该是从心理学的角度来看,当事双方都会怀疑对方会出卖自己以求自保,其次才是亚当·斯密的理论,假设每个人都是"理性的经济人",都会从利己的目的出发进行选择。这两个人都会有这样一个盘算过程:假如他坦白,我抵赖,我得坐10年监狱,如果我坦白最多才8年;假如他要是抵赖,如果我也抵赖,我就会被判一年,如果我坦白就可以被释放,而他会坐10年牢。综合以上几种情况考虑,不管他坦白与否,对我而言都是坦白了划算。两个人都会动这样的脑筋,最终,两个人都选择了坦白,结果都被判8年刑期。

基于经济学假设,两个囚犯符合自己利益的选择是坦白招供,原本对双方都有利的策略不招供从而均被释放就不会出现。这样两人都选择坦白的策略以及因此被判8年的结局,"纳什均衡"首先对亚当·斯密的"看不见的手"的原理提出挑战:按照斯密的理论,在市场经济中,每一个人都从利己的目的出发,而最终全社会达到利他的效果。但是我们可以从"纳什均衡"中引出"看不见的手"原理的一个悖论:从利己目的出发,结果损人不利己,既不利己也不利他。

纳什均衡:市场仍有一定的缺陷,并不能完全达到整体最优,其中"囚徒困境"完美的解释了这一点,这正是纳什均衡的基础。根据个人最优化的策略,结果未必利己,纳什均衡对传统经济学有了重要补充。

26. 彼得原理

每个组织都是由各种不同的职位、等级或阶层的排列所组成,每个人都隶属于其中的某个等级。彼得原理是美国学者劳伦斯·彼得在对组织中人员晋升的相关现象研究后,得出一个结论:在各种组织中,雇员总是趋向于晋升到其不称职的地位。彼得原理有时也被称为向上爬的原理。这种现象在现实生活中无处不在:一名称职的教授被提升为大学校长后,却无法胜任;一个优秀的运动员被提升为主管体育的官员,而无所作为。对一个组织而言,一旦相当部分人员被推到其不称职的级别,就会造成组织的人浮于事,效率低下,导致平庸者出人头地,发展停滞。因此,这就要求改变单纯的根据贡献决定晋升的企业员工晋升机制,不能因某人在某个岗位上干得很出色,就推断此人一定能够胜任更高一级的职务。将一名职工晋升到一个无法很好发挥才能的岗位,不仅不是对本人的奖励,反而使其无法很好发挥才能,也给企业带来损失。

27. 酒与污水定律

它是指把一匙酒倒进一桶污水,得到的是一桶污水;如果把一匙污水倒进一桶酒,得到的还是一桶污水。在任何组织里,几乎都存在几个难弄的人物,他们存在的目的似乎就是为了把事情搞糟。最糟糕的是,他们像果箱里的烂苹果,如果不及时处理,它会迅速传染,把果箱里其他苹果也弄烂。烂苹果的可怕之处,在于它那惊人的破坏力。一个正直能干的人进入一个混乱的部门可能会被吞没,而一个无德无才者能很快将一个高效的部门变成一盘散沙。组织系统往往是脆弱的,是建立在相互理解、妥协和容忍的基础上的,很容易被侵害、被毒化。破坏者能力非凡的另一个重要原因在于,破坏总比建设容易。一个能工巧匠花费时日精心制作的陶瓷器,一头驴子一秒钟就能毁坏掉。如果一个组织里有这样的一头驴子,即使拥有再多的能工巧匠,也不会有多少像样的工作成果。如果你的组织里有这样的一头驴子,你应该马上把它清除掉,如果你无力这样做,就应该把它拴起来。

28. 零和游戏原理

零和游戏是指一项游戏中,游戏者有输有赢,一方所赢正是另一方所输,游戏的总成绩永远为零,零和游戏原理之所以广受关注,主要是因为人们在社会的方方面面都能发现与零和游戏类似的局面,胜利者的光荣后面往往隐藏着失败者的辛酸和苦涩。20世纪,人类经历两次世界大战、经济高速增长、科技进步、全球一体化以及日益严重的环境污染,零和游戏观念正逐渐被双赢观念所取代。人们开始认识到利已不一定要建立在损人的基础上。通过有效合作皆大欢喜的结局是可能出现的。但从零和游戏走向双赢,要求各方面要有真诚合作的精神和勇气,在合作中不要小聪明,不要总想占别人的小便宜,要遵守游戏规则,否则双赢的局面就不可能出现,最终吃亏的还是合作者自己。

29. 华盛顿合作规律

华盛顿合作规律说的是一个人敷衍了事,两个人互相推诿,三个人则永无成事之日。多少有点类似于我们三个和尚的故事。人与人的合作,不是人力的简单相加,而是要复杂和微妙得多。在这种合作中,假定每个人的能力都为1,那么,10个人的合作结果有时比10大得多,有时,甚至比1还要小。因为人不是静止物,而更像方向各异的能量,相互推动时,自然事半功倍,相互抵触时,则一事无成。我们传统的管理理论中,对合作研究得并不多,最直观的反映就是,目前的大多数管理制度和行为都是致力于减少人力的无谓消耗,而非利用组织提高人的效能。换言之,不妨说管理的主要目的不是让每个人做得更好,而是避免内耗过多。

30. 不值得定律

不值得定律最直观的表述是:不值得做的事情,就不值得做好。这个定律再简单不过了,重要性却时时被人们忽视遗忘。不值得定律反映人们的一种心理,一个人如果从事的是一份自认为不值得做的事情,往往会保持冷嘲热讽,敷衍了事的态度,不仅成功率低,而且即使成功,也不觉得有多大的成就感。因此,对个人来说,应在多种可供选择的奋斗目标及价值观中挑选一种,然后为之奋斗。选择你所爱的,爱你所选择的,才可能激发我们的斗志,也可以心安理得。而对一个企业或组织来说,则要很好地分析员工的性格特性,合理分配工作,如让成就欲较强的职工单独或牵头完成具有一定风险和难度的工作,并在其完成时,给予及时的肯定和赞扬;让依附欲较强的职工,更多地参加到某个团体共同工作;让权力欲较强的职工,担任一个与之能力相适应的主管。同时要加强员工对企业目标的认同感,让员工感觉到自己所做的工作是值得的,这样才能激发职工的热情。

31. 蘑菇管理

蘑菇管理是许多组织对待初出茅庐者的一种管理方法,初学者被置于阴暗的角落(不受重视的部门,或打杂跑腿的工作),浇上一头大粪(无端的批评、指责、代人受过),任其自生自灭(得不到必要的指导和提携)。相信很多人都有过这样一段蘑菇的经历,这不一定是什么坏事,尤其是当一切刚刚开始的时候,当几天蘑菇,能够消除我们很多不切实际的幻想,让我们更加接近现实,看问题也更加实际。一个组织,一般对新进的人员都是一视同仁,从起薪到工作都不会有大的差别。无论你是多么优秀的人才,在刚开始的时候,都只能从最简单的事情做起,蘑菇的经历,对于成长中的年轻人来说,就像蚕茧,是羽化前必须经历的一步。所以,如何高效率地走过生命的这一段,从中尽可能汲取经验,成熟起来,并树立良好的值得信赖的个人形象,是每个刚入社会的年轻人必须面对的课题。

32. 奥卡姆剃刀定律

12 世纪,英国奥卡姆的威廉主张唯名论,只承认确实存在的东西,认为那些空洞无物的普遍性概念都是无用的累赘,应当被无情地剃除。他主张如无必要,勿增实体。这就是常说的奥卡姆剃刀。这把剃刀曾使很多人感到威胁,被认为是异端邪说,威廉本人也因此受到迫害。然而,这并未损害这把刀的锋利,相反,经过数百年的岁月,奥卡姆剃刀已被历史磨得越来越快,并早已超越原来狭窄的领域,而具有广泛、丰富、深刻的意义。奥卡姆剃刀定律在企业管理中可进一步演化为简单与复杂定律:把事情变复杂为简单,把事情变简单为复杂。这个定律要求,我们在处理事情时,要把握事情的主要实质,把握主流,解决最根本的问题,尤其要顺应自然,不要把事情人为地复杂化,这样才能把事情处理好。

33. 倍增学原理

先看案例:一份工作,假如有两种薪资报酬:A:每天给你 1 万元,一个月就有 30 万元。B:按天发放,第一天给你一分钱,然后,后一天是前一天的 2 倍。你会选择哪种?

选择 B 的朋友请看下面结果:

第 1 天:0.01 元

第 2 天:0.02 元

第 3 天:0.04 元

第 4 天:0.08 元

第 5 天:0.16 元

第 6 天:0.32 元

第 7 天:0.64 元

第 8 天:1.28 元

第 9 天:2.56 元

第 10 天:5.12 元

第 11 天:10.24 元

第 12 天:20.48 元

第 13 天:40.96 元

第 14 天:81.92 元

第 15 天:163.84 元

第 16 天:327.68 元

第 17 天:655.36 元

第 18 天:1310.72 元

第 19 天:2621.44 元

第 20 天:5242.88 元

第 21 天:10485.76 元

第 22 天:20971.52 元

第 23 天:41943.04 元

第 24 天:83886.08 元

第 25 天:167772.16 元

第 26 天:335544.32 元

第 27 天:671088.64 元

第 28 天:1342177.28 元

第 29 天:2684354.56 元

第 30 天:5368709.12 元

30 天合计:10737418.23 元,明白了吗？这个就是倍增的力量!

再讲一个故事。从前,有一个国王非常喜欢下棋。一天,他下完棋后突发奇想,要奖励棋的发明者。他把发明棋的人召到皇宫中说:你发明的棋让我天天开心快乐,我要对你进行奖励,你说吧,你都需要什么？当时,正直天旱闹灾荒,老百姓民不聊生。棋的发明者说:我什么也不要,你只要把我的棋盘上的第一个格里放一粒米,第二个格里放两粒米,第三个格里放四粒米,每一格均是前一格的双倍,以此类推,直到把这个棋盘放满就行了。国王哈哈大笑说:就按你说的办。

当第一排的八个格放满时只有 128 粒米,皇宫的人都大笑起来。当排到第二格时,笑声被惊叹所代替。国王大为吃惊,通过计算,要把这 64 格棋盘放满,需要1800 亿万粒米,相当于当时全世界米粒总数的 10 倍。国王认输了,并给予相当的奖励。棋的发明者用这些米粮,救济了无数灾民。

这就是被爱因斯坦称之为"世界第八大奇迹"的市场倍增学的来历。市场倍增学又叫网络学,是世界文化宝库中的一颗瑰宝。世界上最聪明、最能赚钱的犹太人说过这样一句话:"拥有了网络,就拥有了世界。"网络外行者,很难明白此话的真意。但作为深知市场倍增学原理的人士,100%的人都会认为这是一句至理名言。在美国 50 万名百万富翁中,大约就有 20%是市场倍增学缔造了他们巨大的财富。这就是市场倍增学的伟大!

倍增学原理应用：

(1)市场的倍增。市场倍增利用几何级数原理,其范围之大,涉及面之广,是其他任何营销方式所不能及的。假如一个公司有 8 个直销商,每个直销商发展 8 位直销商,到第 8 代的时候这家公司就有 16777216 名直销商。也就是说这个市场是一个无穷倍增的,当然,在现实当中没有这么快,有些环节不可能像理论上说得那么快,但是这种方法的威力是别的营销方式所望尘莫及的。

(2)时间的倍增。在时间上,直销商的效率是别人所不能比的。公司向 4000 人通过一对一的方式宣传,假如每个顾客需要 20 分钟。那么共需要 1333 小时,按照每天工作 8 小时计算,得 166 天时间才能完成。但是,假如通过直销商宣传,到第三代就已经超过 4000 人。用一天的时间完成 166 天的工作,是时间上倍增的魔力。

(3)效益的倍增。效益的倍增包括公司的效益倍增和直销商的效益倍增。公司的效益倍增是通过直销商数量的倍增和市场的倍增来实现的;直销商的效益倍增是借助网络组织人数的倍增,间接下线的增加而奖金数目倍增的。

(4)人际学。人际学是研究人际关系的一门学科,直销商通过人际发展自己的组织,然后才能实现共赢,共同分享事业机会,达到事业的顶峰。推销大王乔吉拉德说过:每个人背后都有 250 个潜在顾客。这说明人际网络是一个巨大的财富聚集地,只要你愿意开发,组织营销将是你选择创业的无悔的选择。

(5)传播学。传播学是研究信息传播的一门学科,直销商就是通过借助于传播学原理让直销商的每一个朋友都能参与到这个事业当中来。一个乐意传播生意机会,一个乐意接受事业机会,于是直销就向纵深发展了。

(6)网络学。就像一个蜘蛛,在他的网络还没有建好之前,他绝对不去捕蚊子,而是努力的去构建自己的网络。根据网络学原理,这是网络投资阶段,这个阶段不仅没有效益,还会耗资很多。大量的投入,耗费时间精力等等。当网络构建成功之后,就是直销商开始受益的时候,这个时候的收入获得就是上面讲的倍增的收入了!

第三部分　创业杂谈

1. 马云写给在工厂上班同学们的信

在工厂里工作的朋友,也许你现在背井离乡,每天过着三点一线的流水线生活,每个月拿着 2000～3000 的工资,有电视看有电脑玩,你可能觉得这就够了,但是请你静下心来想想自己的未来在哪里?下面的话内容会很长,请耐心看完,也许会对你有一些帮助!!

每年,制造业都会吸纳很大一部分毕业生,在这些职场新人庆幸找到工作,对未来充满憧憬的时候,他们的前辈——已在制造业内打拼了几年的师兄师姐们——却怀着深深的忧虑,他们不知道未来会怎样?他们不知道何时会被抛弃?

未来加工制造业机器人的不断面世将会是中国蓝领工人下岗的主要原因,社会不断进步,你的知识结构,身体素质,职业技能的下降慢慢地导致你将会被机器所取代,老板是现实的,遇到危机时肯定率先裁掉那些大龄段的工人,等于你的身边有颗定时炸弹,等到 10 年后它会爆炸,你那时失业的痛苦与代价恐怕要比现在残忍百倍。

当你走出学校进入工厂,你会发现自己生活的世界是那么狭小,你的活动范围基本是工厂、出租屋、超市。你和生产线上那些天天重复同一个工作的普工并没有什么区别。除了上班和睡觉,你最重要的活动就是去超市购买所需的生活用品。其他的社会生活最多也就是与同事打牌、喝酒,你建立不起自己的社会资源,你孤身一人在外地打拼,身边没有父母亲人,只有一帮同病相怜的同事,当你需要帮助的时候,需要维护自己权益的时候,身边的人都无能为力。你的生活圈是那么的狭窄,人际交往显得那么苍白。有一天,你离开了现在的工厂去到另外一个地方,现有的同事朋友都会失去联系,你需要在新的公司重新来过。那无奈的漂泊注定了总是在重复地画着大小不一但形状相似的圈。

春夏秋冬四季转换,你的工作服也在冬夏间轮转,你和所有的外地人都没有明显区别。在本地人眼中你们都只是打工的而已。如果你很乐观的话,倒是可以把公司的工作服看作是一种福利,冬夏各两套,从周一穿到周五周六,基本上不需要再多买什么衣服。毕竟你可以自由地穿自己衣服的时间一周也只有那么一两天。

此外,工厂食堂每天会给员工提供伙食标准为 10 块钱左右的工作餐。伙食费有些公司要从员工工资里扣除,有些公司则当作一种福利完全免费。但食堂饭菜的难以下咽很多人都深有体会,发霉的面包、没削皮的土豆、黄色的青菜、无从查证的劣质油等等,花样百出。在外租住的员工还可以在周末时自己改善一下伙食,住在宿舍的只能奢望偶尔在饭店里的应酬了。

公司提供的宿舍则多为四人间、八人间。当然,条件远比不上学校里的集体宿舍。很多人为了有自己的私人空间,情愿每个月花费三四百块钱租一个10多平米的房间,这种房间多为厨、卫、阳台三位一体。蚁居于这样的房子里,关上门则如同囚禁在一个封闭的牢房里,打开门则所有的东西一目了然,没有隐私可言。然后,你会购买一些简单得不能再简单的家具,包括必备品桌子、凳子、衣架。而洗衣机、冰箱、空调则是绝对的奢侈品。一是需要花钱,无力承担;再就是房间太小,摆放不下。也有些已婚人士一家两口或三口挤住在这个小房子里,区别就是家具相对更完整一些。但这里给不了你家的感觉,你只是一个租客,你只是暂住在这里,当你买东西的时候你会时时考虑以后搬家会不会太麻烦,你不知道明天是否还在这里。当房东需要提高租金时,你是没有多少谈判的能力的,要么接受新的租金,要么就搬走。

在这种生活状态下,婚姻成为很多工厂打工的朋友不敢面对的问题。你的生活圈决定了你交际的人大多和你一样,大家同病相怜,没有能力去摘取爱情的果实。工厂里30岁左右的单身贵族比比皆是,不是不想结婚,是找不到结婚的人,是不敢面对没有房子的婚姻,是不敢去想孩子的抚养问题,是不敢承担那贫贱夫妻百事哀的未来!"宁愿坐在宝马中哭泣,也不愿坐在自行车后笑",听起来功利,却也包含一种无奈。

忠告:打工只能求生存!创业才能求发展!成功才是目标。

平台有三种:可以创造一个平台;也可以购买一个平台;还可以加入一个平台。概念的选择:做事(寻求生存);市场(寻求生意);趋势(寻求发展)。改变:改变自己;帮助他人改变;改变环境。只有改变,才能成就自己。如果你现在感觉很触动,很现实,不妨好好地静下心来好好地想想自己的未来在哪里,自己是愿意拿着两三千,三四千的工资安稳地像这样生活着,还是有自己的理想。社会是残酷的,师哥师姐们用他们的亲身体会告诉了我们,再大的理想会在我们打工安稳的工厂生活中给磨灭的!

此时的你不妨想想:

·我的理想是什么?(我想很大一部分工厂上班的朋友不知道吧,很盲目,我的未来在哪里?)

·我下一个目标在哪里?(当你把第一个想通的时候,这个就是你眼前摆着的问题,是你拟定计划的开始。)

·我有能力做什么?(这是一个最关键的问题,但也是一个次要的问题,因为能力是培养的,当你的理想和目标都明确,只要你坚持不懈地向着自己的理想和目标走去,能力自然就会得到提高!但现在你一定要认清自己的能力,我们,可能,无法,改变什么。但,我们,能做到,让更多的人,看到!

如果你已成婚,那最让你纠结的就是孩子的入学以及对父母的照顾。你只是暂住在本地,你的孩子没有权力上那些好的公办学校,或者说你没有能力交那么大一笔的赞助费,而民办学校的教学质量又不能让你放心。毕竟,读书是你能想到的唯一能改变自己孩子未来的救命稻草。你只好无奈地将你年幼的儿女送回老家,回到爷爷奶奶身边成为留守儿童。每周的电话是你最开心的时刻,在外的苦累在孩子的笑声中都会消融。你在心里默默乞求上苍,让自己的父母和孩子平平安安,无病无灾。任何一点风吹雨打就可能让你刚刚起步的家陷入泥沼。

你每年只能回家一到两次,看一下逐渐老去的父母和日渐长大的孩子。因为没有假期,因为没有太多的存款,因为路途太远往返不便,因为所有的因为。为了生存,你离开生活了 20 年的家乡,但在他乡却无力构建一个属于自己的家,如同水中浮萍,没有根,心也不能降落。

你的明天在哪里?

来到城市的学生对未来最大的期望是能走出父辈贫苦生活的轮回,让自己进入更高一个阶层,为下一辈创造一个更好的起点。但当你已年入不惑,自身可以贩卖的价值已所剩无几,而城市却不再需要你的时候,你难过落魄地回到老家,让你的儿女从你二三十年前的起点重新出发,再画着一个和你一样的圆?你无力改变自己的命运,难道你能保证你的下一代能顺利地考上大学并改变命运?

经济改革的初期极易让你找到工作特别是较满意工作的,你极易停下自己前进的脚步,但 15 年、20 年后,情况还会和现在一般乐观吗?失业真的是那么遥不可及吗?当它来临的时候,你将发现你被整个世界所抛弃!当你 40 岁左右的时候失去工作,没有任何收入来源,你将如何面对年迈的父母、苦难相随的伴侣、十七八岁的孩子?!

城市很大,外面的世界也很精彩,在这个只许进很难出的围城里,作为打工的你是否有了足够的储备以避免属于你的精彩落幕呢?!

怎么办?怎么办?

用别人的智慧去启发自己、用别人的成功去激励自己、财富不是装在口袋而是装在脑袋、脑袋决定你的口袋、思路指引你的出路、只有想不通的人、没有走不通的路、只有意识超前、才有物质世界、在别人身后只会拾到脚印、在别人身前才能拾到黄金。小成功靠自己,大成功靠团队,那么你在工厂里学习到了成功者必须懂得的知识和能力了吗?

2.编者写给创业者的心声

亲爱的朋友:或许你正在谋划创业,或许你已经在路上。给你写几句话,只是想说一说我对这件事的看法。我也曾创业,现在也仍在与创业者打交道。

首先我要说,创业者和非创业者的界限叫"行动"。世界上永远有脑子比你聪明的人,尤其是只说不做的那种。这些人善于道听途说,讲起风投,讲起商业模式来,可能比创业者讲得还要好,但他们不会去创业。创业者呢,即使什么都不懂,照样风风火火,你要教他如何创业,他们理都不理你,只管自己往前闯,哪怕一不小心摔得粉身碎骨。

现在中国的创业群体似乎分成了两大阵营:一批围在风投周围,另一批遍布在中国各个角落的草根里。风投周围那批创业者受到太多小报记者的挑逗,喜欢听某某人5分钟搞定1000万元的故事,全部成了风投的粉丝。但创业这种事情是真刀真枪干出来的,千万别把创业和风投等同起来,搞到风投的钱不是英雄,在市场里赚到钱才叫本事。

拿到风投的钱了也许可以稍微喘口气,但没有人能保证你最终成功,风投的钱总有烧光的一天。

朴素价值观不分草根或精英。一个优秀的创业者一定要有朴素的价值观。如果你是一家小公司,不用摆谱装门面,服务好客户就有生路。只有艰苦奋斗,让客户满意,公司才能够生存下去。如果某个"创业者"光靠朗诵宏大愿景,整天探讨模式,摆排场,以为只要忽悠到投资人就能青云直上,一定会死得很难看。公司管理重在现金,现金流健康稳定就可以活下去。有了现金流,可以算出成本、毛利、纯利,没有现金流,道理讲再多也没有用。所以,做事情前最好先算一算现金流这本账。

许多团队最后会散伙,其实祸根早已埋下。艰苦时一起奋斗,有了利益开始吵架,只能"共苦",不可"同甘",一定是最初的投资协议没有制定好。

创业之初,最好明确一些基本事宜,比如万一某位成员想退出了,能拿到多少钱,拿到多少股份。许多创业者拉不下脸来,心存侥幸,认为到时候不会有问题,先干着再说。殊不知,钱一多,问题就来了。其实只要有朴素的价值观,事情不太出格,白纸黑字写明,你多赚一点,我少赚一点,都不重要。大家凑一起做事情是靠天时、地利、人和,符合朴素价值观;若说某人必须多占,不能少占,就不是朴素价值观的体现了。朴素的价值观还意味着创业者要摒弃所谓"优越感"。草根创业,比如开个大排档,创业者轮不上有"优越感"。一盒饭10块钱,价格高了没人买,你就得勤快,电话接得快、送外卖跑得快、堂吃打扫也要快。相反,如果你是个精英博士,你看得懂的东西,别人都不知道是啥名堂,你想做的东西市场上不存在,你的简历丢在大大小小的 VC 面前可以值天价——优越感岂不油然而生？问题是,市场不认什么愿景、学历、行业经验。再精英的团队,在本质上和大排档没有区别,衡量标准只有收入、成本、利润。这是商业上最朴素的原则,不会因人而异。如果你问我创业前是否需要接受专业的训练,比如读个 MBA 什么的,我认为不需要,创业怕就怕优越感。作为天使投资人,如果某个创业团队中有人读过 MBA,我会相当谨慎。举个身边的例子吧。我以前的一位很朴实的老员工,最近读完 MBA 后一门心思想创业,经常和我讨论各种点子。最近,他和我讨论起了月嫂业务。因为上海的月嫂太难找了,雇佣一位月嫂,最便宜的每月也要收费 3000 元,看起来市场潜力巨大。他提出走差异化路线,将月嫂服务改造成综合性的服务事业——月嫂不但可以带孩子、做饭,还能成为产妇的心理医生和健美教练,甚至可以带一个医生小组一起去上门服务。收费呢？可以翻番,每月收它 6000 元。在没有任何月嫂服务经验的情况下,他就下结论说:目前市场上的月嫂服务全都很糟糕,简直不值一提,而他的“新方式”将颠覆这个行业。我问他哪来的这般自信,他含笑不语,其实我知道他心里在说:“我是 MBA 嘛！”

真正难教的是“创业的思想性”。这就引出了另一个话题,即把创业教育搞成一个系统,恐怕很难。创业的技术性知识,比如财务知识、管理技巧、融资方法,能教的人很多,要学习不是难事。真正难教的是“创业的思想性”。创业者是一个非常特殊的人群,他们的价值观、处事方式、思维逻辑和常人不同,除非是一群非常成功的创业者传授创业经验,否则仅靠学校里的教授是讲不好如何创业的。反过来,即使你上创业课门门满分,也绝对不等于你创业一定成功。

创业教育更重要的是一种氛围,提供基本的创业知识。在创业过程中,很多创业者会感到迷茫、孤独,希望得到指点,这时如果有个天使投资人出现,很多问题会迎刃而解。因此,创业教育需要的不仅仅是学校的老师,更重要的是社会的参与,包括成功的创业者和天使投资人。创业就要处理好“人、财、事”,纸上谈兵很容易,但许多创业公司每天都在为这三件事折腾,陷在里面理都理不清;公司钱烧光了,只有关门,再谈大道理也没有用;公司找不到客户,修改产品、修改商业模式、换团队、想尽办法,就是找不到客户,市场是不容商量和讨论的;有些创业想法很好、模式很好,但一动手、一执行就是出不了成绩。

以上这些情形对任何一家创业公司来说都是家常便饭。只有当创业者陷于这些问题之中时,再去找本创业书来读,或者找到有创业经验的人来谈,就比较有的放矢了。

创业者要有独立人格。我比较关注第一次创业失败的二次创业者。要知道，最有效的学习来自犯错误。一个婴儿在桌子上爬，爬到桌沿扑个空，摔到地上会嚎啕大哭，第二次再把他放在桌子上，他爬到桌沿就会停下来。许多创业团队是第一次创业，创立企业的过程和婴儿成长一样，也会犯大量错误，走许多弯路，弄不好还会从桌子上掉下来摔死。创业公司的错误要付出学费，并且代价昂贵。不过，真正的创业者尽管第一次失败了，照样会爬起来，东山再起。当然，第二次努力也还是可能失败，那就第三次、第四次……总有一次他们会成功。所以，我一定要推荐这句话：Failure has to be an option, but fear is not!（失败是必备选项，而恐惧不是！）

勇敢的心才配去创业，就像电影《阿凡达》的导演卡梅隆说的，即使惨败，也必定是个终生难忘的炫丽故事。

其实这也是创业者的自我修炼问题。优秀的创业者要有独立的人格。如果老在问，创业到底有什么好处？别人没有创业，我为什么要创业？如果万一失败了咋办？这样的人肯定没办法去创业。

为什么那么多的中国人想创业，真正行动的却不多？因为我们文化和制度里有太多的约束和包袱，无时无刻不在打击个人主义，打击独立的个性。

创业公司在不同阶段、不同行业、不同环境中会有不同的处境，要作不同的决定，这些都得依靠创业者的自我修炼。比如创业初期，生存高于一切。那么是不是就应该不择手段来求生存？如果干点坏事就能生存，创业者如何作决定？选择做坏事吗？市场竞争也是考验。

如果大家都在奶粉里加三聚氰胺，你敢不加吗？市场氛围不良，如果你要批文、资质、许可就必须去贿赂官员，你会这样去做吗？

我最近在读罗永浩《我的奋斗》一书，我想修炼其实就是"返璞归真"四字。老罗的书里有个例子，说现在所有的英语培训学校，人人都说自己"七天教会你商场英语口语""学英文不用记单词"。不过老罗决定做广告说自己的英语培训学校是"唯一一家必须死记硬背、必须下苦功、没有捷径的英语培训学校"。这体现的是什么？是创业者的价值观、气度、信心。

创业者是社会上最优秀的人群，创业者是社会中最能够独立生存下来的人。他们不给社会造成负担，但给社会创造最多的财富。

经济上独立生存的人不会任人摆布，不会任人使唤，不会任人宰割。如果有更多人去创业，会从根本上改变中国目前不甚健康、不甚正常的商业环境、社会环境和人们对于财富的理解和心态。

所以，衷心期待你成功的那一天。

3. 创业认知

白手起家需要些什么？理想、市场、资源，还是不为人知的关键点？

创业是一个系统工程，是很早就应该考虑的一项人生目标。

所谓白手起家，是创业者运用自己有限的资源，自发性地利用市场机遇，所面对的一场硬碰硬的战争，与我们的父辈相比，我们幸运地生活在一个充满机会的时代，中国过去 20 年的经济发展走过了西方 50 年甚至 100 年所经历的工业化进程，也为许多人创造了不少创业的机会。曾几何时，不论一尺布还是一斤肉，都还要限量供应，一转眼，便从一个生活物资极其贫乏的国家逐渐转变成产品供应过剩、市场竞争充分的新生市场，一些人很好地抓住了市场机遇，从无到有，通过自身努力开创了自己的企业领地。中国一时成为有志之士白手起家的乐园。

评估市场机遇

企业成功发展的第一大前提是市场拥有企业发展的足够机遇，所以成功的第一步是要对市场机遇进行客观评估和准确判断。这包括收集以下这些资料：①市场规模数据；②成长潜力；③驱动因素；④毛利状况；⑤可持续性；⑥竞争对手分析等。企业如果想以超乎常规的速度成长，首先要选择一个快速成长的市场，选取一个生命周期处在高速成长阶段的行业，并以超越市场发展的速度做好准备。世人艳羡的成功企业家们，实际上大都备尝艰辛。他们的创业史有着一定的共性，其经验教训对拟创业者有很大的指导价值。要白手起家创造一份能够持续成功的常青基业，大致需要以下一些元素：创业者需要拥有产业理想、激情和领导才华，要具有使团队创造出比独立个体之和更高价值的能力；需要为企业设立一个具有挑战性但又可行的远景目标；必须能凝聚和激励一群杰出的、承担主要责任的团队；应该给予团队足够的空间去发挥才能；企业所提供的产品和服务必须满足市场和社会的某种特定需求，并成功地在客户心目中形成物超所值的印象；企业与员工之间的相互协同，必须足以使产品和服务明显地优于客户可以选择的其他产品和服务。

从以上几点可以看出，创造一家成功而卓越的企业绝对是一项复杂而艰辛的系统工程。本文所提及的一些观点是基于以建立一个杰出的企业为假设前题的。

避开意识误区

目前许多人对于创业的理解存在着一定的误区。

误区一：创业的目标是一夜致富。

一夜发家致富的故事不断地流传,书店中也充斥着成功企业家如何一朝抓住机会成功致富的案例分析,以及教人如何短时间致富的书。但许多人却不知道现在的成功人士在没有成功以前经历了多少艰辛和波折,更不知道导致他们成功的关键点是什么。许多人很喜欢读成功名人的传记,希望从他们的经验中汲取养分,但在杨斌和周正义讲述自己成功心得的时候,谁又会想到背后完全不同版本的故事。

所谓成功企业和成功企业家对自己的经验总结与现实往往是两回事,自传中充斥着炒作和宣传的成分,回忆录中往往省去了一些不为人知的关键点。所以照单全收的读者往往会被误导。事实上因为存在很大的风险,创业不是所有人都适合选择的道路。据统计,美国每年有大约 200 万家新创企业,其中 70 万家成功地完成注册可能有成长的机会,成功注册的公司 8 年后生存的只有 50%。

创业是一个艰辛的历程,初创阶段的企业所面对的困难往往令创业者的个人和家庭生活都受到影响,财政上承受着巨大压力,万一创业失败还要承担失败所带来的一系列后遗症。事实上,所谓白手起家,是创业者运用自己有限的资源,自发性地利用市场机遇发展事业所面对的一场硬碰硬的战争。这场硬仗打赢了固然可以带来财富,但创业者在实施的过程中还有许多随之而来的东西,包括心理的压力、焦虑、挫折、喜悦、无助、成功的满足感、付出代价时的痛苦等,酸、甜、苦、辣是每个创业人所必经的历程,所以有些人事后才发现,他们宁可追求更平凡、更安稳的生活。

误区二:创业家是喜欢赌一把的人。

事实上创业家比任何人都必须具备风险意识,他们愿意冒险,但冒的是经过严谨计算并可以有效控制的风险,毕竟一旦失败会令他们付出沉重的代价,所以他们需要收集和筛选足够的数据和事实,通过严谨计算的风险来支持他们理性的决定。当然,勇气对于白手起家的人很重要,不下海就不可能真正知道下海游泳的滋味,也无法证实自己真正的能力。

误区三:资本是创业唯一需要的资源。

资金并非唯一需要的资源,对于有些行业而言甚至不是最重要的资源,市场上充斥着缺乏出路的资金,所缺的是懂得有效运用他们的公司和企业领导人。白手起家的人往往缺乏资源的支持,资金只是这种资源的组成部分,其他还包括客户基础、供应商支持、有能力的员工和团队支撑、品牌和声誉、技术和服务支持体系、生产工艺流程等。

创业者应该在创业前就学会如何在非常有限的资源下作战,提早进行充足的准备和积累。其中一个好办法是在没有正式下海之前尽量在目前的工作中模拟,使自己适应将来需要面对的相似环境,以上资源的积累需要一个过程,企业家的成熟需要付出代价;每个人的成长都要交学费,初创的企业由于资源有限注定了难以承受大的失误,没有多少资源可供浪费。而这些代价通常是要付出的,所以如果不在创业前交足够的学费(类似工作中所经历的失败教训、从中获得的感悟等),很可能会在创业初期栽跟头,也可能导致初步成功后的滑铁卢。

误区四:钱是创业者的唯一目标。

白手起家的人是拥有某种类型价值观的人,首先他们都具有企业家的价值观,他们既是理想主义者又是现实主义者。创业者实现自我价值的方式是通过发现市场的特定机遇,然后去建立一个组织去实现,并通过推出新的产品和服务去满足社会或市场的特定需求。他们都是一群不甘于平凡、愿意为追求理想而付出代价的人,这个理想并不是钱本身,但由于创业者所从事的是商业活动,钱是他们的成绩单和里程碑。钱不是企业存在的唯一目标,单纯追求利润(尤其是短期利润)的企业是难以长久的。

误区五:追求短期成功的快钱。

成功需要天时、地利、人和以及足够的运气。不要小看运气,如果时运不佳,再出色的企业家也得在困难中挣扎。创业之路就像走一条漆黑的隧道,在看到曙光前都将会是一片黑暗。看到光明前的心理承受能力和实现理想的执着,是决定成败的重要因素。真实的创业故事都不是一帆风顺的,你必须在创业前积累足够的资源,令你能撑到成功的那一天。许多人抱怨被房子、车子的供款捆住,家庭无法承受创业的风险。事实上在买车买房时,你就应该考虑对以后造成的影响,创业是很早就应该考虑的一项人生目标,其他的家庭决策都要与之相配,创业是一项系统工程。

若干创业关键点

创业的话题已经谈得太多太多。在美国,创业是企业管理中的一个学科,可以拿学士和硕士学位,这说明白手起家是一门科学,是可以通过有效的规划和训练提高成功率的。以下是一些白手起家的企业家所总结的创业要略,或能有所启发。

洞察力:敏锐的洞察力有时候是天生的,但更多是后天培养的。真正伟大的领导者大都拥有敏锐的眼光。在企业没有成功前,周围人甚至企业员工都不理解,也许最主要的原因是因为其他人往往未能或者不愿意投入同样的时间和付出同样的代价,去领悟别人无法看到的事物和真理。创业是一种牺牲,因为创业者必须舍弃一些东西来换取远景目标的实现。

大约20多年前,乔布斯(Steven Jobs)意识到他们在车房中组装的个人电脑会改变世界。他放弃大学学业去追求自己的梦想,从而造就了全球个人电脑行业和曾经是全球第二大的电脑公司;苹果电脑成功后,由于在公司发展远景方面与董事会发生冲突,乔布斯被迫出售股份离开苹果,但他没有放弃自己的远景目标,凭着自己的力量苦苦支撑了十年,几乎耗光了自己的积蓄,终于创造了一系列新的电脑技术平台和商业模式,并在十年后成功挽救濒临破产的苹果电脑。乔布斯虽然不是最成功的企业家,但是却是全球最有洞察力的企业家。

公仆意识

企业管理中有"利益关联者"的概念,指的是企业如果要长期生存和发展,就必须充分照顾和考虑包括客户、员工、政府、供货商、股东等各种利益关联者的利益需求,这就是社会的组成部分。支撑着他们的力量是一种强烈的责任感和使命感,杰出的领导人往往具有远见卓识,在很早的时候就能预见到市场和事物发展的趋势,并很早就做准备和积累。

关键时刻抓住机遇

捉住机遇很重要,任何人的成功都离不开机遇,所以在机遇没有来临的时候应及早地做好准备。英国前首相邱吉尔曾经说过:"每个人一生中都会有一次或多次他梦寐以求的机遇来临,但可悲的是,这一机会来临的时候,你发现自己没有能力抓住他。"就像赛场上的运动员,人们只知道他们在成功夺冠一刻的荣耀和光辉,却忽视了赛场下无数的艰苦训练。

最难的是第一桶金,白手起家最难的是赚取第一桶金,完成原始的资本积累。赚取第一桶金之所以困难在于两方面:①企业要是能完成原始资本积累,就说明企业的业务模式和运营系统已经经过市场检验,开始迈向成熟了,所以要达到这一境界相当不容易;②在缺乏充足资本支撑的情况下,企业的发展要比前者难得多,因为这要求企业在方方面面都做得非常优秀。

事实上许多白手起家的创业成功者都曾或多或少地依赖婚姻、家族所带来的一些特殊资源的协助。善用身边资源使之成为你事业的助力是快速成功的捷径。

从老板角度考虑现在的工作

最近这几年,一批受过现代企业制度和企业文化洗礼的职业经理人,因不同的契机和动机,走上了创业之路。这些经过外资企业培训和熏陶的职业经理人的创业成功率并不高,真正能大展鸿图,开创一片天地的并不多,大部分是遭受了挫折之后,重新成为职业经理人。

职业经理人虽然接受过完整的企业管理培训,其知识和经验是企业家不可缺乏的,但职业经理人和企业家本来是两种不同价值观的人(在中国特别明显,在美国由于整个社会崇尚创业文化,这种区别会小一些),职业经理人更倾向于作为企业的一份子,担任好管家的职能,但创业者则倾向于开拓新的领域,探索新的模式,他们必须愿意承担更大的风险。

国际大企业培养出来的职业经理人习惯于在资源比较充足的环境中生存,在一个单纯依赖个人力量、资源稀缺、一人身兼几种职能的环境下显得比较吃力。创业者在担任职业经理人时,应当尽量从老板的角度考虑现在的工作,尽量使自己习惯在资源缺乏的环境下工作,这样可以大幅提高以后创业的成功率。

经常听到企业家们发牢骚,说生意越来越难做了,事实上这是因为:市场供应过剩、竞争越来越激烈了;竞争对手的手段和能力越来越强了;客户的要求越来越高、选择也越来越多,对信息的掌握也越来越充分;通过特权或者关系赚钱的手段越来越不管用了。

创业者在未来的规划中需要更加细腻的部署。过去的成功者有相当一部分是依靠敢想敢干,把握机遇,巧妙地获取稀缺资源(土地、配额、物资、关系等)或在某些方面享有特权,但未来20年要白手起家,以上的手段已经不够了,新一代的创业者需要更深厚的知识和能力、更高的道德标准以及更充分多元的准备和资源支撑。

没有真正白手起家的人,或多或少都要有投入,我认为有几个关键点:运气、行业、恒心、热心。

一是:运气,也就是机遇,有一个好的机遇你的事业可能很快就能做强做大,比如:你一出道就遇上了一个合适的大客户,或者有得力的朋友相助。

二是:选行业,如果你没很好的运气或很好的人脉关系,在创业前就要认真选择一个适合自己的行业,有句老话:"男怕选错行,女怕嫁错郎"。这很关键,是一生的关键所在,如果选的行业不适合自己,说句吓人的话,一生都有可能会断送掉。

三是:恒心,不管做什么就要持之以恒,否则半途而废,"这山望着那山高",怎么能事业有成。

四是:热心,创业要对自己的事业有热情才行。孔夫子说过:"知之者,不如好知者;好知者,不如乐知者"。所以,把企业当成自己最大乐趣去做的人才会有大成。

从身边最熟悉的东西入手,一步一步地走。其实生意经里没有什么捷径,靠的是诚信,还有你对自己所做行业的熟悉程度,要知根知底,才能长久走下去,才可以创造出大企业。

我从实践的角度再补充二点:

　　在今天的商海中没有资本如同没有船，船的大小决定了航行的速度和抗风险的能力，白手起家就是没有船，更不用说船队、舰队了，别说参与竞争，连起跑线还没有进入。只有一条路，挖掘一切资源，先上别人的船，也共享船上的资源，同时挣上租船的钱；有了租船的钱，第二步才是租船出海，挣上买船的钱；最后买上自己的船再图发展。当然，上别人的船的机会也不是没有，因为现在已经进入爆炸时代创新时代，各种新的模式更是层出不穷，如大学生创新的服饰格子店、唐瑞精品柜子店都是可以无投资，借船出海的。

　　总之，二点最重要：第一，做起来最重要，说上一百年也没用，也就是上船最重要，还在岸上怎么可能掌握航海的本领；第二，合作才会胜利，大家资源共享双赢，合作中不要太计较，才能合作长久。我想创业还要有看你适合做哪一种项目，更要有不怕失败的精神和锐利的眼光！

　　郭台铭说：执行力就是纪律，那一种想把事情做好的决心。

　　没有执行力就没有成功，所有的一切都是空谈妄想。

　　永远别再距离三尺的地方放弃；执行没有藉口，千万不要一碰到挫折就想放弃；永不放弃就是执行力最佳表现。

　　想成功？一有机会不要马上放弃！

4.中国创业者十大素质

这里所说的创业,是指以企业为载体,以正当经营获得更多金钱为目标的活动,而非从政、从军、从事科学研究,开创个人政治、学术等事业的创业。

《科学投资》研究了国内上千例创业者案例,发现国内创业者基本可以分成以下几种类型。

第一种类型:生存型创业者。创业者大多为下岗工人、失去土地或因为种种原因不愿困守乡村的农民,以及刚刚毕业找不到工作的大学生。这是中国数量最大的一拨创业人群。清华大学的调查报告说,这一类型的创业者,占中国创业者总数的90%。其中许多人是被逼上梁山,为了谋生混口饭吃。一般创业范围均局限于商业贸易,少量从事实业,也基本是小打小闹的加工业。当然也有因为机遇成长为大中型企业的,但数量极少,因为现在国内市场已经不像20多年前,像刘永好兄弟、鲁冠球、南存辉他们那个创业时代,经济短缺,机制混乱,机遇遍地。如今这个时代,多得是每天一睁眼就满世界找钱的主儿,少得是赚钱的机会,用句俗话来说,就是狼多肉少,仅仅想依靠机遇成就大业,早已经是不切实际的幻想了。

第二种类型:变现型创业者。就是过去在党、政、军、行政、事业单位掌握一定权力,或者在国企、民营企业当经理人期间聚拢了大量资源的人,在机会适当的时候,下海开公司办企业,实际是将过去的权力和市场关系变现,将无形资源变现为有形的货币。在20世纪80年代末至90年代中期,第一类变现者最多,现在则以第二类变现者居多。但第一类变现者当前又有抬头的趋势,而且相当部分受到地方政府的鼓励,如一些地方政府出台鼓励公务员带薪下海、允许政府官员创业失败之后重新回到原工作岗位的政策,都在为第一类变现型创业者推波助澜。这是一种公然破坏市场经济环境,人为制造市场不公平竞争的行为。

第三种类型:主动型创业者。又可以分为两种,一种是盲动型创业者,另一种是冷静型创业者。前一种创业者大多极为自信,做事冲动。有人说,这种类型的创业者,大多同时是博彩爱好者,喜欢买彩票、喜欢赌,而不太喜欢检讨成功概率。这样的创业者很容易失败,但一旦成功,往往就是一番大事业。冷静型创业者是创业者中的精华,其特点是谋定而后动,不打无准备之仗,或是掌握资源,或是拥有技术,一旦行动,成功概率通常很高。

《科学投资》在调查中,还发现有一种奇怪类型的创业者。除了赚钱,他们没有什么明确的目标。就是喜欢创业,喜欢做老板的感觉。他们不计较自己能做什么,会做什么。可能今天在做着这样一件事,明天又在做着那样一件事,他们做的事情之间可以完全不相干。其中有一些人，甚至连对赚钱都没有明显的兴趣，也从来不考虑自己创业的成败得失。奇怪的是，这一类创业者中赚钱的并不少，创业失败的概率也并不比那些兢兢业业、勤勤恳恳的创业者高。而且，这一类创业者大多过得很快乐。《科学投资》曾经想努力探求其中的道理，后来发现是白费劲。看来这种现象，除了用"积极、放松的心态"对外界变化更敏感，更容易发现商机来解释外，另外能解释的，也只好扯一句俗话，就是"林子大了，什么鸟都有。"

就像萝卜、白菜一样，虽然营养成分、味道各不相同，但它们都是蔬菜，都可以供人们充饥填饱，滋养身体，这是它们的共性。创业者也有其共性。研究其共性，并把握这些共性，是一件非常有意义的事情。托尔斯泰说："幸福的家庭都是相同的，不幸的家庭则各有各的不幸。"套用这一句话，我们也可以说："成功的创业者都是相同的，失败的创业者则各有各的原因。"通过研究掌握那些成功创业者的共性，并以这些共性反观自己，你至少可以明白自己是否适合创业。如果创业，是成功的可能性更大，还是失败的几率更高。这是《科学投资》工作的意义所在。

《科学投资》通过对上千案例的研究，发现成功创业者具有多种共同的特性，《科学投资》从中提炼出最为明显，同时认为是最为重要的10种，将其称之为"中国创业者10大素质"。在《科学投资》走访的专家中，也有人认为，将其称为中国成功创业者10大特征可能更为合适。

一、欲望

将"欲望"列在中国创业者素质的第一位，你是不是觉得很奇怪？佛经上有一句话，叫做"无欲则刚"，意思是说，一个人如果没有什么欲望的话，他就什么都不怕，什么都不必怕了。和尚在寺院里修炼一辈子，末了没有一个不想上西天的；道士整日闭关打坐，末了没有一个不想白日飞升的，可见虽然"无欲则刚"，但要做到"无欲"是一件多么困难的事。

"欲"，实际就是一种生活目标，一种人生理想。创业者的欲望与普通人欲望的不同之处在于，他们的欲望往往超出他们的现实，往往需要打破他们现在的立足点，打破眼前的樊笼，才能够实现。所以，创业者的欲望往往伴随着行动力和牺牲精神。这不是普通人能够做得到的。你到任何一个政府机关门口一站，都可以发现那样一种人：他们表情木然，行动萧索，心态落寞，他们唯一的心愿，就是眼前的局面能够维持。他们祈愿的就是机构改革千万不要改到自己的身上，再就是每月工资能够按时足额发放。他们本来是有足够的学识，有足够的能力以及资源来开创一番事业的，但是没有这样的欲望，他们觉得眼前的生活就足够好。这些人并不限于机关，任何一个有人群的地方都有这样的人，你如何能够指望他去创业？

　　我们说的创业者的欲望是不安分的,是高于现实的,需要掂起脚才能够得着,有的时候需要跳起来才能够得着。上海有一个文峰国际集团,老板姓陈名浩,是一个 40 多岁的男人。1995 年,陈浩带着 20 万块钱来到上海,从一个小小的美容店做起,现在已经在上海拥有了 30 多家大型美容院、一家生物制药厂、一家化妆品厂和一所美容美发职业培训学校,并在全国建立了 300 多家连锁加盟店,据说个人资产超过亿元。陈浩有一句话:"一个人的梦想有多大,他的事业就会有多大。"所谓梦想,不过是欲望的别名。你可以想象欲望对一个人的推动作用有多大。

　　《科学投资》研究发现,成功创业者的欲望,许多来自于现实生活的刺激,是在外力的作用下产生的,而且往往不是正面的鼓励型的。刺激的发出者经常让承受者感到屈辱、痛苦。这种刺激经常在被刺激者心中激起一种强烈的愤懑、愤恨与反抗精神,从而使他们做出一些"超常规"的行动,焕发起"超常规"的能力,这大概就是孟子说的"知耻而后勇"。一些创业者在创业成功后往往会说:"我自己也没有想到自己竟然还有这两下子。"

　　因为想得到,而凭自己现在的身份、地位、财富得不到,所以要去创业,要靠创业改变身份,提高地位,积累财富,这构成了许多创业者的人生"三部曲"。做家具生意的吉盛伟邦在上海有很大的名声,它的老板叫邹文龙。邹文龙来自北方冰雪之国的长春,在一向瞧不起"外地佬",尤其是"北方佬"的上海打出了一片天地,身家要以若干个亿元计算。邹文龙在接受媒体采访时说自己的创业动力来自"三大差别"。这"三大差别"不是他自己提的,是他现在的岳父给他提的。邹文龙说自己早恋,高二就开始谈恋爱,身体又不好,后来女朋友考上了大学,他却落了榜。他女朋友的父亲就对他说:你和我的女儿有三大差别。第一是城乡差别。女朋友是城市户口而邹文龙却来自贫穷的农村。第二是脑力劳动与体力劳动的差别。邹文龙的女朋友已经考上了大学,而邹却不得不接一个亲戚的班,到一个小杂货店搬油盐酱醋出卖劳动力。第三是健康上的差别。邹文龙因为身体不好影响到大学都没考上,难以想像一个身体不好的人以后怎么靠体力活儿吃饭,你怎么能够养得活我的女儿? 所以,你和我的女儿谈恋爱,坚决不成!

　　要想不放弃自己的女朋友,那就只有一条路,就是消灭"三大差别"。在这样的情况下,邹文龙开始了创业,并且创业成功。现在,女朋友早已变成了老婆,邹文龙还是喜欢对老婆说:"我都是为你做的。"实际上,邹文龙说错了,他不是"为你做的",而是"为了得到你做的。"这就是欲望的作用,再辅之以出色的行动力,邹文龙终于如愿以偿,"抱得美人归"。

　　无独有偶,大名鼎鼎的张树新的创业亦是源于一种刺激。只不过,这种刺激比邹文龙的"女朋友"来得更为刻骨铭心,因为关系到父亲的生死。张树新回忆说:

"我记得 1989 年我父亲患癌症来北京,到 1992 年去世,我们几乎倾其所有,最后想做很多的事情,却总是囊中羞涩做不了。那个时候社会上已经有很多人下海,大街上有很多不同的人的生活状态,你就会觉得你没有能力改变自己的生活状态,不用去讲那么多的大道理。"俗话说,哀莫大于心死。张树新就是在这样一种状态下,由报社记者而下海创业,成为一个创业者。创业的目的很简单,就是没有钱,想有钱,要赚钱。后来张因为创办瀛海威,第一个大张旗鼓将互联网引入中国而声名雀起。现在张是联和运通投资公司的老板,已经由一个成功的创业者,发展为一个用自己的钱投资的职业投资家。

因为欲望,而不甘心,而创业,而行动,而成功,这是大多数白手起家的创业者走过的共同道路。丝宝集团的梁亮胜现在很有名,上了《福布斯》中国富豪榜,但究当年,梁也不过是一打工仔。只是这个打工仔有点与众不同。1982 年,梁带着他的太太,和所在内地工厂的其他 40 多名青工一道被派往香港工作。当时"(梁胜亮)一家在香港只有四五平方米的住房。那是一间不到 30 平方米的房子,住了三家人,除去公用厨房、洗手间、走道,房间之小难以想像。他两口子住厅,另两家人各租了一间房,因为别人白天上班时要走厅,他就从厅里拉一块塑料布,留一个过道,他们夫妻两人只能挤在沙发上睡。那时,梁的梦想就是想有个楼花。"

即使是在这样艰苦的条件下,梁还是每天晚上坚持去上学。在香港的 3 年时间里,梁系统学习了航运、英语、国际贸易和经济管理等课程。后来梁就依靠做国际贸易,向国内贩卖檀香木材淘到了第一桶金,再后来,就办起了丝宝集团,出品舒蕾、风影洗发水等。现在梁站在成功者的角度说:"回头来看,一起到香港的 40 多人现在都还在工厂里做工,因为他们满足现状,觉得现在做工比原来在国内做工好多了。"梁这话的意思就是说,是欲望促使了他的成功。因为他觉得自己可以做得更好,赚更多的钱,过更好的生活,他要给自己当老板,做自己的主人。而原来一起随他到香港做工的 40 多个工友,却没有他这样的欲望,所以他们 20 年前给别人做工友,20 年后仍然只能给别人做工友,为别人赚钱。

做杉杉西服的郑永刚与梁亮胜如出一辙。郑总是不满足,在部队里不满足,退伍之后仍不满足。从一个公司到一个公司,从一个工厂到一个工厂,他总是觉得自己能做更大的事,应该拥有更大的舞台。他就在这样的不满足中,将自己的事业一步一步推向前进。现在他终于使"杉杉西服"成为"中国西服第一品牌",同时也使自己成为了一个亿万富翁。

关于人的欲望,地产商冯仑有一段很精辟的论述。他说:地主的生活最愉快,企业家的生活最有成就感,奴隶主的生活最有权威。"地主地里能打多少粮食,预期很清楚,一旦预期清楚,欲望就会被自然约束,也就用不着再努力,所以,会过得很愉快。企业家不同,企业家的预期和他的努力相互作用,预期越高努力越大,努力越大预期越高,这两个作用力交替起作用,推着企业家往前冲。"如果用"创业家"代替冯仑这段话里的"企业家",你会发现它同样贴切,或许我们可以套用一句伟人的话:"欲望是创业的最大推动力。"

一个真正的创业者一定是强烈的欲望者。他们想拥有财富,想出人头地,想获得社会地位,想得到别人的尊重。有人一谈起这些东西就觉得很庸俗,甚至一些成功者亦不愿提起这样的话题,特别是一涉及到钱,便变得很敏感、很禁忌,其实完全不必如此。禁"欲"的时代早已经结束,除非你一定要自阉,那谁也没有办法,否则,你完全可以轰轰烈烈、堂堂正正地去追求自己的所欲所愿。圣人如孔子一旦学有所成,不也周游列国,急着求个一官半职么? 可见,在有些事情上,是无所谓俗与不俗的。

二、忍耐

成语里有一句"艰难困苦,玉汝于成",还有一句"筚路蓝缕以启山林",意思都是说创业不易。不易在哪里呢? 首先是要忍受肉体上和精神上的折磨。肉体上的折磨还好办一些,挺一挺就过去了,就像王江民。王江民40多岁到中关村创业,靠卖杀毒软件,几乎一夜间就变成了百万富翁,几年后又变成了亿万富翁,他曾被称为中关村百万富翁第一人。王江民的成功看起来很容易,不费吹灰之力。其实不然,王江民困难的时候,曾经一次被人骗走了500万元。王的成功,可以说是偶然之中蕴含着必然。王江民3岁的时候患过小儿麻痹症,落下终身残疾。他从来没有进过正规大学的校门,20多岁还在一个街道小厂当技术员,38岁之前不知道电脑为何物。王江民的成功,在于他对痛苦的忍受力,从上中学起,他就开始有意识地磨练意志,"比如说爬山。我经常去爬山,500米高很快就爬上去了,慢慢地爬上去也就不感觉得累。再一个就是下海游泳,从不会游泳到喝海水,最后到会游泳,一直到很冷的天也要下水游泳,去锻炼自己在冰冻的海水里提高忍受力。比如:别人要游到一千米、二千米,那么我也要游到一千米、二千米,游到二三千米以后再上岸的时候都不会走路了,累得站不起来了。就这样锻炼自己,来磨炼自己的意志。"当他40多岁辞职来到中关村,面对欺骗,面对商业对手不计手段、不遗余力的打击,都能够坦然面对。所以,中关村能人虽多,倒让这样一个外来的残疾人拔了百万富翁的头筹。

中关村还有一个与王江民异曲同工的人,就是华旗的老总冯军。冯军是清华大学的高材生,读大学时就在北京秀水街给倒货的留学生当翻译赚外快。毕业后也有一个好工作,他却不愿干,宁愿跑到"村里"自己打江山。冯军在中关村又有

"冯五块"的称号,意思是说,他每样东西只赚你五块钱。有媒体曾经这样描述冯军在村里的生活,"冯军一次用三轮车载四箱键盘和机箱去电子市场,但他一次只能搬两箱,他将两箱搬到他能看到的地方,折回头再搬另外两箱。就这样,他将四箱货从一楼搬到三楼,再从三楼搬到二楼,如此往复。"这样的生活,有时会让人累得瘫在地上坐不起来。冯军在中关村创业,一要丢掉清华大学高材生的面子。俗话说,"物以类聚,人以群分"。在中关村和冯军干一样活儿的人,大多数是来自安徽、河南的农民,如中关村的 CPU 批发生意,60%以上都由来自安徽霍邱县冯井镇的农民把持着。一个清华大学的高材生,要成天与这样一些人打交道,与这样一些人厮混,不是一件好受的事情,需要很好的心理承受能力。其次,为了让人家代理自己的产品,"村里"那些摊主儿不论大小都是自己的爷,见人就得点头哈腰,赔笑脸说好话。中关村那些摊主儿的素质尽人皆知,好听的话不会多。从"冯五块"这样一个绰号,可以看出冯军当时的江湖"地位"。

现在冯军又遇到了新的难题,就是与郎科的优盘专利权纷争。郎科的创始人邓国顺也是一个传奇人物,从一个打工仔成长为亿万富翁,邓国顺只用了短短几年时间,中间亦经受了无数的折磨。"那种煎熬是一般人不能承受的,可是我们没想过放弃。即使是累得快趴下,钱快花光的时候,我们也不过是想:没钱了,再回新加坡打工,赚了钱又继续搞。"邓国顺说的是他和创业伙伴成晓华几年前一起开发优盘时的情景。现在邓国顺的朗科拥有优盘的专利,冯军的华旗却想来分一杯羹。邓国顺不答应,两家就起了纷争。冯军息事宁人想和解,天天给邓国顺打电话,但是邓国顺一听是冯军的声音就撂电话,逼得冯军不得不换着号码给他打。冯军大小也是个老板,华旗在中关村不算出类拔萃,可也不是寂寂无名,这样低声下气地让人不待见,还不都是为了公司的生意。这是创业者需要忍受的另一种精神折磨。

但是冯军所受折磨,与俞敏洪比起来,又算是小巫见大巫。俞敏洪是国内英语培训的头牌学校新东方的创始人。对俞敏洪的创业经历,中国青年报记者卢跃刚在《东方马车——从北大到新东方的传奇》中,有详细记录。其中令人印象尤深的是对俞敏洪一次醉酒经历的描述,看了令人不禁地想落泪。

俞敏洪那次醉酒,缘起于新东方的一位员工贴招生广告时被竞争对手用刀子捅伤。俞敏洪意识到自己在社会上混,应该结识几个警察,但又没有这样的门道。最后通过报案时仅有一面之缘的那个警察,将刑警大队的一个政委约出来"坐一坐"。卢跃刚是这样描述的:

"他兜里揣了 3000 块钱,走进香港美食城。在中关村十几年,他第一次走进这么好的饭店。他在这种场面交流有问题,一是他那口江阴普通话,别别扭扭,跟北京警察对不上牙口;二是找不着话说。为了掩盖自己内心的尴尬和恐惧,劝别人喝,自己先喝。不会说话,只会喝酒。因为不从容,光喝酒不吃菜,喝着喝着,俞敏洪失去了知觉,钻到桌子底下去了。

"老师和警察把他送到医院,抢救了两个半小时才活过来。医生说,换一般人,喝成这样,回不来了。俞敏洪喝了一瓶半的高度'五粮液',差点喝死。

"他醒过来喊的第一句话是:'我不干了!'学校的人背他回家的路上,一个多小时,他一边哭,一边撕心裂肺地喊着:'我不干了! 再也不干了! 把学校关了! 把学校关了! 我不干了!……'

"他说:'那时,我感到特别痛苦,特别无助,四面漏风的破办公室,没有生源,没有老师,没有能力应付社会上的事情,同学都在国外,自己正在干着一个没有希望的事业……'

"他不停地喊,喊得周围的人发怵。"

"哭够了,喊累了,睡着了,睡醒了,酒醒了,晚上7点还有课,又像往常一样,背上书包上课去了。"

实际上,酒醉了是很好对付的,但是精神上的痛苦就不那么容易忍了。当年"戊戌六君子"谭嗣同变法失败以后,被押到菜市口去砍头的前一夜,说自己乃"明知不可为而为之",有几个人能体会其中深沉的痛苦。醉了、哭了、喊了、不干了……可是第二天醒来仍旧要硬着头皮接着干,仍旧要硬着头皮挟起皮包给学生上课去,眼角的泪痕可以不干,该干的事却不能不干。按卢跃刚的话说:"不办学校,干嘛去?"

俞敏洪还有一件下跪的事,在新东方学校也是尽人皆知。那是当着几十口子人,当着自己的同学、同事,当着在饭店吃饭的不相干的外人,俞敏洪"扑嗵"一声就给母亲跪下了。起因是,俞母将俞敏洪的姐夫招来新东方干事,先管食堂财务,后管发行部,但有人不愿意,不知谁偷偷把俞敏洪姐夫的办公设备搬走了。俞母大怒,也不管俞敏洪正和王强、徐小平两个新东方骨干在饭店包间里商量事,搬把凳子便堵在包间门口破口大骂。王强和徐小平看见俞敏洪站起来"大义凛然"向门外走去,还以为他是要去跟母亲做坚决的斗争呢,谁知这位新东方学校的校长,万人景仰的中国留学"教父","扑嗵"一声,当着大伙儿的面,给母亲跪下了。弄得王强和徐小平面面相觑,目瞪口呆。

王强事后回忆说:"我们期待着俞敏洪能堂堂正正从母亲面前走过去,可是他跪下了。顿时让我崩溃了! 人性崩溃了! 尊严崩溃了! 非常痛苦!"一个外人看见这样的场景尚且觉得"崩溃",觉得"非常痛苦",那么,作为当事人和下跪者的俞敏洪会是什么样的感觉呢?!

现在大家都知道俞敏洪是千万富豪、亿万富翁,谁知道俞敏洪这样一类创业者是怎样成为千万富翁、亿万富翁的呢？他们在成为千万富翁、亿万富翁的道路上，付出了怎样的代价，付出了怎样的努力，忍受了多少别人不能够忍受的屈辱、憋闷、痛苦，有多少人愿意付出与他们一样的代价，获取与他们今天一样的财富？更有甚者，当初江苏名佳企业董事长张正基创业时，因为违逆了父亲的意思，甚至被父亲告到税务局，说他偷税漏税，父子因此而3年断绝往来，你知道其时张正基的心情吗？

对一般人来说，忍耐是一种美德，对创业者来说，忍耐却是必须具备的品格。电话大王吴瑞林（侨兴老板）当初创业失败，"走在路上，平时笑脸相迎的乡邻竟然一夜之间形同陌路，不断有人在我身后指指点点。没多久，孩子们就哭着回家告诉我，老师把他们的位子从第一排调到最后一排去了，学校里的同学也不和他们玩了。"吴瑞林不得不带着家人，"选择了在一个月黑风高的深夜悄悄离开"，离开了生他养他的故乡。指甲钳大王梁伯强一次次创业，一次次辛苦累积财富，而每一次点滴积累的财富最后总是被各种各样"莫名其妙的原因"剥夺，搁一般人早发疯了，可梁伯强都忍下了。现在他是一个成功者。

老话说"吃得菜根，百事可做"。对创业来说，肉体上的折磨算不得什么，精神上的折磨才是致命的，如果有心自己创业，一定要先在心里问一问自己，面对从肉体到精神上的全面折磨，你有没有那样一种宠辱不惊的"定力"与"精神力"。如果没有，那么一定要小心。对有些人来说，一辈子给别人打工，做一个打工仔，是一个更合适的选择。

三、眼界

名人老总佘德发是个非常有意思的人，据说这个人不管走到哪里，随身都会带着两样宝贝：一样是手提电脑，因为名人在全国设有许多的分部、分公司，佘德发带着电脑走到哪里，那里就是公司的总部；另一样是一个旅行箱，里面全是各种各样的报纸，佘德发走到哪里，读到哪里，将一箱一箱的报纸，当成了精神粮食。

人们都喜欢夸耀自己见多识广，对于创业者来说，就不是夸耀，是要真正见多识广。广博的见识，开阔的眼界，可以很有效地拉近自己与成功的距离，使创业活动少走弯路。

《科学投资》研究了上千创业案例，其中亲自走访的创业者不下数百，发现这些创业者的创业思路有几个共同来源。

第一，职业。俗话说，不熟不做，由原来所从事的职业下海，对行业的运作规律、技术、管理都非常熟悉，人头、市场也熟悉，这样的创业活动成功的几率很大。这是最常见的一种创业思路的来源。

第二,阅读,包括书、报纸、杂志等等。比亚迪老总王传福的创业灵感来自一份国际电池行业动态,一份简报似的东西。1993 年的一天,王传福在一份国际电池行业动态上读到,日本宣布本土将不再生产镍镉电池,王传福立刻意识这将引发镍镉电池生产基地的国际大转移,意识自己创业的机会来了。果然,随后的几年,王传福利用日本企业撤出留下的市场空隙,加之自己原先在电池行业多年的技术和人脉基础,做得顺风顺水,财富像涨水似地往上冒。他于 2002 年进入了《福布斯》中国富豪榜。另一位财富英雄郑永刚,据说将企业做起来后,已经不太过问企业的事情,每天大多时间都花在读书、看报,思考企业战略上面。很多人将读书与休闲等同,对创业者来说,阅读就是工作,是工作的一部分,一定要有这样的意识。

第三,行路。俗话说,"读万卷书,行千里路"。行路,各处走走看看,是开阔眼界的好方法。《福布斯》中国富豪里面少有的女富豪之一沈爱琴,说自己最喜欢的就是出国。出国不是为了玩,而是去增长见识,更好地领导企业。

在《科学投资》研究的案例中,有二成以上创业者最初的创业创意来自于他们在国外的旅行、参观、学习。像刘力 1995 年创立北京大众人拓展训练有限公司,将拓展训练当成自己创业的主要落脚点,灵感就来自于其在英国、瑞典等国考察时,对拓展训练的接触。"当初的震撼非文字所能够表达。"回国后刘力便照猫画虎弄了这么个东西,效果非常好。现在有空到哪儿上一堂拓展训练课,已经成了都市有产阶级的时尚玩意儿,北大等学校在帮助企业训练企业领袖时,拓展训练是其中一项重要手段。

还有西岸的黄勇。西岸是中国最好的几家公关公司之一,去年因为和奥美的合并闹得沸沸扬扬。西岸的创始人黄勇原来是一名比较成功的科技记者,有关媒体这样描述黄勇的创业:"1992 年,黄勇在香港偶然参观了博雅公司在香港的分公司。这次香港之行最后改变了黄勇的命运。博雅的业务让黄勇感觉很有意思,他没想到公关也能成为一种专门的行业。"结果就是,黄勇利用自己做记者时积累的大量资源,先人一步在国内开办起了公关公司。西岸,大概是中国最早的完全市场化运作的公关公司之一,后来因为代理微软公司的"维纳斯"(一种机顶盒)在国内公关界一举成名。记者在北京西单时代广场看到,西岸在这个豪华写字楼租赁的办公场所不下千余平方米。

行路意味着什么,或者换句话说,眼界意味着什么?如果你是一个创业者,开阔的眼界意味着你不但在创业伊始可以有一个比别人更好的起步,有时候它甚至可以挽救你和你企业的命运。眼界的作用,不仅表现在创业者的创业之初,它会一直贯穿于创业者的整个创业历程。"一个人的心胸有多广,他的世界就会有多大。"我们也可以说,"一个创业者的眼界有多宽,他的事业也就会有多大。"

比如科宝。科宝整体厨房如今在国内非常有名,但是科宝在起步时,并不是做整体厨房的,专业是抽油烟机。后来科宝的创始人蔡明发现不少顾客在买了抽油烟机以后,还会向他们订做几格吊柜、厨柜,以便放置一些厨房用品甚至是冰箱等电器。这时候科宝才开始有意识地向整体厨房方面转型。"那时我们理解的整体厨柜就是做几个柜子,把燃气灶和其他厨房用具放在一块就行了。这种状况一直持续到 1999 年 5 月。我去德国科隆参加每两年举行一次的家具配件展,算是开了眼界。看了展会,我发现自己以前做的东西,那哪能叫整体厨房,简直就是垃圾。"

展会后,蔡明从德国直接去了意大利,雇了一个意大利司机,从北边的威尼斯出发一直南下。"我让那司机帮我安排好路线,一路上,只要门上写着 Cucina(意大利语厨房),我就进去看。看了几十个厂家,每个厂家都有几十个甚至是上百个款式。古典的,现代的,大众的,前卫的,各种流派都看了个遍。到最后,看到 Cucina 我就想吐。"

这一路看了 20 多天,蔡明回到国内,下令把他们以前做的东西全部推倒重来。欧洲的各种流派、款式,融进自己的理念。科宝,或者说蔡明,在做整体厨房若干年后,一直到 1999 年的欧洲之行,才明白什么叫真正的整体厨房。这就是行千里路的作用。开阔眼界后的老板,将原本平庸的企业带入了一个全新的境界。与此同时,老板自己也进入了一个新境界,发现了一个新天地。

第四,交友。很多创业者最初的创业 IDEA(主意)是在朋友启发下产生,或干脆就是由朋友直接提出的。所以,这些人在创业成功后,都会更加积极地保持与从前的朋友联系,并且广交天下友,不断地开拓自己的社交圈子。时尚蜡烛领头羊山东金王集团创始人陈索斌的创业 IDEA,便来自于一次在朋友家中的闲谈。昆明赫赫有名的"云南王"、新晟源(昆明最大的汽车配件公司)老板何新源有两大爱好,至今仍保持着和朋友在茶楼酒馆喝茶谈天的爱好。何新源称其为"头脑风暴"。这样的头脑风暴,使他能够不断地有新思路、新点子,生意越做越大,越做越好。都说广东人是天生的生意人,你看一看,广东人里面有几个是不好泡茶楼的?泡茶楼,喝茶是一方面,交朋友谈生意是更重要的另一方面。原来北京人不太爱喝茶,现在北京的茶馆却多过米铺。这与近几年来北京的商业气氛越来越浓不无关系,茶馆里面的人,十有八九是在交朋友谈生意。

四大创业 IDEA 的来源,也就是四大开阔眼界的有效方法。见钱眼开,莫如说眼开见钱,眼界开阔才能看见更多的钱,赚到更多的钱。《科学投资》奉劝创业者,有空一定要到处多走一走,多和朋友谈一谈天,多阅读,多观察,多思考。"机遇只垂青有准备的头脑",让自己"眼界大开"就是最好的准备。

四、明势

明势的意思分两层,作为一个创业者,一要明势,二要明事。我们先来说明势。

势,就是趋向。做过期货的人都知道,要想赚钱关键是要做对方向,这个方向就是势。比方说,大势向空,你偏做多;或者大势利多,你偏做空,你不赔钱谁赔钱!反过来说,你就是不想赚钱都难。

势分大势、中势、小势。创业的人,一定要跟对形势,要研究政策。这是大势。很多创业者是不太注意这方面工作的,认为政策研究"假、大、虚、空",没有意义。实则不然。对一个创业者来说,大到国家领导人的更迭,小到一个乡镇芝麻小官的去留,都会对自己有影响。在政策方面,国家鼓励发展什么,限制发展什么,对创业成败更有莫大关系。做对了方向,顺着国家鼓励的层面努力,可能事半功倍;做反了方向,比如说,某个行业、某类型企业,国家正准备从政策层面进行限制、淘汰,你偏赶在这时懵懵懂懂一头撞了进去,一定会鸡飞蛋打。

澳瑞特健康产业集团位于山西长治,是由做过矿工的郭瑞平在一个破产的小自行车厂基础上组建,时间只有短短10来年,年产值现在已超过上亿元。郭瑞平发财的秘诀便是顺势而为。本来山西长治地区是个穷地方,一些人连饭都吃不饱,哪里有心思搞什么健身。在毫无经验的基础上,将创业定位于在本地毫无市场的健身器材,在当地许多人看来等于找死。但是郭瑞平有一个很好用的头脑,他利用了当时国家竞技体育与群众体育两手抓、两手都要硬的政策大势,将创业目标定位于"群众喜欢用群众乐用的健身器材",避开了与国内众多专业竞技体育器材生产厂的竞争,又利用国家发行体育彩票,其中一部分收入指定用于群众健身器材投资的机会,利用一直以来精心与国家体育总局官员建立并保持的良好关系,首先将一整套"群众性体育健身器材"安装在了国家体育总局龙潭湖家属院,然后又从这个家属院走向了中国。你现在走到北京街头看一看,都是这种刷成黄色、红色、橙色的健身器,一组下来少的也有10来件,上面都标着"澳瑞特"的字样,仅这一单生意,就让郭瑞平赚了个盆满钵满。

顺势而作,就是顺水行舟。李白诗"朝辞白帝彩云间,千里江陵一日还。"那是指顺水行舟。苏东坡坐船回老家,走得和李太白是同一条路,却整整花了3个月。原因无他,太白顺水,东坡逆水。创业的道理也是一样。观察政府,研究政策,是为了明大势。

中势指的就是市场机会。市场上现在时兴什么,流行什么,人们现在喜欢什么,不喜欢什么,可能就标明了你创业的方向。俞敏洪如果不是赶上全国性的英语热和出国潮,他就是使再大的劲,洒再多的泪,流再多的汗,也不会有今天的成功。

在得风气之先的珠三角，现在还包括长三角，许多中小创业者都非常懂得借势的道理。不少人依靠借势发了家。借什么势呢？借外资企业在本地投资的势，比如说，一个台湾的电脑主板厂家在内地建厂，他不可能什么都自己生产，有一些零配件，包括一些生活供应，都要依靠当地人解决。这就是势，有人称之为"为淘金者卖水"。其实不是卖水，而是大家一起淘金，只不过有人淘的金块大一些，成色足一些，有人淘的金块小一些，成色差一些，但最后大家都有钱赚。在一个地方，大家都在做IT，你偏要去炼铁，你不赔钱谁赔钱？和市场主导一样，这就有一个产业主导的概念。不管做什么，你一定要和身处环境合拍，创业才容易获得成功。《科学投资》传授一个诀窍，假如你准备创业，而你的资金不足，经验又不足，那么，你可以看看周围的人都在做什么，大家一起做的，你跟着做，一定没有错，虽然不可能赚到大钱，但赔本的机会也少，风险也小，较适合于那些风险承受能力较弱的创业者。能赚平均利润，对于小本经营的创业者就不错了，通过这样的锻炼，可以慢慢学习赚大钱的本领，慢慢积累赚大钱的资本，一旦机会来临，是龙翔九天，还是凤舞歧山，还不是由你说了算？假如你的本钱雄厚，风险承受能力强，你当然可以从创业伊始就去剑走偏锋，寻冷门，赚大钱，只是这样的创业者不多。

小势就是个人的能力、性格、特长。创业者在选择创业项目时，一定要找那些适合自己能力，契合自己兴趣，可以发挥自己特长的项目，这样才有利于你做持久性的全身心的投入。创业是一项折磨人的活动，创业者要有受罪的心理准备。

明势的另一层含义，就是明事，一个创业者要懂得人情事理。老话说："世事洞明皆学问，人情练达即文章。"创业的首要目的是为了合理合法地赚钱，不是为了改造社会。改造社会是等你发达以后，还需要你有那样的兴趣。创业更不是为了要跟谁赌气，你非要如何如何，非要让对方觉得你这个人如何如何，你才觉得心里舒服，你那是自己为自己设绊。

前一段时间，河北富翁孙大午被抓，很多人在网上为孙大午抱打不平。一些法律、金融专家就对当地政府指责孙大午私自揽储、非法集资不以为然，觉得以孙大午的作为，远远够不上私自揽储、非法集资，扰乱金融秩序更谈不上。当地税务部门指责孙大午偷税漏税亦迄今拿不出有力证据。但这不是我们关心的内容，我们关心的是孙大午落入今日的局面，由千万富翁沦为阶下囚，有无其自身的原因。

孙大午被抓后，有人说了一句话：孙大午被抓，是因为孙大午不会说话，不会办事。大午集团从1000只鸡、50头猪起家，至今已发展成集养殖业、种植业、加工业、工业、教育业为一体的大型科技民营企业，固定资产过亿元。说孙大午不会办事，肯定不是指他不会办企业。

那么，孙大午不会办的是什么事呢？一是"抠"。大午集团在对外交往上，每年基本没有什么招待费。孙大午从来不请客。就算逢年过节给一些单位送点年礼，也都是十几元一箱的鸡蛋。二是"傲"。平时孙大午只喜欢和学术界名流交往，对政界人士却"不屑"打交道，使一些人感觉孙很清高、很狂，心里很不舒服。三是"轴"，不懂人情事故，与地方政府关系闹得非常僵，和地方的税务局、工商局、土地局等多个权力部门都发生过冲突，打过官司。通过大午集团的举报，当地税务部门的一位重要领导还曾遭到检察机关的拘捕。

孙大午的企业发展要用钱，而从银行和有关金融机构又贷不到钱，于是走上"非法集资"的道路。反观当地另一家与大午集团差不多的企业，人家也缺钱，也需要融资，但采取的方法却与大午集团迥然不同。《中国新闻周刊》的报道说，通过县委书记的亲自"协调"，今年3月该企业又获得了银行1亿2千万元的贷款额度，其中1千万元已经落实。这家企业在当地以与政府关系密切著称。

创业是一个在夹缝里求生存的活动，尤其处于社会转轨时期，各项制度、法律环境都不十分健全，创业者只有先顺应社会，才能避免在人事关节上出问题。作为对照，很多原先很牛气的外资企业，认为本地人才这样不行，那样不行，只有外来和尚才能念好经，现在也都认识到了人才本地化的重要。人才为什么要本地化？因为本地的人才更熟悉本地的情况，能够按照"本地的规矩"做事，也就是说更能入乡随俗。创业者一定要明势，不但要明政事、商事，还要明世事、人事，这应该是一个创业者的基本素质。

五、敏感

敏感不是神经过敏。神经过敏的人，像琼瑶小说里的那些角色，可以当花瓶，可以做茶余饭后的消遣，惟独不适合创业。

创业者的敏感，是对外界变化的敏感，尤其是对商业机会的快速反应。

潘石屹现在是商场的红人，潘石屹成为红人有他成为红人的理由。有谁能够从别人的一句话里听出8亿元的商机，而且是隔着桌子的一句话，是几个不相干之人的一句话？别人不能，但潘石屹能。别人没有这个本事，潘石屹有这个本事。

1992年，潘石屹还在海南万通集团任财务部经理。万通集团由冯仑、王功权等人于1991年在海南创立。冯仑、王功权都曾在南德集团做过事，当年都是"中国首富"牟其中的手下谋士。万通成立的头两年，通过在海南炒楼赚了不少钱。1992年，随着海南楼市泡沫的破灭，冯仑等人决定将万通移师北京，派潘石屹打前锋。

潘石屹奉冯仑的将令，带着5万元差旅费来到了北京。这天，他（指潘石屹）在怀柔县政府食堂吃饭，听旁边吃饭的人说北京市给了怀柔四个定向募集资金的股份制公司指标，但没人愿意做。在深圳待过的潘石屹知道指标就是钱，他不动声色地跟怀柔县体改办主任边吃边聊："我们来做一个行不行？"体改办主任说："好哇，可是现在来不及了，要准备6份材料，下星期就报上去。"

潘石屹立即将这个信息告诉了冯仑，冯仑马上让他找北京市体改委的一位负责人。这位领导说：'这是件好事，你们愿意做就是积极支持改革，可以给你们宽限几天。'做定向募集资金的股份制公司，按要求需要找两个'中'字头的发起单位。通过各种关系，潘石屹最后找到中国工程学会联合会和中国煤炭科学研究院作为发起单位。万事俱备，潘石屹用刚刚买的4万元一部的手机打电话问冯仑："准备做多大？"冯仑说："要和王功权商量一下。"王功权说："咱们现在做事情，肯定要上亿。"

潘石屹在电话那边催促冯仑快做决定："这边还等着上报材料呢。"冯仑就在电话那头告诉潘石屹："8最吉利，就注册8个亿吧。"北京万通就这样，在什么都没做的情况下，拿到了8个亿的现金融资。

以上这段文字出自IT名记刘韧的手笔，很生动。这就是潘石屹那个"一言8亿"的传奇故事。后来万通在海南做赔了本，多亏了潘石屹这一耳朵"听"来的8个亿，才有了万通的今天。后来兄弟几个又闹分家，于是诞生了潘石屹现在的红石和北京大北窑旁边的现代城。

潘石屹能赚到这笔钱不是出自偶然，而是源于他的商业敏感。我们前面说过陈索斌。陈索斌是一个"海归"，在美国留过学，有经济学硕士的头衔。陈索斌所学与蜡烛无关，在创业之前他亦从未与蜡烛行业有过任何接触。为什么他会选择时尚蜡烛作为自己的创业方向呢？原来1993年的一天晚上，陈到一位朋友家中谈事，突然遇到停电，朋友的妻子赶紧找出一截红蜡烛点上，烛光下红彤彤的蜡烛一股股地冒着黑烟，忽明忽暗。朋友的妻子在旁边抱怨说："如今卫星都能上天了，怎么这蜡烛还是老样子，谁要是能捣鼓出不冒黑烟的蜡烛，说不定能得个诺贝尔奖什么的。"就是这样一句话触动了陈索斌，于是不久就有了"金王"。再不久，"金王"成了中国的时尚蜡烛之王。随着"金王"的成功，陈索斌自然而然也就成了亿万富翁。对蜡烛黑烟的抱怨，相信不只陈索斌一个人听到过，为什么只有他抓住了这个机会呢？这只能归结于陈索斌比一般人更为强烈的商业敏感。

如果说潘石屹、陈索斌最初的财富都是用耳朵"听"来的，那么夏明宪最初的财富就是用眼睛"看"来的。1989年，在山城重庆开着一家小五金杂货店的夏明宪，忽然发现来买水管接头（一种钢管）的人多了起来。他觉得很奇怪，这些人买这么多水管接头干什么用？后来一打听，才发现是一些先富起来的山城人，为了自身和家庭财产的安全，开始加固家里的门窗。买水管接头，就是为了将它们焊接起来，做成铁门防盗（那时候还没有防盗门的概念）。夏明宪发现这个秘密后，立即意识到自己的机会来了。他马上租了一个废置的防空洞,买来相应的工具,刨、锯、焊、磨地干了起来。一个多星期,他就做了20多扇"铁棍门",赚了一大笔钱。后来顺着这个思路不断发展,就有了现在的"美心防盗门",与"盼盼防盗门"一起,成为中国防盗门行业两块响当当的品牌。原来的五金店小老板变成了现在的防盗门大老板,成为山城重庆数得着的一个财主。

这样的故事有很多。上海有名的亿万富翁、洗浴业和餐饮业大佬施有毅(现任上海云海实业股份有限公司董事长)也是依靠过人的商业敏感发达起来的。施有毅这样叙述自己的经历:"1995年,我从美国夏威夷坐飞机到东京……朋友带我到一个浴场去……通过洗这个澡,我茅塞顿开,觉得这个搬到中国非常好。"就是这样的一个日本浴,后来洗出了施有毅的万贯家财。施有毅敏感到什么程度?公安部发布法令,严禁驾驶员过度疲劳驾驶车辆:从事公路客运的驾驶员,一次连续驾驶车辆不得超过3个小时;24小时内实际驾驶时间累计不得超过8小时。他得知后的第一反应,就是决定到高速公路旁边去修汽车旅馆。

一些人的商业敏感来自耳朵,一些人的商业敏感来自眼睛,还有一些人的商业敏感来自于自己的两条腿。北京人都很熟悉什刹海边那些拉洋车的,黑红两色的装饰,非常显眼。这些人都是一个叫徐勇的年轻人的部下。1990年,爱好摄影的徐勇出版了一本名叫《胡同101像》的摄影集,有对中国民俗感兴趣的外国朋友看到这本影集,就开始请徐勇带自己去胡同参观,讲解胡同文化历史。徐勇立刻就意识到这里有机会。不久他的以北京"坐三轮逛胡同"为主题的旅游公司办了起来。当初徐勇将自己的想法告诉朋友和家人的时候,几乎遭到了所有人的一致反对,北京可看的东西太多了,故宫、长城、颐和园……哪一个不比胡同更吸引人,有多少到北京来的人会有兴趣去看那破破烂烂的胡同,北京本地人更不会有兴趣。政府有关部门当时也不看好他的主意。现在,徐勇的"胡同游"却日进斗金,让所有人大跌眼镜。

北京人说一个人不懂事,会说他"没有眼力见儿",意思是看不出好歹。其实,面对每天在眼前溜来溜去的商业机会,有几个人是有"眼力见儿"的?张维仰和北大名教授张维迎就差一个字,现在是深圳市东江环保股份有限公司董事长。这家公司是国内第一家在香港上市的民营环保企业。1987年以前,张只是深圳市城管部门的一个普通员工。一天,深圳蛇口的一家外资企业找到深圳市城管部门,提出以每吨500港币的高价,请求帮忙处置其公司产生的工业垃圾。城管部门派人拉回来两三吨废物,却不知如何处理。一位工作人员将这些垃圾拿到实验室化验,发现废物中铜的含量很高,经过技术手段加以综合处理,可以制成广泛应用于工业和农业的化工原料硫酸铜。这件事当时也没有谁留意,却被旁边的张维仰默默记在了心里。不久,张维仰辞职创业,从为深圳企业处理垃圾做起,后来发展到垃圾的无害化处理和变废为宝。当时适逢国家大力倡导环保,张维仰好风凭借力,一下子便发达了起来。应该说,当时这个机会摆在张维仰的每一个同事面前,大家机会是均等的。最后只有张维仰抓住了这个机会,因为他的商业感觉更好,再辅之以强大的行动力,所以,他能够最后胜出毫不奇怪。

谈及商业敏感,梁伯强不能不谈。在财富道路上,梁伯强不是一个幸运儿。他曾经几次被命运打倒在地,但最后又倔犟地爬起来。他积累的财富几度灰飞烟灭,但又一次次在他"再来一次"的喊声中重新聚拢。1998 年,或许是出于感动,命运改变了对梁伯强的态度,开始对他眷顾起来。这年 4 月的一天,梁伯强在一张别人用来包东西的旧报纸上,偶然读到一篇文章。这篇文章的名字叫做《话说指甲钳》。文章说,1997 年 10 月 27 日,时任国务院副总理的朱镕基,在中南海会见全国轻工企业第五届职工代表时说:"(你们)要盯住市场缺口找活路,比如指甲钳,我们生产的指甲钳,剪了两天就剪不动指甲了,使大劲也剪不断。"文章说,当时朱总理还特意带来 3 把台湾朋友送给他的指甲钳,向与会代表展示其过硬的质量、美观的造型和实用的功能,并以此为例,激励大家要对产品质量高度重视,希望科技进步和技术创新,开发更多更好的新产品,把产品档次、质量尽快提高上去。

梁伯强读到这篇文章,眼前一亮。他再一了解,得知这件事令当时国家轻工部压力很大,为此成立了专案小组。轻工部还联合五金制品协会在江浙开了几次会议,寻求突破这个问题的方案,但都没有根本解决。梁伯强得知这些情况后非常兴奋,因为他做了十多年的五金制品,这正是他擅长的事情。他知道机会来了。梁伯强的"非常小器·圣雅伦"指甲钳就是在这种背景下产生的,现在,梁伯强号称"世界指甲钳大王"。一个一向不顺的创业者,在蹉跎了半辈子后,终于靠自己的一次敏悟改变了命运。当然,梁伯强的成功,还有很重要的一点,就是他懂得前文所讲的明势与借势。他借的是朱镕基讲话之势,借的是轻工部"老房子着火"之势,因而一举成功,一鸣惊人。

有些人的商业感觉是天生的,如胡雪岩,更多人的商业感觉则依靠后天培养。如果你有心做一个商人,你就应该像训练猎犬一样训练自己的商业感觉。良好的商业感觉,是创业者成功的最好保证。

六、人脉

创业不是引"无源之水",栽"无本之木"。每一个人创业,都必然有其凭依的条件,也就是其拥有的资源。一个创业者的素质如何,看一看其建立和拓展资源的能力就可以知道。

创业者资源,可分为外部资源和内部资源两种。内部资源主要是创业者个人的能力,其所占有的生产资料及知识技能,也就是人们通常所说有形资产及无形资产,只不过这种有形资产和无形资产属于个人罢了。创业者的家族资源也可以看作创业者内部资源的一部分。拥有一份良好的内部资源,对创业者个人来说无疑是重要的,但因为其中大部分不是通过创业者个人努力获取,而是自然存在的,具有天然属性,我们在此不作重点讨论。

我们希望在此讨论的是创业者外部资源的创立。其中最重要的一点是人脉资源的创业,即创业者构建其人际网络或社会网络的能力。一个创业者如果不能在最短时间之内建立自己最广泛的人际网络,那他的创业一定会非常艰难,即使其初期能够依靠领先技术或者自身素质,比如吃苦耐劳或精打细算,获得某种程度上的成功,我们也可以断言他的事业一定做不大。除非他像比尔·盖茨,能开发出一个WINDOWS,前无古人,无可取代,只好由他独霸市场。

创业者人际资源,按其重要性来看,第一是同学资源。现在社会上同学会很盛行,仅北京大学,各种各样的同学会就不下几十个,据说其中有一个由金融投资家进修班学员组成的同学会,仅有200余人,控制的资金却高达1200个亿,殊为惊人。据说是中国最好的工商管理学院之一的上海中欧工商管理学院,除了在上海本部有一个学友俱乐部外,在北京还有个学友俱乐部分部。人大、北大、清华等名牌大学在北京、上海、广州、深圳都有同学会或校友会分会,在这些地方,形形色色的同学会多如恒河沙数。

周末的时候,到北大、清华、人大等校园走走,会发现有很多看上去不像学生的人在里面穿梭。其中有许多人是花了大价钱从全国各地来进修的。学知识是一方面的原因,交朋友是更重要的原因。对于那些"成年人班",如企业家班、金融家班、国际MBA班等班级的学生,交朋友可能比学知识更加重要,有些人唯一的目的就是交朋友。一些学校也看清了这一点,在招生简章上就会明白无误地告诉对方:拥有XX学校的同学资源,将是你一生最宝贵的财富。

在《科学投资》研究的上千个创业者案例中,有许多成功者的身后都可以看到同学的身影,有少年时代的同学,有大学时代的同学,更有各种成人班级如进修班、研修班上的同学。赫赫有名的《福布斯》中国富豪南存辉和胡成中就是小学和中学时的同学,一个是班长,一个是体育委员,后来两人合伙创业,在企业做大以后才分了家,分别成立正泰集团和德力西集团。一位创业者在接受《科学投资》的采访时说,他到中关村创立公司前,曾经花了半年时间到北大企业家特训班上学、交朋友。他开始的十几单生意,都是在同学之间做的,或是由同学帮着做的。同学的帮助,在他创业的起步阶段起了很大的作用。

实际上，同学之间本来就有守望相助的义务，在现今这个时代，带着商业或功利的目的走进学堂，也并没有什么不妥当。

同学之间因为接触比较密切，彼此比较了解，同时因为少年人不存在利害冲突，成年人则大多数从五湖四海走到一起，彼此也甚少存在利害冲突，所以友谊一般都较可靠，纯洁度更高。对于创业者来说，是值得珍惜的最重要的外部资源之一。

与同学相似的，是战友；可以与同学和战友相提并论的是同乡。共同的人文地理背景，使老乡有一种天然的亲近感。曾国藩用兵只喜欢用湖南人，中国历史上最成功两大商帮，徽商和晋商不管走到哪里，都是老乡拉帮结派，成群结伙的。正是同乡之间互为犄角，互为支援，才成就了晋商和徽商历史上的辉煌。在很长一段时间内，中国几乎所有商业繁盛之地，其最惹眼、最气派的建筑不是徽商会馆，就是晋商会馆。会馆者，老乡交游约会之馆也。如今，一个人要外出创业，比如一个湖南人要到深圳创业，或者一个福建人要到纽约创业，老乡众多仍然是最有利条件之一。这是近年来各地同乡会风起云涌的原因。同学资源和同乡资源，可并称为创业者最重要的两大外部资源。

第二是职业资源。对创业者来说，效用最明显首推职业资源。所谓职业资源，即创业者在创业之前，为他人工作时所建立的各种资源，主要包括项目资源和人际资源。充分利用职业资源，从职业资源入手创业，符合创业活动"不熟不做"的教条。尤其是在国内目前还没有像美国或欧洲国家一样，普遍认同和执行"竞业避止"法则的情况下，选择从职业资源入手进行创业，已经成为了许多人创业成功的捷径和法宝。如昆明的"云南汽车配件之王"何新源，在创办新晟源汽配公司之前，就在省供销社从事相同工作；有名的宝供物流，其创始人刘武原来也是汕头供销社的一名"社员"，被单位派到广州火车站从事货物转运工作，后来承包转运站，再后来利用工作中建立的各种关系，创立了宝供，通过为宝洁公司做物流配送商，一举成为国内物流业之翘楚。前中学数学教师、"好孩子"创始人、《福布斯》中国富豪宋郑还是通过一位学生的家长，得到了第一批童车订货，这才知道世界上原来还有童车这样一个赚钱玩意儿的。同时，宋郑还做童车的第一笔资金也是通过一位在银行做主任的学生家长获得的。如果没有学生家长的帮助，宋郑还可能会一事无成。而万通的冯仑和王功权原来则是同事，两人曾一起在南德工作过，后来两人离开南德，携手海南打天下，才有了现在的兴旺发达。冯仑和王功权在事业上是一对绝配，仿佛《封神演义》里面的哼哈二将，一个弹，一个唱，配合得天衣无缝。

据调查，国内离职下海创业的人员，90%以上利用了原先在工作中积累的资源和关系。

第三是朋友资源。朋友应该是一个总称。同学是朋友，战友也是朋友。老乡是朋友，同事一样是朋友。一个创业者，三教九流的朋友都要交，谈得来，交得上，就好像十八般兵刃，到时候不定就用上了哪般。朋友尤如资本金，对创业者来说是多多益善。"在家靠父母，出门靠朋友"、"多一个朋友多一条路"是至理名言。一个创业者如果不能交朋友，没有几个朋友，肯定只有死路一条。俞敏洪为跟警察交朋友，喝酒喝到差点死过去，但他后来发现，自己这"差点一死"，值！《科学投资》认为，人际交往能力应列在创业者素质的第一位。

七、谋略

楚霸王之所以不值得人们同情，一在于他的有勇无谋，二在于他的妇人之仁。商场如战场，一个有勇无谋的人，早晚会成为别人的盘中餐。

可口可乐成功 30 法则，条条光明正大，那是因为它做到了现在这么大，如果它当初创业，就推出 30 法则，恐怕早就被敌人吃掉了。

创业是一个斗体力的活动，更是一个斗心力的活动。创业者的智谋，将在很大程度上决定其创业成败。尤其是在目前产品日益同质化，市场有限，竞争激烈的情况下，创业者不但要能够守正，更要有能力出奇。

奥普浴霸现在是国内浴室取暖产品的第一品牌。其创始人、杭州奥普电器有限公司董事长方杰，在 1993 年将浴霸产品引入中国的时候，国人尚没有在浴室吊顶的概念。方杰想了一个办法，将浴霸定位为时尚产品，并且专门针对那些二十来岁的漂亮姑娘进行营销。方杰的说辞是："我是国外留学回来的海归派。在国外作为一个白领能在家洗个澡，是一个时髦的生活方式，是你家里面生活状态的一个标志。"海派小姑娘的标志，就是崇洋媚外，瞧不起"自己人"，如果有任何东西，能够将她们同周围土里土气的"自己人"区分开来，她们愿意付出任何代价。方杰就巧妙地利用了上海人的这种"海派"心理，将奥普浴霸在上海滩一炮打响。

现在很多人很佩服冯仑，觉得这个人能做能侃，很了不起。冯仑不是有了钱才有本事，他是因为有了本事才有了钱。1991 年，冯仑和王功权南下海南创业的时候，兜里总共才有 3 万块钱。3 万块钱要做房地产，即使是在海南也是天方夜谭。但是冯仑想了一个办法。信托公司是金融机构，有钱。他就找到一个信托公司的老板，先给对方讲一通自己的经历。冯仑的经历很耀眼，对方不敢轻视；再跟对方讲一通眼前商机，自己手头有一单好生意，包赚不赔，说得对方怦然心动；然后提出：不如这样，这单生意咱们一起做，我出 1300 万元，你出 500 万元，你看如何？这样好的生意，对方又是这样一个人，有这样的经历，有什么不放心？好吧！于是该老板慷慨地甩出了 500 万元。冯仑就拿着这 500 万元，让王功权到银行做现金抵押,又贷出了1300万元。他们就用这1800万元,买了8幢别墅,略作包装一转手,赚了300万元,这就是冯仑和王功权在海南淘到的第一桶金。冯仑的说法:"做大生意必须先有钱,第一次做大生意又谁都没有钱。在这个时候,自己可以知道自己没钱,但不能让别人知道。当大家都以为你有钱的时候,都愿意和你合作做生意的时候,你就真的有钱了。"冯仑初到海南,尽管没钱,也一定要将自己和公司上下都收拾得整整齐齐,言谈举止让人一眼看上去就是很有实力的样子。

《福布斯》中国富豪陈金义当年也有过这么一番经历。陈金义在没有发迹前,有机会做一个蜂蜜加工厂。建一个蜂蜜加工厂需要30万元,但当时陈金义手头仅有3万元。他将这3万元存入银行,随后又利用这3万元做抵押,从银行贷出6万元,又用6万元做抵押,贷出12万元,如此一直到贷出办工厂所需30万元。蜂蜜加工厂办起来,陈金义的事业也逐渐走上正道。现在这成为民营企业家的"原罪"。有人说他们这是空手套白狼,其实不然,最多他们是利用了银行制度上的缺陷。有能力利用现存制度的缺陷,是一种智慧的表现。市场经济的假设基础,就是人都是自私的,每个人都想将自己的个人利益最大化,而结果是人们在利己的同时达到了利人的目的,个人利益与社会效益都达到最大化。说到钻空子,商人的天性就在于找空子、钻空子。有人钻空子不奇怪,如果眼见着空子在那里没有人去钻,那才是奇怪的事情。谈到空手套白狼,哪一个白手起家的创业者不需要经过一个空手套白狼的阶段呢?空手而能套到狼,不是智慧又是什么呢!

吴敬琏写过文章《何处寻找大智慧》,对创业者来说,无所谓大智慧小智慧,能把事情做好,能赚到钱就是好智慧。京城白领没有几个没吃过丽华快餐的,京城的大街小巷,经常能看见漆着丽华快餐标志的自行车送餐队。丽华快餐由一个叫蒋建平的人创立,起家地是江苏常州,开始不过是常州丽华新村里的一个小作坊,在蒋建平的精心打理下,很快发展为常州第一快餐公司。几年前,当蒋建平决定进军北京时,北京快餐业市场已近饱和。蒋建平剑走偏锋,从承包中科院电子所的食堂做起,做职工餐兼做快餐,这样投入少而见效快;由此推而广之,好像星火燎原,迅速将丽华快餐打入了北京市。假如蒋建平当初进入北京,依循常规,租门面,招员工,拉开架式从头做起,恐怕丽华快餐不会有今天。

谈到商业谋略,梁伯强是最令人敬佩的一个。梁伯强想做指甲钳,在国内却找不到过硬的技术,找来找去,他发现韩国人在这方面行,技术好。可是韩国人一向抠门,对自己的技术看得很严。公开向韩国人讨要技术肯定不行,出钱买人家也未必肯卖。为了从韩国人那里偷师学艺,梁伯强想了一个"曲线救国"的办法。第一步,他先想办法成为韩国人的代理商,为其在中国内地批发销售指甲钳。这样既建立了自己的指甲钳销售网络,又取得了韩国人的信任。第二步,在取得韩国人的信任后,梁伯强便开始找借口,说韩国人的货这不行哪不行,质量不过关,产品老崩口,天天找韩国人的麻烦,把自高自大的韩国人气得不行。最后为了证明自己的产品质量过关,韩国人竟在一怒之下,将产品生产材料和工艺流程都告诉了他。梁伯强一听大喜过望,立刻自己开打,"非常小器·圣雅伦"于是呼啸出山,一亮相就获得满堂彩。

梁伯强偷艺的故事,不禁让人想起华人第一首富李嘉诚。李嘉诚当年未发迹时,为了获得塑料花的生产工艺,也曾到意大利演了这么一出。看来,财富强人有时在财富智慧上也是惊人相似。

谋略或者说智慧,时时贯穿于创业者的每一个创业行动中。王传福做比亚迪,别人都是用整套的机器代替人力,他偏偏反其道而行之,用大量的人力代替机器,只在不得不用机器的少数几个环节才使用少量的机器。原因在于,王传福知道,作为一个劳动力供应的大国,中国工人的人力成本远低于购买成套机器设备的成本。使用人力代替机器,虽然使比亚迪的工厂变得不那么好看,显得不那么现代化,但却使比亚迪的生产成本一下子就降了下来,竟低于主要竞争对手日本人40%。凭借价格优势,比亚迪在世界市场横扫千军,将日本人打得稀里哗啦。王传福也在短短数年之内,积累了巨量的财富,进入了《福布斯》中国富豪榜,2002年排名第41位。

谋略,说白了就是一种思维的方式,一种处理问题和解决问题的方法。当韦尔奇和通用的"6个西格玛"席卷中国企业界,中国企业界人人奉韦尔奇为神灵,奉"6个西格玛"为圭臬时,一位创业家说了话。他说:"在我的企业里,在我目前这种状况下,我只需要3个西格玛、4个西格玛就足够用了,如果一定要我在我的企业里推行6个西格玛,那么我的企业必死无疑。"现在,这家伙的企业做得很不错。

对于创业者来说,智慧是不分等级的,它没有好坏、高明不高明的区别,只有好用不好用,适用不适用的问题。当年谢圣明带着红桃K一帮人,在农村的猪圈、厕所上大刷广告时,遭到了多少人的嘲笑。但是,如今在猪圈上刷广告的谢圣明已经成为了亿万富翁,而当年那些讪笑他的人呢,当年怎样贫穷,如今依然怎样贫穷。我们归结创业者智慧:不拘一格,出奇制胜。作为创业者,你的思维是否至今依然因循守旧?

八、胆量

问一个问题:什么样的人最适合创业?

答案是:赌徒。

道理很简单,创业本身就是一项冒险活动。赌徒最有胆量,敢下注,想赢也敢输,所以,他们最适合创业。科学研究发现,赌徒的心理承受能力远远强过普通人,而创业正是最需要强大心理承受能力的一项活动。

《科学投资》在研究中发现,大凡成功人士都有某种程度的赌性,企业界人士尤然。史玉柱的赌性大家都知道。当年在深圳开发 M—6401 桌面排版印刷系统,史玉柱的身上只剩下了 4000 元钱,他却向《计算机世界》定下了一个 8400 元的广告版面,唯一要求就是先刊广告后付钱。他的期限只有 15 天,前 12 天他都分文未进,第 13 天他收到了 3 笔汇款,总共是 15820 元,两个月以后,他赚到了 10 万元。史玉柱将 10 万元又全部投入做广告,4 个月后,史玉柱成为了百万富翁。这段故事如今为人们津津乐道,但是想一想,要是当时 15 天过去,史玉柱收来的钱不够付广告费呢?要是之后《计算机世界》再在报纸上发一个向史玉柱的讨债声明呢?我们大概永远也不会看到一个轰轰烈烈的史玉柱和一个赌性十足的史玉柱了。

很多创业者在创业的道路上,都有过"惊险一跳"的经历。这一跳成功了,功成名就,白日飞升;要是跳不成,就只好凤凰涅了。当年周枫带人做婷美,一个 500 万元的项目,做了 2 年多,花了 440 万元还是没有做成。眼看钱就没了,合作伙伴都失去了信心,要周枫把这个项目卖了。周枫说,这样好的项目不能卖,要卖也要卖个好价钱。合作伙伴说,这样的项目怎么能卖到那么多钱,要不然你自己把这个项目买下来算了。周枫就花 5 万元钱把这个项目买了下来。原来大家一起还有个合伙公司,作为代价,周枫把在这个合伙公司的利益也全部放弃了,据说损失有几千万元。单干的周枫带着 23 名员工,把自己的房子抵押,跟几个朋友一共凑了 300 万元。他把其中 5 万元存在帐上,另外的钱,他算过,一共可以在北京打 2 个月的广告。从当年的 11 月到 12 月底,他告诉员工,这回做成了咱们就成了,不成,你们把那 5 万块钱分了,算是你们的遣散费,我不欠你们的工资。咱们就这样了!这些话把他的员工感动得要哭,当时人人奋勇争先,个个无比卖力,结果婷美就成功了。周枫成了亿万富翁,他的许多员工成了千万富翁、百万富翁。现在很多的大学教授、市场专家分析周枫和婷美成功有诸多原因,其实事情没有这么复杂。说白了,不过是一个合适的产品,加上一个天性敢赌的领导,加上一些合适的营销手段,才有了这样一桩成功的案例。

孙广信与周枫有异曲同工之妙。《福布斯》中国富豪孙广信在没有发迹前,只是在乌鲁木齐做一些拼缝之类的小生意。这样的小生意人在商业传统悠久的乌鲁木齐多得是。孙广信起家于做酒楼。1989 年秋季的一天,孙听到有一家专做粤菜的广东酒楼的老板因为欠债跑掉了。孙广信跑到那里一看,嗯,这个酒楼不错,地理位置好,门面也不赖,行,可以做,是个机会。当时就借了 67 万元把这个广东酒楼盘了下来,又从广东请来好厨子,进了活海鲜,鱼、虾、鳖、蟹,还有活蛇。此前孙广信从来没有做过餐饮业,新疆人又吃惯了牛羊肉,对生猛海鲜不感兴趣,感兴趣的人也不敢轻易下箸。头4个月亏了17万元,亏得孙广信眼睛发直。他坚持了下来,通过猛打广告猛优惠,将客源提了上来。孙广信从酒店里赚到了钱。中国的酒楼多得是,赚钱的老板都不少,为什么现在只有孙广信出名呢?因为孙广信没事就在酒楼里观察他的顾客,琢磨他的顾客。有一回,一个客人一下定了一桌5000元的酒席,把孙广信吓了一跳。在当时5000元可不是一个小数。他一琢磨,什么人这样有钱,出手这样阔绰?一打听,原来是做石油的。再一打听,乖乖,了不得,原来做石油这么肥,这么来钱呢。孙广信就开始转行做石油。后来孙广信成了《福布斯》中国富豪。孙广信现在做的事是"西气东输"。连国家都要掂量再三感觉头痛的工程,他都敢做,而且有资本做得起。

创业需要胆量,需要冒险。冒险精神是创业家精神的一个重要组成部分,但创业毕竟不是赌博。创业家的冒险,迥异于冒进。有一个故事:一个人问一个哲学家,什么叫冒险,什么叫冒进?哲学家说,比如有一个山洞,山洞里有一桶金子,你进去把金子拿了出来。假如那山洞是一个狼洞,你这就是冒险;假如那山洞是一个老虎洞,你这就是冒进。这个人表示懂了。哲学家又说,假如那山洞里的只是一捆劈柴,那么,即使那是一个狗洞,你也是冒进。这个故事什么意思?它的意思是说,冒险是这样一种东西,你经过努力,有可能得到,而且那东西值得你得到。否则,你只是冒进,死了都不值得。创业者一定要分清冒险与冒进的关系,要区分清楚什么是勇敢,什么是无知。无知的冒进只会使事情变得更糟,你的行为将变得毫无意义,并且惹人耻笑。

九、与他人分享的愿望

梁山在宋江的治理下,一派兴旺发达。众兄弟大碗喝酒,大块吃肉,大秤分金,过得好不快活。宋江治理梁山全靠两个手段,一是建章立制,自宋江而下,众兄弟排排坐,分果果,分工明确,各司其职;二是作为领导人,宋江懂得与兄弟分享。每当"买卖"有所获,宋江总是第一个安排下功劳薄,众兄弟论功行赏,按照各人的贡献,将利润进行公平分配。《水浒传》120回,从来没有一个字讲到宋公明瞒着众人多吃多占,中饱私囊。按理说,宋江貌不惊人,论文不能吟诗作赋,讲武不能上马提枪,却将梁山一干强盗治得服服帖帖,原因很简单:宋江这样的领导人,不会让大家吃亏。按经济学家的说法,就算是有人不服他,出于个人利益最大化的考虑,让宋江当头儿也是个最优选择。

作为创业者,一定要懂得与他人分享。一个不懂得与他人分享的创业者,不可能将事业做大。

若干年前,记者曾在中关村采访过一位创业者。这位创业者当时在中关村做产品供求信息。当时,中关村做一行的人还很少,因而这位创业者的收入可观,很短时间内就买了车,买了房,但是对自己的员工却很抠门,能少给一分,绝不多给一分,他说这叫低成本运作。现在七八年过去了,这位创业者的公司已经搬了几次家,但总是改不了小门脸那种寒酸的模样,员工也总是那么寥寥几个,而且不断地更换。中关村竞争激烈,每天都会有很多人的创业梦化为泡影。这么多年过去了,这位创业者仍然存在,仍然在中关村坚持,自有他的成功之处。但是,与和他差不多时间起步,做同样行业,而且是白手起家的郭凡生相比,他就差得远了。现在郭凡生的慧聪年产值早已过亿,在现代化的写字楼里拥有了上千平方米的办公面积,在全国各地还有数十家分公司。郭凡生也早就成了千万富翁。

郭凡生和这位创业者的区别,就在于懂得与众人分享。慧聪是 1991 年创立的,1992 年慧聪的章程里已经写入了劳动股份制的内容。学经济出身的郭凡生这样解释他的劳动股份制:"我们规定,慧聪公司的任何人分红不得超过企业总额的 10%,董事分红不得超过企业总额的 30%。当时我在公司占有 50% 的股份,整个董事占有的股份在 70% 以上,有 20% 是准备股,但是连续 8 年,慧聪是把 70% 以上的现金分红分给了公司那些不持股的职工,而我们这些董事规定得很清楚,谁离开公司,本金退还,不许持股。所以我们这些董事又都是公司总裁、副总裁,参与的也是知识分红。慧聪早在 1992 年初创的时候,就确立了按知识分配为主的分配方式。"据说郭凡生第一次给员工分红的时候,有一位员工一下分到了 3000 多块钱。那是 20 世纪 90 年代初,3000 元可是一笔大钱。这位员工以为公司搞错了,不相信世界上竟然会有"这样大方的老板",拿到钱后连夜跑掉了。

郭凡生对中关村的企业和中国的高科技企业为什么做不大也有一番高论。"中关村企业有 100 万利润就分裂,有 200 万利润就打架,为什么做不大呢?就在于这个公司只有一个老板,老板拿走绝对的利益,而这个公司又不是靠老板的资本来推动发展的,当它的主体变为知识推动的时候,企业就要不断地分裂,所以中关村的企业做不大,中国的高技术企业做不大。"

美国心理学家马斯洛有个需要层次理论,说人按层次一共有五种需要,第一是生存需要,第二是安全需要,第三是社交需要,第四是尊重需要,第五是自我实现需要。这五种需要具体到企业环境里,具体到公司员工身上,就是需要老板与员工共同分享。当老板舍得付出,舍得与员工分享,员工的生存需要、安全需要、尊重需要就从老板这里都得到了满足。员工出于感激,同时也因为害怕失去眼前所获得的一切,就会产生"自我实现的需要",通过自我实现,为老板做更多的事,赚更多的钱,做更大的贡献,回报老板。这样就构成了一个企业的正向循环、良性循环。这应该是马斯洛理论在企业层面的恰当解释。

当周枫成功地完成婷美"惊险的一跳"后,当初坚定不移地跟随着他的员工现在可享福了。不但是这些员工,现在婷美所有的员工都在分享着周枫和婷美的成功。如今在周枫的公司里,120多名员工光小汽车就有96辆。这些小汽车都是公司作为奖励送给员工的。周枫规定,凡在公司工作满3年的员工,就送给小汽车一辆,百平米住房一套。现在周枫又买了28套"部长级"住房,每套150平方米。周枫规定,在公司工作满5年以上的员工,可以得到这些住房。

周枫这样解释自己的成功:我觉得我成功的因素里面有这样一条,就是我能够做到与人分享。周枫当然也有他的"小九九"。他说:我现在研究很多案例,比如三株、太阳神等等企业是怎么成的,怎么倒的。他们成功以后员工和主要干部都是什么样的福利待遇。我们中国有个现象,就是一个新兴的行业一旦做火了以后,紧接着就会分岔。好像只要做了一个给老板个人带来暴富机会的产品,之后这个企业很快就会销声匿迹,这是一个值得我们关注的现象。比如说一个口服液,做火了以后,紧接着就会出现很多很多同样的口服液,你想一想,做这些口服液的人都是从哪儿来的呢?都是从原来的公司里派生出来的。这里面有高薪挖角的原因,更多是老板自身的原因。老板挣钱了,副总们会想,老板挣了,看看我自己的钱,还是没有涨多少。那好,我宁愿不拿你这5000多块钱的月工资了,我也不出去给别人干,因为给别人干,我可能还是拿那点工资。我自己办一个公司,几个人单独拉出去也做这个,因为别的不会做,我就仿照你来做。一旦做成了,我也就成了百万富翁了。所以这样不断地派生,今天果茶大战,明天保暖内衣大战,还有各种的保健品大战,基本上都是这样,但是你看我做的生意,基本上后面没有跟进的人跟着搅和。婷美为什么能够一花独秀?原因在于我们有一支凝聚力特别强的队伍。对公司员工来说,如果这个企业事业发展了,他还拿他那几千块钱月薪的话,他是会有想法的。但如果他一年可以拿个30万元、40万元的话,他就会考虑,自己现在出去做老板,冒那个风险,还不如在这儿做。这种比较经济学,决定了你一下就把他5年的时间拴死了,以后你只要巩固住,甭说5年,有两年你的品牌就出来了。别人再跟你做同样的东西竞争,你靠品牌已经压死了他。所以说,一个企业家要懂得与他人分享,真心分享,公平分配利益。这样做了以后,你这种坦诚,一个窝头大家掰着吃的那种诚恳,会产生很强的凝聚力。其实这样做,同时也保护了自己,比如分出岔以后,你就要用更大的广告量去抵消对方的竞争。现在像我这样,每年的广告量就减下来不少,无形中还是保护了你自己的利益。

周枫如此精明,如此会算账,怪不得他做一样东西火一样东西呢。而且只要是他做过的东西,都做到了全国第一。做生意的人都会算账,只不过有些人算得是大帐,有些人算得是小账。商业法则:算大帐的人做大生意,做大生意人;算小账的人永远只能做小生意,做小生意人。

分享不仅仅限于企业或团队内部,对创业者来说,对外部的分享有时候同样重要。王江民不管什么时候,对他的生意伙伴都是一句话:有钱大家赚。而正泰集团的成长历史,有人说就是修鞋匠南存辉不断股权分流的历史。在南存辉的发家史上,曾经进行过 4 次大规模的股权分流,从最初持股 100%,到后来只持有正泰股权的 28%,每一次当南存辉将自己的股权稀释,将自己的股权拿出来,分流到别人口袋里去的时候,都伴随着企业的高速成长。但是南存辉觉得自己并没有吃亏,因为蛋糕做大了,自己的相对收益虽然少了,但是绝对收益却大大地提高了。

分享不是慷慨,对创业者来说,分享是明智。

十、自我反省的能力

1992 年 9 月 3 日,万通成立一周年纪念日,冯仑将这一天确立为万通"反省日"。"一直到现在,每年一到公司纪念日,我们都要检讨自己。"

反省其实是一种学习能力。创业既然是一个不断摸索的过程,创业者就难免在此过程中不断地犯错误。反省,正是认识错误、改正错误的前提。对创业者来说,反省的过程,就是学习的过程。有没有自我反省的能力,具不具备自我反省的精神,决定了创业者能不能认识到自己所犯的错误,能不能改正所犯的错误,是否能够不断地学到新东西。

方杰做奥普浴霸,大家觉得那么容易,好像是一蹴而就似的。其实早在澳大利亚留学的时候,方杰就有意识地到澳大利亚最大的灯具公司"LIGHT UP"公司打工。当时他还不懂商业谈判。他知道自己的缺陷,很希望学会谈判的本领。他知道他当时的老板是一个谈判的高手,所以,每当有机会与老板一起进行商业谈判的时候,他总是在口袋里偷偷揣上一个微型录音机。他将老板与对方的谈判内容一句句地录了下来,然后再回家偷偷地听,揣摩、学习,看看老板是怎样分析问题的,对方是怎样提问,老板又是怎样回答的。他就这样学习,几年以后也成为了一个商业谈判的高手。最后老板退休了,把位子让给了他。到了 1996 年,方杰差不多已经成了澳洲身价第一的职业经理人。然后他不想当打工仔了,想自己回国创业。方杰的奥普浴霸是在这样的基础上做成的,方杰并不是一个天生的生意人。

在《科学投资》研究的上千个创业案例中,除有限的几个"新经济"的锋线人物,如上海易趣的邵逸波、深圳网大的黄沁据说是神童外,其他大多也就是如曾国藩所说的"中人之质"而已,并没有哪个成功者在智力上有什么出类拔萃之处,比如智商高到 180、200 之类的。相反,这些成功者有一个共通之处,就是都非常善于学习,非常勇于进行自我反省。高德康做波司登，经常"晚上睡不着，想心事。常常半夜里醒过来一身冷汗。"高德康何许人也？江苏常熟白茆镇山泾村的一个农民。高德康曾经这样描述他的创业经历，那时候高德康做裁缝，组织了一个缝纫组，靠给上海一家服装厂加工服装赚钱，每天要从村里往返上海购买原料，递送成品。"从村里到上海南市区的蓬莱公园，有100公里路。我骑自行车每天要跑个来回，骑了几次车就不行了。于是我就挤公共汽车，背着重重的货包挤上去，再挤下来，累得满头大汗。因为我挤车也是在上班时间，车挤得不得了。我背着货包好不容易挤上去，车上的人闻到我一身臭汗，就把我推下来，有一次把我的腰都扭伤了。有时候他们还要骂一句，你这个乡下人，乡巴佬。神气得不得了……可是包重呀，你把我推下来，我怎么办？那个时候我是哭也哭不得，我想那些人一点都不理解我。有时甚至考虑还要不要和上海人做生意？但是不去上海，家里就没有活干，吃不上饭。只能上，乖乖地上。做生意龙门要跳，狗洞要钻，没办法的，只能受点委屈。"在这种情况下，高德康睡不着觉，后来他的事业做大了，波司登已经成为了中国羽绒服第一品牌，自己也变成了千万、亿万富翁了，却仍然常常睡不着觉。高德康总是在反省自己，为了一些想不明白的问题，他还特意跑到北大、清华上了一年学。他说："我经常总是在听人家讲，听了以后抓住要害，再在实践中去检验，到最后看结果，看到底是不是真的。"高德康只有小学文化，而他现在最大的爱好竟然是看书。"时间再紧张，学习也不能马虎。平时很少有时间去看书，有的时候在飞机上看看。在这种学习时间很少的情况下，每个月一定要集中3天时间。集中3天学了之后，把自己的思路理顺。作为一个领导来说，不一定整天忙得不得了的领导就是好领导，你必须把思路理顺，有一种思维的状态来考虑这个企业的发展。"

高德康作为一个山沟里的农民，上海人嘴巴里的乡巴佬，最后却能让上海人抢着购买自己的羽绒服，把上海人的钞票大把大把地揣进自己的兜里，原因何在？现在你明白了吧。

作为一个创业者，遭遇挫折，碰上低潮都是常有的事，在这种时候，反省能力和自我反省精神能够很好地帮助你度过难关。曾子说："吾日三省吾身"。对创业者来说，问题不是一日三省吾身、四省吾身，而是应该时时刻刻警醒、反省自己，惟有如此，才能时刻保持清醒。《科学投资》将自我反省的能力放在创业者10大素质的最后一项，并不意味着我们认为它是最不重要的一项。相反，我们认为创业者需要的是综合素质，每一项素质都很重要，不可偏废。缺少哪一项素质，将来都必然影响事业的发展。有些素质是天生的，但大多数可以通过后天的努力改善。如果你能够从现在做起，时时惕砺，培养自己的素质，你的创业成功一定指日可待。

5. 创业问答

对于想要创业的朋友而言,总会遇到许多已知和未知的问题,听听"创业导师"袁岳给大家的建议。

创业如何选择自己的项目?

走在江湖、市场、社会上,你可能看到有人做某种生意比较挣钱,或者某种似乎不错的生意还没有人做,或者在其他地方有人做的生意这里还没有人做,那么你就可以尝试。总体而论,要扩大自己的社会见识,看到某个虽然小但是可能给你机会的生意。对于绝大多数人来说,生意不是从大的地方开始的,而是从小的地方开始的。

创业可以模仿他人么?

当然可以,其实我们今天中国人的很多项目就是模仿美国人的。我们一个公司里面可能出现很多个模仿本公司出去创业的人。但是要注意及时模仿也要多少有点与模仿对象的市场差异性,这样才能使得自己的品牌逐渐形成一定的市场特色。

我要创业,如何准备?

如果把创业分成很多个模块,那么我要说它至少包括了团队领导、陌生人沟通与人脉建立、组织架构建立与管理、体能准备、营销基础能力与动员能力。这些模块如果分散开来,都可以从做志愿者、当学生干部或者社团负责人、尝试建设小社团与管理公益项目、参加积极分子招募、参加早操与运动队等很多看起来无关但实际能积累创业模块能力的事情开始。关于创业大赛参加一次足矣,可以让自己对于计划书的写作有点概念,注意创业大赛本身不提供关于创业能力的模块训练。

现在的创业者与 60 后 70 后比机会多少?

要我说机会不是多少问题,而是差异问题,那个时候很多人最早的创业是摆摊,但现在可能是开网店;那个时候可能会在一个较大的领域开创先例,而现在则可能在细分领域创新;过去线下机会占的比重较大,今天线上机会也许比过去更多。

如果我的家人与对象反对我创业怎么办？

创业是我们人生中往往史无前例的行动,也往往是他们人生史上史无前例的行动,是很大不确定性的选择,他们有反对是正常的。一个真正的创业者不能不创业,面对反对意见:一是多做创业准备,能回答他们提出的各类问题;二是在自己准备行动的同时多与他们沟通,婆婆妈妈地沟通;三是从小事情做起证明你是可以做点别人不能做的事情的。

先工作一段创业是不是更好？

工作一段时间对于创业可能利弊参半,因为有些工作岗位可能让你对于生意与社会更熟悉,也有些岗位可能过于细碎因此让你对于创业更摸不到头脑;有些工作机会让你可以看到可以模仿这个生意就地创业,而有些生意让你对于创业的感觉更加疏远。

女性创业有啥优势？

女性在今天创业的优势很多:一是在服务业创业兴起的时候,女性细致耐心的优势就能与服务业有更好的结合;二是在创业中,女性的耐心柔性沟通的特点,更适合在 80 后 90 后中建设创业团队;三是更多男性愿意与女性合组创业团队。

创业如何减少风险？

首先你要敢于面对风险研究风险,你对眼前的目标市场、竞争对手、供应链情况、资本兴趣等等了解越多你的风险越可控;其次你要多做准备,你要在社交、见识、行动经验、团队交往等方面比普通的乖宝宝、好学生、书呆子要好很多;再次多花点时间与行业圈子里的人打交道,有良师益友是你管理风险的重要机制。

如何为自己的创业想法找钱？

首先如果可能自己起码挣出点启动的小钱,从小做起;其次问你的父母或者朋友借钱,是的,有风险,但你会很慎重,如果你能这样投入,你更可能打动其他投资者;再次把自己的创业步骤分成几个阶段,不要试图一次找很多钱。现在的天使投资已经开始有圈子了,争取去多接触接触那些圈子。通常你接触了这些圈子,回头你去争取政府性质的投资资助就比较容易,政府的钱是专业性程度比较低的钱,比较容易找,但不建议你老找。

怎么让天使投资选择你？

天使投资者大部分是一些不很专业的投资者，他们有自己特别的爱好，有的人往往喜欢非常热衷于自己认定的领域的创业者，有些有海外背景的投资者喜欢投那些模式特别前沿的项目，而如果是本地老板出身的人则希望你的做法有点传统但能产生现金流，找天使投资需要在地面上多活动，因为他们的口味很杂，10 个天使投资者也许有 20 种爱好。

投资者有好坏的分别么？

也许没有，但真的很不一样。有的投资者花很少的钱要占你很大的股，而且要紧紧地管着你；有的投资者投的钱比较多，占的股比较小，但不想多掺和你的事情，你希望他帮忙的事情除了钱他没兴趣；也有的投资者，资源多钱也不少，但是对你的发展节奏与效果有要求。看谁是你的那碟菜了。

我要创业，我一定要写商业计划书么？

写商业计划书也是对你自己的思路与做法的梳理，所以我是建议大家应该写的。商业计划书无非就是要描述你的市场空间、你的市场定位与发展目标、实现这样的目标有啥路径与策略、有怎么样的资源与团队条件去操作、需要寻找怎么样的资源以及这些资源用于做啥。有些东西你可能已经在做了，而且做得不错，有些投资人很喜欢帮你写商业计划书呢。

创业如何找到自己的团队？

如果你到创业的当口再找人就有点匆忙了，所以平时就应该在自己做准备的时候就选择那些可能的合作伙伴，比如你去做一个学生社团就会发现很多人三分钟热度，但你做了几个项目，发现就是有那么一两个朋友与你长期搭配很好，也许就是很好的伙伴。而在创业以后，最初的创业团队也许不需要全是顶尖人才，一些普通的人才只要能很好地执行你的想法就不错了。好的中等人才能够造就很好的团队成效。

创业企业如何招人？

多提供实习机会，在实习生中找人；可以在一些普通学校甚至打工仔中找人，可以与这样的学校建立对口关系；有从普通人中培养人才的想法，长期养成；招中等人才，他们更可能有团队合作性。

创业初期要不要用家人与好朋友?

我觉得可以有限地用,但最好不用,因为等距离的员工关系更能保证创业发展稳健与长久,中国年轻人不太喜欢在亲友关系掌控公司的环境里面工作。万一用了一些这样的朋友,应该在开始就设计出退出机制。

如何提升创业团队的管理能力?

创业团队成员都只有朴素的管理想法,所以领头人要多总结多梳理管理规则,可能的话让创业团队成员参与一点系统的管理训练,内部成员要多做点管理经验沟通与分享。对于基层管理、中层管理、高层管理,创始人要有意识地去了解相关的管理知识,在发展的不同阶段实施不同的团队管理能力提升计划。

我的创业主意怕说出来就被人模仿了,怎么办?

那我建议你不要去用这样的主意创业,因为创业迟早要见人,那么脆弱的主意是很难存活的。

如何在创业中做好自己的商业秘密与知识产权的保护?

一要做好商标与专利的注册工作;二是在劳资合同中对于同业竞争与保密义务作出规定;三是学习其他知识产权保护做的好的创业企业的经验。

创业企业进入成长瓶颈期怎么办?

这是很正常的,因为企业发展往往有自己的周期性,无论技术还是产品还是营销方式都需要更新,因此一个创业企业除了要争取超越 5 年生存期,还要争取在 3～4 年的时候研究超越周期的创新机制。要把自己挣的钱投入在创新中,也要注意人才更新与知识更新。

技术型创业者如何弥补自己在市场与服务思维上的不足?

有意识地去找市场与服务合作伙伴,适当地运用股权激励;如果在个性上容不下他人,技术创业者可以将自己界定为一个技术性发明的人才,而主要考虑把自己的技术销售给其他对口的中间客户。

做传统的要不要转到那些比较前沿的领域?

做传统的可能有现实的现金收入,做前沿技术的必须依赖投资的支持,客观地说做传统的更能存活,做前沿的更有爆发的机会尽管大部分存活下来都难。所以转不转是由创业者的资源与思维决定的,如果你问这个问题似乎就不像真的有转的现实方向的。我们飞马旅现在强调的 O2O 很大程度上是传统与前沿的组合。

做事业单位或者政府客户有很多潜规则,怎么操作最好?

很多国际公司寻找代理公司去开拓市场,自己不亲自去穿越潜规则;本地公司很多人在实践潜规则。我个人是选择只做没潜规则的生意的,但这是相对小的市场份额。还有一些可参照的变通模式:比如用合理的利益交换,以前就有跨国公司送客户高管上 EMBA,客户照顾他们生意;也有企业利用国际旅行扩大客户人员见识,交换客户不简单要求现金贿赂;利用客户希望不断创新以创造自己业绩的需要,建设自己高端的客户圈,提供更多的知识、模式的学习服务。

创业后觉得还不如那些没创业的,怎么办?

是的,创业是 90%的人要活下去都难,9%的人挣的钱也许和就业的差不多,1%的人活得经济上比较体面。但是有些人没尝试下不甘心。好了,现在你尝试过了,你可以考虑下是不是索性去做个就业者,反正创业过的人就业时候能力也不会弱;或者你觉得就业那样的岗位还不是自己要的,那么你就要撑下去。

如何了解政府的创业鼓励政策?

各个地方政府的科技部门、商务部门、经济信息部门有相对集中的创业鼓励信息,可以透过他们的官方网站去了解。有些地方比如长沙还有创业办。上海就有大学生科技创业基金会,有些地方有专门的创业园区,如果你在某个大学有些大学有专门的创业办提供指导信息,这些都可以作为获得信息的渠道。

创业是不是上市才算成功?

不是的。中国目前包括个体户与网店在内,大约有 1.1 亿个创业主体,1.5 亿创业者,但是真正拿到风投的企业也就 1 万家,上市的不到 4000 家。大部分创业企业就是一个普通的小生意,甚至一辈子就是个小生意,做到关门也是个小生意,因此小生意才是创业常态,能做到小生意不死就是 2%～5%的概率内的事情。当然很多很棒的大企业比如华为人家也坚持不上市,也很成功,因为那样企业更多由企业自主机制决定,不需要承受那么多公众监督。现在很多年轻人创业,没有任何经验,老想一步就拿到大钱,将来一定可以上市,这本身是受了很大一部分媒体舆论与创业大赛的误导呢。

6.创业定律

第一律:以身相殉

在创业之前,要先确认何为创业家精神。

创业家能扮演变革救世主,他们与一般工作者最大的不同是他们有"以身相殉"的概念。对创业者而言,事业的好坏就是他们的好坏,事业好他们得到名利,事业不好他们也化为灰烬。但职业经理人没这件事,船要沉了,他们想到的第一件事情是拿起救生衣逃命,而不是在这里守到最后一刻。

这种坚持到底,决不退缩,不惜搭上性命的创业家精神,也就是"以身相殉"的态度,是当下金融乱世,拨乱反正最需要的良方。

创业家以身相殉的精神,包括三元素,第一是行为上的负完全责任(accountability)。这是西方管理学界 20 世纪末以来最流行的管理话题,香港及大陆翻译为"问责",而其真正的含义是要为结果负完全的责任。不管是谁的错,你要对所有的事一概承受,你一肩承担,以问题解决、目标达成、结局完美为最终目的。创业家成王败寇的宿命由此而来,在成功与失败之间,没有模糊的空间。

创业家精神的第二项元素是态度上的无我。你会以企业的最高利益为优先,就算违背自我的利益,也在所不惜。典型的例子就是,宏碁创办人施振荣会说:"我宁可丢掉经营权,也要让企业赚钱,让企业能够活下去。"奇美创办人许文龙会说:"只要奇美电子能存活,老板不一定要是我。"他们都为企业的利益考虑,没有自我,这是创业者最伟大的情操,绝非一般执行官所能及。

创业家精神的第三元素是"创新"。他们不满于现状,他们会有破坏性的改变,他们追逐更完美,不惜自我否定,也就是经济学家熊彼特(Joseph A. Schumpeter)讲的要能"破坏式地创新"(disruptive innovation)。

台湾过去的创业家,顶多是追随现状的创业家,是跟随者,不是规则制定者的创新。因为以 2300 万人口的台湾市场为基础,不容易成为全世界市场的规则制定者,但在金融风暴下,我们有机会把台湾、大陆想成一个市场,这就有全新的可能。

大胆想(Think big)是创新的核心元素,在金融风暴下,也要有重塑商业规则的气派,不仅是在现状中解决问题,还可以彻底创新竞争规则。

创新的另一个要素是自我否定与否定过去,如果无法否定过去,你就无法启动变革。你要有心理准备埋葬自己。你要先自觉才能重生,先"自杀"才能重生。如果对现在的方式还有一点眷恋,你就没有机会改变。在金融风暴中原有的舒适圈,现在已变成一个痛苦的房间,停在当下,只有死路一条。

把过去的想法全部归零,这个社会正在等待每个角落、大大小小、不同想象的各种创业家。把乱世当成一种机会的开始,而不是当成悲剧的结束,准备奋力一搏,变革就启动了。

第二律:态度至上

定律解读:

(1)创业是不断失败与不断成功的过程,为何会不断失败?因为观念不正确,因为不了解创业的原理与真相。而一旦观念正确、态度正确,你就可以踏上成功之路,剩下的就是倒数计时等待成功来临。

(2)正确的观念、态度是什么?相信认真、全力以赴会成功;相信真正解读使用者的困难、满足使用者的需求会成功;相信童叟无欺、道德至上会成功;相信表里如一、坚持到底会成功;相信皇天不负苦心人、辛苦耕耘的人会成功。

(3)至于其他创业的要素:钱、能力、方法……只要创业者对了、观念对了,这些要素都可改变,也会被解决,所以态度至上。

适用时机:创业前及创业全程。

创业第一天就预约成功。

管理学上常说的一句话:人对了,事就对了,也适用在创业上,创业者几乎决定了一切,而且对的创业者几乎注定了从创业第一天就成功。

激励大师在上激励课程时常说:"当下想通了,你就成功了。"这听起来像在催眠,也像在变魔术,有人真的会相信:当下,这件事立刻就会成功吗?

我没上过激励课程,也不相信成功有速成这种事,但我相信只要观念正确、态度正确,从你决定创业或正式开始创业的那一刻起,你就注定未来会成功,剩下的就是你怎么坚持到底,始终如一地走下去,一直到成功到来的那一刻为止。

这是我相信的创业逻辑,只要开大门、走大道,观念、态度正确,老天爷在你度过各种磨难后,终究会用成功回报你。这样的信念,最近我又得到一个正确的佐证,那就是信义房屋周俊吉的创业故事。

台湾信义房屋老板周俊吉成功的创业故事我早有耳闻,当我受邀为信义房屋的企业传记为文推荐时,更让我感受深刻,正确的态度与观念,就好像是飞机起飞的时刻表,在你创业之初,就已经预定了飞机起飞的时间,你只要按部就班、认真工作,时间一到,创业成功就像飞机一样准时起飞。

在时间上,这虽然不是创业第一天就成功,但已具备了成功的要素,也已一定程度预知了成功的结果,离"创业第一天就成功"也不远了。

如果创业的第一天就可以预约成功,那需要什么样的观念、态度呢? 根据周俊吉的说法:讲信重义是核心。房屋买卖最需要的是信赖,因为涉及买卖双方最大的资产交易,因此当信义房屋以信义为号召,再加上给业务员的高底薪、低奖金制度,自然就形成了信义房屋客户利益至上的企业文化,久而久之,信义房屋最刻板、最僵化的制度,统一了房屋中介业界,也让自己成为最好的房屋中介公司。

牺牲短期利益,坚守核心价值。

这个故事,说明了最笨、最基本的做人道理,也隐含了企业成功最深奥的学问。问题是大多数的企业会这样说,也会有类似的企业信念,但真正把这种精神,融入每日的企业经营中,并真正做到的公司,却少之又少,因此这些珍贵的价值,就慢慢变成象征性的口号了。

因此企业经营,不仅要有崇高理想的企业精神,更重要的是如何坚持这些看起来虚腐,做起来未必能立即见效的原则,并且把这些核心价值落实到日常的工作中,这才是创业成功的真正关键。

牺牲短期利益、坚守核心价值,是企业经营树立典范的有效方法。信义房屋用最严格的海砂屋,是使用了不合格海砂作为混凝土砂料的建筑物,在地震灾害中,海砂屋可能造成严重的后果。——编者注认定标准,宁可拒绝到手的生意,替业主把关,这就是坚持。每一个具有崇高理想与经营原则的企业,都要历经无数次严格的考验,当你能拒绝短期的利益,谨守原则,长期就会获得客户及大众的信赖。

我们无法正向标明,哪些是正确的观念、态度,会让创业者预约成功,但只要是做人的基本原则,己所不欲,勿施于人,可能都是企业经营不可或缺的精神。

后记:态度是创业成功的关键,但并不代表很快就会成功,因为还要算上学习的时间、时机时运的因素,有许多人虽然态度正确,但也要历经长期的折磨。

我无意贬低能力或方法的重要,能力对、观念错的人,虽然也会有成果,但终究会犯错,最后又会打回原形,所以观念态度还是最重要的因素。

第三律:最后一块钱

定律解读:

(1)资金是创业的血脉,处理资金问题,永远是创业成功的关键。而在创业中遇到困难时,如何争取最大的生存空间、时间,以扭转创业的困境? 就是要避免花光手上可用的资金,最后一元律,就是此时的救命法则。

(2)下定决心,绝不增资,把手中的现金当作是最后一笔钱,这是创业者的基本认知。

(3)一旦这是手中最后一块钱,非到最后一刻,绝不能花费。或者确定花费这一块钱时,百分之百有把握赚回另一块钱,才可以出手,每天都要精算每一笔支出。

适用时机:创业遭遇困境时。或者更积极地从创业初始,每一块钱都要如此看待,那会得到最大的创业空间。

最后一块钱。如果手中有源源不绝的资金,那不需要珍惜;集资而成的创业最容易陷入一再增资的状况,因为钱赔光了,所有股东一起负责,经营者没有"断炊"的压力,结果通常闹得不欢而散,股东反目。

2007年,《商业周刊》安静地度过20周年,现在的《商业周刊》坐稳台湾第一大杂志,当年一再亏损、一再增资的窘境,已少有人知。可是对我而言,那可是我最重要的创业实验,在那一段痛苦的日子,我用"最后一块钱"的心态,度过了最艰难的时刻。

不断赔钱、不断增资是恐怖的梦魇,原因除了我的经营不善、策略不明之外,还有一件事,就是花钱不当。刚创办时,雄心万丈,什么都想做,所有的钱都该花,钱很快就花完。增资后,又一样作为,钱也很快又花完。到第三次增资时,所有的股东们近乎翻脸,我知道这是我们的最后一笔钱了,如果又赔完,不会再有任何钱进来了,我们要小心谨慎地使用这些钱。

尽管如此,我们还是不知如何善用金钱,想省钱也没方法。一直到所有的钱又快赔完时,我们才真正觉醒,如果没有非常手段,我知道我们没有机会反败为胜了。

守着手上仅有的一点钱,我告诉我自己:要把每一块钱当作最后一块钱,要把每一块钱用在最关键、最紧急、最有效益的地方,我完全放弃了正向思考,采取了完全不讲理的逆向思考方式。

精算成习,花在刀口上。要花任何钱之前,我会问:不花会死人吗(这只是比方)? 如果不会,不花。如果会,再问:谁会死,重要吗? 如果是不重要的人,也不花。或者:这一块钱花下去会有效益吗? 如果百分之百绝对有效益,才考虑;接着还要问:有几倍的效益? 倍数不高也不花。总之,在"最后一块钱"的逻辑下,花钱变成绝对的罪恶,我变成不可思议的守财奴。

可是尽管如此,我们还是花光了手上所有的钱,然后进入借钱周转、寅吃卯粮,长期跑三点半的日子。当我们处在倒闭边缘的时刻,"最后一块钱"已经不是假设的情境,而是活生生的现实,每天我们都要和最后一块钱告别,轧完这张支票,下张支票的钱不知道在哪里。

我很清楚,如果没有"最后一块钱"的逻辑,我们无法撑那么久,也等不到团队改善,更等不到环境与运气的改变。

从此以后,"最后一块钱"化为我内心的一部分,当我变成经营者、当我身负组织团队的成败责任时,我谨守每一块钱,节俭成习、勤俭经营、精明花钱。虽然这与我的个性相去甚远，我大而化之、不拘小节，讨厌斤斤计较，但我知道，面对经营、面对团队、面对创业的成败，最后一块钱的小心谨慎，是必要的罪恶。"最后一块钱"代表的不是小气，而是花钱之前的审慎、精算与分析；也不代表不敢花大钱，因为只要经过精算后，认为该花且有效益，最后的一块钱与最后的一百万、一千万，是一样的意思，只要精算成习，钱就会花在有效益的刀口上。

后记：对独立筹资创业者而言，手中的资金可能是辛苦储蓄得来，也可能是借来的，很可能花完了之后，就再也没钱继续投资，因而很自然地就会慎用每一块钱；当我回忆这段创业过程时，有时我会觉得如果股东们对我坏一些，不要给我这么多次机会，可能我的彻悟会更早一些，也不会浪费股东这么多钱，当然我自己的浪漫是公司陷落的最大凶手！

7.创业诚律

诚律一:过早迈出创业第一步

所有准备开始创业的人都会遇到一个相同的问题:何时迈出第一步?这个命题不会有标准答案。但是否真正做好了准备,却往往是决定创业成败的关键。

· **想干就干的激情创业**

赵琳原来的工作是保险经纪,"工作不稳定,收入波动大,总感觉身不由己"。2002 年底,赵琳决定从原公司离职。

"玩了两个月,从 2003 年年初有开店的想法到盘下一家小店,我只用了一个月的时间,现在想想,确实是对困难估计不足。"赵琳盘下的店面位于隆福寺街,那是北京一条著名的服装小店聚集的街面,因为著名,所以铺面的租金也贵。虽然当时她接手的小店仅有 12 平方米,但是一个月的租金也要 16500 元。

租下这个店后,赵琳开始着手装修。由于她对装修要求很高,这个 12 平方米的空间,装修连内到外一共花去了 15000 元。

· **盲目的货源选择**

相比之下,赵琳对于货源的准备甚至比店铺还要仓促。听别人说广州的货好,于是赵琳在装修店铺的同时,就坐上火车奔赴广州了,后来她又得知货源其实是在深圳。于是紧接着,赵琳前往深圳,并且找到了货源集散的市场,至此赵琳终于找到了进货的渠道。"不过因为时间紧急,我只有一天的时间进货,结果匆忙之下拿的货不太符合市场行情,这一点是我回到北京,小店正式开业以后才发现的。"赵琳这一次进货花去了将近 3 万元。"但因为进货成本实在高,这点钱其实根本没购进多少衣服,再加上服装风格也不是很适合当时的市场,2003 年 3 月底小店开业后生意不太好。当时我觉得是因为自己没有经验,所以也没有特别着急。"赵琳认为很快就会扭转局面。

· **遭遇"非典"打击**

然而,事情并没有按照赵琳计划的那样进行。"2003 年 4 月,'非典'来了,街上人都没有。"赵琳很无奈,因为对风险估计不足,流动资金准备不充分,当时的她已经有些捉襟见肘。迫于无奈,赵琳之后把存货全部赔本甩卖,希望用回笼的资金调整货源。

但是由于房租太贵,又请了一位店员,每月的费用实在太高。刨除服装的成本、店面的租金、经营的费用之后还是挣不到钱。之后和房东几次商量降低租金未果,实在支撑不下去,小店最终于 2003 年年底关张大吉了。

点评:初次创业者很容易出现的先天性不足:没有经验、没有资源、没有技能。从这个角度来看,创业的早晚与年龄无关,只有当经验、资源、技能都做好了相应的准备,才算是合适的时机。只不过在实际的生活中,很多创业者都担心长时间的准备会消磨掉自己的雄心而仓促启动,而恰恰忘了"磨刀不误砍柴工"这句老话。

处方:通常情况下,建议初次创业者在计划创业前,选择进入一个相关行业内中型规模的公司,并尽可能谋求业务部门的职位。因为太小的公司往往只涉及到产业链的一个环节,而太大的公司通常又人浮于事不利于能力的培养。在工作期间,除了努力做好本职工作还应该努力研究行业,多与其他部门的同事沟通,尽可能全面地培养能力,并积累人脉。如果一切顺利,通常在一年左右就能完成初步的经验、资源的积累,这时创业成功的几率将会比一年前高出不少。

诚律二:投资不熟悉的行业

大多数创业者容易犯一个致命的错误,喜欢选择当时最热门的行业,盲目跟风,却忽视了最热门的行业不仅竞争最激烈,同时极有可能是自己完全不熟悉的。

· 冲动的转型决定

在决定从事餐饮行业之前,刘一鸣其实已经算是创业接近成功的范本。当时他在重庆渝北区拥有 3 家内衣专卖店,并成立了公司,堪称是区内内衣销售行业的领军人物。

戏剧性的变化出现在 2003 年 5 月。当时他在报纸上看到当地一家著名的餐饮企业仅仅用了 3 年时间就成为重庆名优企业 50 强,店主个人赚了 5000 万元。当时正面临企业经营瓶颈期的他很容易就动心了。从小成长在重庆的刘一鸣认为餐饮业市场空间很大,而且符合当地消费者的习惯,所以决定涉足餐饮业。当时的他甚至认为,满街的大店小肆都生意兴隆,所以这个行业的成功肯定会手到擒来。

· 不同寻常的项目

重庆的火锅非常有名,但刘一鸣认为同业竞争对手太多,所以决定寻找一种全新的产品介入。在一次前往福建旅游的行程中,他偶然尝到了台湾名菜姜母鸭,他很快决定将这道菜作为自营餐馆的主打菜。

是年 9 月,刘一鸣花高薪从厦门请来专做姜母鸭的厨师,投入 40 多万元,在重庆开了一家台湾姜母鸭饭店。这种清淡的台湾口味,让吃惯了麻辣口味的重庆人感到很新鲜。100 平方米左右的小店,几乎天天爆满。第一个月,刘一鸣的销售额达 8 万多元,第二个月上升到十几万元,以后一般都在 10 万~15 万元。

成功似乎触手可及,刘一鸣决定扩大规模。为此,他在当地某著名的餐饮一条街选中了一家超过 500 平方米的一楼门店,一个月后又接手了门店的二楼,并再度投入 50 万元进行装修,并于 2004 年年中开门纳客。

令他意想不到的是,生意突然就冷清下来了。不管是原先的老店还是新开的样板店,每天的客人都比原先预料的少了许多。在推出优惠促销和广告攻势等手段却无果之后,刘一鸣认为是消费者的口味发生了变化,于是决定改做当时重庆非常流行的香辣虾。

可惜,在同一区域经营香辣虾的餐馆此时已经遍地都是,而刘一鸣又找不到更有实力的主厨掌勺,生意自然也一直没有起色。一年后,刘一鸣最终只得辞退工人,关上了店门。

点评:盲目跟风最大的风险,其实是容易让创业者忽视投资风险。因为市场上成功者众多,所以创业者在评估项目时很容易只看到成功者成功的条件,却无法观察到行业本身存在的固有风险,尤其是当创业者对这个行业完全陌生时,这样的风险就会更加放大。

处方:在决定投资一个项目之前,先确保自己了解以下内容:行业的前三名是如何盈利的?离开这个行业的人为什么失败?你是否熟悉这个行业的大部分产品(服务)?你是否拥有潜在的客户资源?

只要仔细思考过上述问题,很容易就能得出行业是否适合介入的结论。当然,合理地控制企业的规模也是必须要考虑的事情。但无论如何,在寻找创业思路之前应该牢记,决定创业成功与否的因素始终在于你个人,而不是其他人有多成功。

诫律三:忽视成本预算

电话是直拨还是 IC 卡,A4 纸是用单面还是用双面,复印机和空调会不会在不需要的时候关闭……这些细节如果被忽视,也许会成为压垮公司财务的那棵稻草。

• 创业在毕业时

毕业于名牌大学的魏斌在大学校园里就尝试过做代理,从最简单的电话卡,到代理信用卡申办,几乎校园里出现过的业务他都试过。2007 年毕业之时,魏斌认为"是时候接触一下真正的商业"了。是年 7 月,他和在农业院校读研究生的高中同学一起,在南京办起了一家生物科技有限公司,目标是做水培植物。

"水培植物科技含量比较高,我们在市场上调研后发现当时在南京做这个的企业很少,大部分都是南方供货,我们就认为本地化生产的成本一定优于市场竞争对手,所以就定下了这个项目。"于是,魏斌拿出大学期间积累的一点资金,又向家里申请了部分"赞助",总共投资了 12 万元,由同学出技术,2 人团队开始试水。

• 成本出乎意料

令魏斌难以接受的是,实际运行的成本比之前计划的多出太多。公司租了 5 个大棚,租金在事前就做了预算,尚在计划之列。但是公司真正开始运行时已经到了 10 月下旬,两人突然发现,要保证水生植物顺利生长,必须要为租用的大棚提供温控设备,除了设备上的开销,仅电费一项,每个月一个大棚的电费就要多出 1000 多元。这样一来,成本高出市场许多。

他们也尝试过用烧煤来控制温度,并买来了几百个煤炉,但花了钱、付出了人力却并没解决问题。

· 万般无奈的转型

不得已之下,魏斌决定改做泥土培植的花卉租赁。"刚开始,我觉得花卉租赁应该是赚钱的,一盆花一年能收 100 多元,成本只要 20 多元。"但是事实并不顺利,2008 年初南方普降大雪,场地的提供方缺乏维护,等过完年回到公司,魏斌发现棚里的花卉已经冻死了一大半。刚毕业缺少社会经验的魏斌当初没有看清楚合同的细节,所有的损失最终由他自行承担。

当初的美好设想最终只化作万般无奈,去年 5 月,魏斌最终决定暂时停止创业的尝试。现在,他在一家贸易公司上班,但他并没有放弃创业的想法。"如果有机会,还会再试试,至少我们会把成本考虑得更充分一些。"他说。

点评:大草原上的动物们有自己的生存法则。狮子只有跑得更快才能得到食物,而羚羊也只有跑得足够快,才能避免成为食物的噩运。创业者也是如此,赛跑的对象不是竞争对手,而是自己的账单。让收入跑过成本,你就赢!

处方:学会事前算账。在财务核算上,很多创业者习惯于事后算账或者边干边算,缺乏事前的财务预算、事中的财务控制。以至于一旦发现财务出现危机时,很多事情都已经晚了。其次,核算成本时别太简单化。有些创业者甚至会简单到把销售价格减去进货价格再减一些基本的可见成本(房租、税费等)剩下的就当作利润。而他们自己投入的时间和精力都没算钱,也没有意识到把一些较大的设备器材进行按月分摊计入成本,久而久之,陷入业务看似增长、利润却从未出现的怪圈。

诫律四:找错合作伙伴

每位创业者在决定创业后首先会遇到一个问题:是自己"单骑走天下",还是与人合伙集体上阵打天下? 现实的情况是,有人单打独干闯出了一片天地,有人合伙创业却因"一山难容二虎"令本已形势大好的事业半途而废。

· 仓促之间三人合伙

自从江南春以楼宇电视开创了一个全新广告模式之后,一下子打开了许多人想依托传媒创业的视野,其中就包括了像周海鹏这样的在校大学生。

周海鹏将视线瞄准了高校的餐厅,他原本看中的是学校餐厅墙壁,并制作了商业分析以及可行性架构,和后勤去谈合作。因为成本过高,转而投向餐厅餐桌广告。"当时和学校谈下来的合作方案是,交给校方 6 万元,我们获得两年学校所有餐厅桌椅的广告发布权。但是对于我们还在大学校园的在校生而言,6 万元并不是一个小数目。于是,我决定和寝室同学合伙,彼此都比较熟悉,也算可信任。"

两位室友得知周海鹏的创业计划之后,都认为可行,没有多加考虑便欣然加入,决定共赴商海。一切都仓促展开,口头约定以入股资金为准,利益风险每人各担三分之一。

· 利益面前分崩离析

在创业之前,周海鹏就信心满满,他说:"传媒最主要是做好自己的平台建设。我已经有了学校餐厅这一平台,广告效果好,留存时间长,广告易被接受。再加上伙伴的加入,生意有定不难做。"很快,周海鹏和伙伴便收回了前期投资,并开始着手进入其他高校的广告市场。

"有了成功的模式之后,其他高校很快与我们谈妥了合作,并同意我们以分期的形式缴纳合作款项。"手里有了平台,有了客户,一切顺风顺水。就在这时,周海鹏接到一个让他有些意外的电话。"那是一个小风投看上了我们的项目,决定给我们投资 100 万元,帮助我们加速扩张。"

谁知就是这 100 万元,让这个本大有做头的项目最后只是昙花一现。"关于这100 万元的用法,我们有很多分歧。我的想法是先将原本看中的餐厅墙壁也先落实下来,而合作伙伴的意见是先在各高校圈地,谈更多的高校,甚至是外地高校。合作伙伴想拿出一些钱来增加人手,而我想添置一辆中高档的车子作为工具,因为在我看来社会很现实,有好的包装谈客户会事半功倍。"

一旦心生嫌隙,纷争在所难免,周海鹏冲动之下做了一个让他至今后悔不已的决定。"我净身出户,并和他们签订竞业限制协议,十年不涉足传媒行业。"然而周海鹏的退出并没有将项目重新带上正轨,反而像是在搭高积木中抽出了一块,风雨飘摇,最后草草收场。

点评:现在的大学生非常聪明、勤奋,完全可以凭借自己的才智和努力赤手空拳开创一番天地。所以,不要因为怕疏远你的同屋而拉他入伙;也不要因为某人有某种用得上的技能就一起开公司,而不管你喜不喜欢他。一个初创公司,最重要的因素就是人,因此在这上面不能将就。

处方:创业是件既非常美妙又不断痛苦的事情,选择合作伙伴一定要非常谨慎。

首先,人品过关;

其次,创业伙伴之间有互补性;

再次,能沟通,相互信任;

最后,要能共同承担责任。

在创业之初,合伙人之间最好都建立起契约精神,把未来可能预想到的情况设计出来,体现在公司章程中,使未来的变化有据可依。另外,可以拿出部分股权给后来加入的业绩出色的合伙人进行再分配,预留出一个活口,在制度上保持一定的弹性。

诫律五:错误理解市场

市场前景虽然不错,但是对市场的理解如果出现了偏差,也会让创业变得异常艰难。汪启风看好国内第三方理财市场的发展前景,但他对当前市场所面临的各种困难估计不足,以至于让自己的创业过程变得异常艰难。

• 强烈看好理财行业

刚过而立之年的汪启风是土生土长的上海人,由于工作关系,他比较关注国内的理财市场。他注意到,随着国内个人财富的不断积累,人们对投资理财的关注程度不断提高,从事第三方理财业务必将大有作为。

当他把自己的想法说给别人听的时候,大家跟他都有同感,这更让他坚定了自己的看法。于是在 2007 年底,汪启风跟两个志同道合者一起,创办了一家投资理财顾问公司,选择理财行业开始了自己的创业之旅。他在虹口区四平路上租下了一间办公室,月租金两万元,还花了十多万元采购办公用品。而他自己,也通过了国家理财规划师考试。

之所以坚定选择理财行业,汪启风并非头脑发热。他已经为自己想好了几个盈利模式,其一是帮助客户管理资产,收取咨询费;其二是可以通过介绍理财产品,来获得佣金收入。

• 理解失误艰难异常

很快,汪启风就发现自己四处碰壁。汪启风原本看好的收取咨询费的盈利模式,却根本无从实现。他发现,不管有无经验,投资者都只相信自己,按照自己的思路去操作。像国外那样,在理财师指点下进行投资的投资者少之又少,因此几乎没人愿意主动付费进行咨询。此外,当时虽然国内已经出现代客理财业务,但准入门槛很高,除了具有很强的专业知识之外,对人员的配置要求也相当高,而这对于汪启风这样的创业者来说是无法企及的。

为了维持公司的运转,汪启风只得把目光瞄准在各种理财产品上面,希望通过免费为客户做理财规划,推出各种基金、信托、保险或者私募等产品供客户选择,并在成交之后获得金融机构的返佣。但通过这种模式获得的收益也很有限,推荐成功的概率很小不说,各金融机构的返佣标准也不高。

更加让汪启风感到有些无所适从的是,国内的投资者都比较急功近利,希望在短期内实现可观的增值,因此即使采纳了理财顾问的建议,但如果在三五个月之后没有明显的效果,就会放弃。这样,理财顾问的作用几乎发挥不出来,更谈不上积累口碑。此外,当时市场上的理财产品比较单一、简单,投资者自己就可以判断,因此理财顾问的作用也不大。

公司自开张以来,基本上处于入不敷出的状态。平均每个月的固定开支需要5万元左右,但营业收入最好的一个月也不到两万元,最差的时候只有3000多元。这种状态持续了两年多之后,在2010年初,万般无奈的他选择了离开,去了一家私募基金公司,重新开始打工生涯。

点评:第三方理财行业的确是一个很受关注的新兴行业,极具发展前景,但不得不承认,内地的市场跟海外成熟市场相比还是存在不小的差距,人们对第三方理财机构的认可程度不高。从这点来说,汪启风创业失败,不难理解。由此不难看出,创业者对于行业的理解,一定要清晰透彻,切莫想当然,否则必然导致失败出局。

处方:多方收集行业资讯,也可以跟行业资深人士进行交流,并听取他们的意见,甚至自己亲身参与其中,获得直观感受。也就是说,创业前,一定要调查市场,这样可减少自己对行业的理解失误。当然,如果有能力的话,可借助专业的市场调查机构,以获得更加客观权威的建议。

诫律六:店址选择不正确

正确选择店址,是开店赚钱的首要条件。一个经营项目很好的店铺,若选错了店址,也很可能导致"关门大吉"。科学选址将使你获得"地利"优势而生意兴隆。

·网络店铺转投实体

大学毕业之后,卢炜的工作并不稳定,因为把心思都放在试图自己创业的想法上。"在上学的时候,也在学校里小打小闹做过一些小生意,例如销售荧光棒和二手手机,虽然只是赚点小钱,但是觉得比上班更对我的胃口。"

卢炜观察身边同学添置新衣的频率十分之快,再加上手里现有的资金有限,所以打算从网店做起。"那时候已经有了淘宝,成本相较之前的易趣低了不少,我也更有信心。"

于是,卢炜从七浦路服装批发市场采购服装,然后发到淘宝上零售。"以T恤为例,一般进价为30元两件,零售价一件可以卖到50—100元,因此利润还是相当可观的。"卢炜的网上服装店生意做得还不错,每天都有不少进账。只是电子商务还是起步不久的新鲜事物,尚未普及,很多买家提出要试穿。于是,他动起了开一家实体店的念头。

• 选址失败赔光积蓄

因为家住上海虹口区,为了能更好地照顾生意,卢炜将选址的范围圈定在住家附近。"因为自己只有一点之前在学校小打小闹而来的积蓄,所以当时选址有两个原则:一是便宜,二还是便宜。"

最后卢炜和亲戚合伙各出资20000元,在虹口体育场周边开了一家实体店铺。15平方米的店面,每月租金1200元。当时只图它便宜,很多东西都没有慎重考察和考虑。店铺一开就发现选址很成问题。

原来,由于卢炜的店铺开在高架之下,没有什么商业氛围,基本上很少有客源。加上周围绿化植被茂密,就算有人经过也未必能留意到。难得进店消费的顾客绝大多数都是线上而来,基本上很少有路过的客源。"选址的失误造成网店的收入一直贴补实体店的开支,一年下来我的积蓄和亲戚的入股基本上赔光了。"

点评:中国人做事讲究"天时、地利、人和"。选址对于办公司、开店铺到底有多重要?专家的看法是:不论创立任何企业,地点的选择都是决定成败的一大要素,尤其是以门市为主的零售、餐饮等服务业,店面的选择,往往更是成败的关键,店铺未开张,就先决定了成功与否的命运。可以说,好的选址等于成功了一半。

处方:如何选址?简单讲,首先要根据经营项目来选择地址,不同的经营项目对选址要求可能天差地别。比如超市就要求人流量大,而老年服务中心就适宜开在安静一些的地方;其次要留意一些有潜力的地段,比如是否靠近大型机关、事业单位,考虑这个地段未来人口增长趋势、购买力等等因素;最后要注意路面与地势。另外,方位和走向也有讲究,一般商业建筑物坐北朝南是最理想的地理方位。而因为行人有右行的习惯,所以店铺选址时应以右为上。如果是三叉路口,那么最好将店址设在路口的"转角"处。

定了场地后,洽谈租金非常关键。租金是经营者的一大负担。有品牌溢价的行业,才能负担得起高房租。如果行业规模不大,利润不高的话,就一定要想法保证一定的毛利率,做好租金测算工作,有的放矢地进行谈判。

诫律七:急于追求高额利润

如果盲目急于追求高额利润,忽视了自身的积累,最终结果可能导致自己被市场抛弃。市场会惩罚那些不尊重市场价格规律的创业者。

• 故事:大半年收回投资

张扬,这个来自安徽淮北的小伙子名如其人,个性外露。他曾经找到了一个不错的创业项目,如果运作得当,平稳发展下去,取得成功的可能性很大。

2006年的夏天,有个朋友主动找到张扬,提出合伙开烧烤店的想法。烧烤店投资不大,如果掌握独特配方,符合食客的口味,就很容易火起来。这个朋友所掌握的烧烤配料配方咸辣适中,比较适合上海人的口味。于是,第一家店很快就在航华新村附近开了出来。

这家店租用了一间20平方米的店面,房租每月1.2万元,加上装修、餐饮设备等,首期投资共20万元。烧烤店开出来之后,正如当初所预期的那样,市场反应比较理想,每天基本上能够保证3000元的营业额,毛利近1500元。除掉人员工资、水电煤等费用,每个月将近有30000元的净利润。

张扬的第一家烧烤店毛利达到50%左右,加上每天的营业收入比较可观,因此他实际上只用了7个月的时间,便收回了投资。

· 盲目扩张遭遇厄运

第一家店成功后,张扬的心里开始活跃了起来。如果多开一些店,是不是可以赚到更多的钱?既然第一家店只用了大半年时间就收回了投资,那么第二家、第三家店收回投资的时间,肯定也不会比它长。店开得越多,获得的利润也就越大。

张扬向自己的亲戚朋友借了一些钱,连同先前收回的资金近30万元,在上海七宝附近开了第二家分店。他考虑到七宝的市口要好于航华新村,人流量要更大,因此有心把这个点做成自己的招牌店。

在这个时候,张扬觉得只要开店就能赚到钱。开店其实是一件很有技术含量的事情。就连麦当劳、肯德基那么有名的连锁店,在开店时机、选址等方面都非常讲究,不会因为追求规模而草率开分店。张扬想再复制第一家店的成功,殊不知没那么容易。

虽然投资额增加了,但转让费和租金占了大头,张扬的烧烤店在七宝其实走的是低端路线。食品口味不错,但与七宝整体不断提高的时尚氛围有些脱节,因此市场反映一般,受欢迎程度还不如第一家店。

此外,张扬还碰到了新问题。在2007年,物价水平一直在高位运行,农副产品价格一路上涨。半年后,因为面临成本上升压力,他提了一次价,然而这次提价非但没能改善经营状况,反而赶走了不少老顾客,经营状况愈发不理想了。

2007年底,张扬开在七宝的分店,因为投入过大,已经出现亏损迹象,而航华店经营状况也受到提价影响,老顾客流失了不少。为了避免更大的损失,他选择了转让退出。

点评:开分店,扩大规模,虽然是一种比较直接的追求高额利润方式,但不可否认的是,如果不能根据市场灵活调整经营策略,盲目扩大规模,就会遭到市场的抛弃。张扬的失败之处在于,偶然的成功让他变得有些盲目,在一个不是很恰当的地方贸然扩大规模,结果是让自己陷入被动境地。

处方:创业切忌急功近利,必须沉下心来做积累。经验表明,几乎没有一家新企业可以在少于 3～4 年的时间里打牢基础,因此在创业初期,都必须经历这样一个过程。在打基础过程中,除了资金积累之外,还必须在经验方面也要花费功夫。只有等到基础已经牢固,扩大规模才会手到擒来。

诫律八:高看点子的魔力

对于创业者来说,仅仅具有一个好的创意还不够,将其转化成盈利模式,需要一个优秀的团队,更需要很强的执行力,以及好时机,才能为市场所接受。任何要素的缺失,都会让创业前景变得不可预知。

一次偶然的机会,王震国找到了自己的创业方向。

2006 年中,因为太太怀孕,尚在上海交通大学攻读博士学位的王震国苦于找不到让自己满意的有关带孩子的知识,激发了他的创业灵感,于是跟自己的同学、校友一道,创办了"带孩子"网站。

对于自己的创业设想,王震国坦陈,就是想要整合上下游资源,构建一个孕婴第三方服务平台。他说:"在这个网站上,新手爸爸、妈妈可以了解到系统的育儿知识,同时也可以相互交流。商家则可以展示自己的商品,让消费者了解自己的产品。"

王震国没费多大的力气就找到了一家风险投资基金,对方出资 300 万元。不可否认,他面临着一个不错的发展时机。当时在国内,缺乏一个在婴孕产品及服务提供商和婴孕相关消费人群之间的平台,而"带孩子网"恰好能够满足这样的市场需求。

更为重要的是,王震国还找到了一个很好的创意。如果他的设想能够变现,"带孩子网"无疑会成为中国孕婴童行业的第一网站。

但好点子带不来利润。

好点子作用有多大? 有些时候可能为零。

在 2007 年初,王震国和他的创业团队推出一项新的服务—宝宝日记。这项服务可以精确掌握孕妇的孕期,并精准推介各种婴孕产品。按照王震国当初的设想,当时网站每天的浏览量已经过万,如果有 3%～5% 的人接受了网站推荐的产品,并在网上订购,公司就能获得非常丰厚的利润。

王震国当时非常看好这个创意,这跟前一阵风靡一时的团购模式非常接近。

但问题是,当时国内对网络团购模式信任度不高,大家更加愿意通过发帖号召买家共同砍价并购买,而对网站推荐的产品却不大感兴趣。

在团购网火起来之后,他才知道,那些价格很低廉的产品,原来是靠销售人员一个电话、一个电话打出来的。而自己的团队就无法玩转团购,在这个团队中,大部分人的专长是互联网技术,几乎所有人连一件小孩衣服的成本是多少都不了解,对市场营销一窍不通,因此无法建立线下资源,更别说找到价格方面非常有吸引力的产品。

时机不对,加之团队缺乏执行力,好点子又有何用?"宝宝日记"上线两年多,没有带来多少收益,而网站每年的投入不少于 200 万元,他只能想方设法通过其他方式赚钱来填这个窟窿。2010 年初,就在团购网已经显山露水的时候,他却已不堪重负,于是决定将网站功能转向电子商务领域,彻底放弃了原来的模式。

点评:王震国曾一度很有前瞻性地尝试了团购模式,不可否认,这是一个很好的创意。如果这个创意能够实现,到现在很有可能会成为国内最大的致力于孕婴童行业的团购网站。可见好的创意要转变成为盈利模式,除了团队、资源之外,还需要良好的执行力。

处方:创业不能单纯依靠创意。拥有了好的创意之后,还必须注意一下三个方面:

第一是方向要把握得准,在正确的时间做正确的事情;

第二是团队建设很重要,要建立一个非常优秀的团队;

第三就是团队要有执行力。

8.中国创业教育与创业环境

中国目前的创业型教育存在基础薄弱、理论研究较少、实践经验不足等问题。面临全球经济增长放缓、就业压力日益加大的严峻形势，开展创业教育已刻不容缓。职业院校开展创业教育，"即使摸着石头过河，也要趟出一条路来"。

提高创业意识，转变学生的就业观念

创业教育对在校学生来讲，首先应注重就业观念的转变。调查表明，很多职业院校学生认为，就业就是要找到工作单位。这种观念造成学生在就业方面的被动局面。创业教育则要促使学生将被动的就业观念转变为主动的创业观念，鼓励学生也可以将创业作为自己的职业选择，把自己的专业技能和兴趣特长相结合，创造出自己所期望的人生与社会价值。

开发创业教育课程，为学生构建创业知识能力结构

目前，我国部分普通高校开发了相关的创业教育课程，职业院校要根据学校的教学现状、师资水平和学生的接受能力，开发相应的创业教育课程和教材，以构建创业所需的基本素质、知识与能力要求为基础，在内容上侧重于管理理念和管理知识应用，注重对学生创新创业能力的培养。

总的说来，创业教育课程教学设计应区别于传统课程教学，具备以下特点：

一是模块化设计。创业教育课程应设计成若干模块，根据学习对象的实际需要，为其量身定做创业培训课程，以实现课程内容的有机组合。

二是多采用案例教学法和电子课件进行教学。案例教学具有典型性和现实性，电子课件可模拟真实场景，具有直观性。这类教学方法可以使学生接触到创业的实际问题，有助于学生把学到的知识技能迁移到真实的创业场景中，真正理解和把握创业中的管理理念和操作策略。

三是邀请成功的企业家和有关专家举办专题讲座，使学生在课堂内外同企业家、专家以及创业中介机构等进行广泛的交流和接触，从创业成功者的经历和经验中得到有益的启发和帮助，不断积累创业经验。

· 成立创业实践小组，为创业教育搭建实践活动平台。

创业是一种注重实践的教育，实践环节是培养学生创业能力的助推器。通过成立创业实践小组，开展市场调查、商业实践和管理实践活动，在活动中给学生以明确的任务和考核要求，让学生全面参与到企业管理当中，使学生增强市场意识、

提高沟通合作能力、获得企业管理体验,为成为创业者做好知识和能力储备。

·举办创业竞赛,为开展创业教育提供有力载体。

创业能力的培养应该更多地体现因材施教,不可能用传统的课程考试方法进行教育效果评价。学生通过参加创业竞赛,激发创业学习的内驱力,自主学习创业的相关知识和技能(如管理、经营、法律及实际运作的知识和技能),培养创业的团队精神(如协作精神、沟通能力、组织能力等),提高创业的综合素质(捕捉市场机遇的能力、分析决策能力、风险控制能力等)。各种形式的创业竞赛活动在为学生提供实战演练平台的同时,也有利于营造一种勇于开拓、敢于拼搏的校园文化氛围,反过来又将推动创业教育的良性发展。

·多渠道寻求资金扶持,加强创业过程指导,帮助学生创业成功。

面对竞争激烈的市场,创业需要面对的问题和困难很多,无论是教育行政部门、学校还是社会,都应该伸出援助之手帮助职业院校学生筹措创业资金,提供项目论证、技术咨询和创业过程指导等系列服务,帮助学生树立创业信心,协助解决创业企业运营中遇到的问题和困难,增强企业的竞争实力,提高创业的成功概率。

·建立创业学生档案,总结成功的创业案例。

建立创业学生档案,一是有利于追踪创业学生的创业历程,总结成败得失,提高学校创业教育和创业指导的有效性,为学生创业的后来者提供有益的借鉴和启示;二是有利于在适当的时机召集创业学生开展交流活动,创造交流合作的机会,使得这些具有相似历程的学生可以相互之间交流成功的经验、失败的教训、成长的喜悦与挫折的痛苦,从互相学习中汲取营养、锻炼成长。

当前我国创业环境的六大特点

第一,当前中国的创业环境很好。特别是党的十六大明确指出,海内外各类投资者在我国建设中的创业活动都应该受到鼓励。一切合法的劳动收入和合法的非劳动收入,都应该得到保护。要形成与社会主义初级阶段基本经济制度相适应的思想观念和创业机制,营造鼓励人们干事业、支持人们干成事业的社会氛围,放手让一切劳动、知识、技术、管理和资本的活力竞相迸发,让一切创造社会财富的源泉充分涌流,以造福于人民。这再一次激发了人们的创业冲动和创业热情。

因此,当前我国成为了世界上创业活动最活跃的地区之一。

与2002年的情况相比,在衡量创业环境的多因素中,在金融支持、政府项目、教育与培训、知识产权保护和文化与社会规范等方面,我国都有了不同程度的提高和进步。北京每万人拥有107.61家私营创业企业,已经成为中国创业指数最高的城市。

第二,当前我国群体性创业活动其最明显的特征就是表现出平民化趋势。特别是电子商务进入 2.0 时代,更加推动了这种平民化趋势的快速发展。这种平民化趋势表现出以下几个特点:

(1)创业的门槛低适宜平民进入。中国的经济环境已经发生了变化,入世后市场竞争日益国际化,政府的管理趋向透明,法律更加健全,竞争环境更宽松、公平,这些都使创业的门槛降低,非常适合平民创业者的进入。

(2)创业主体来自社会基层具平民色彩。这种平民化的创业主体格局适宜于我国社会主义初级阶段的经济特征和多数创业者起步阶段的经济状况。具有门坎低,起步点低,适宜大量平民进入成为创业主体的现实可能性。因此才能形成群体性创业潮。

(3)创业营销活动具有平民化定位。这些具有平民色彩的创业企业,大都能在自己创业的过程中坚持平民化的视角和营销思路。实行平民化的价格定位和发展模式。体现出平民创业的发展特点和聚财方式。

(4)平民化创业企业显示了平民聚财的旺盛生机。这些具有平民视角的企业由于市场定位科学,获得了最大的客户资源和市场空间。因此发展迅速,显示了平民化定位的渠道优势和竞争优势,展现了旺盛的生命力。

西安荣华集团的崔荣华女士从一个小酒店做起,经过八年创业,现已形成以房地产为主业的大型企业集团,成为陕西成长企业十强之一。

宁波俊诚金属管业的总经理韩俊从一家仅十万元规模的小企业起家,发展为宁波市的金属和钢铁贸易行业的领军人物,去年销售额为 28.5 亿元。

第三,创业教育蓬勃开展。创业能力是一种生存能力。创业教育是一种培养和提高生存能力的教育。

早在 1972 年《学会生存》的报告就指出:"有一类青年人,已经在相当高的阶段上成功地完成了正规学习,但他们所受的训练却不适应经济上的需要。"这是国际教育领域反思教育发展经验的基本认识。1989 年 11 月在北京召开的"面向 21 世纪教育国际研讨会",会议代表"要求把事业心和开拓技能教育提高到目前学术性和职业性教育所享有的同等地位"。世界经济合作和发展组织的专家柯林·博尔更将创业教育总结为:未来的人应掌握的"第三本教育护照"。

创业教育思想提出后,得到了联合国教科文组织、世界劳工组织、世界银行和国际教育署的大力支持和积极倡导。

联合国教科文组织指出:"创业教育,从广义上来说是指培养具有开创性的个人。"

在该组织《教育——财富蕴藏其中》的报告中进一步指出:在基础教育阶段,实施就业创业教育的主要着眼点,是培养全体受教育者的就业意识、创业精神和社会责任感,努力提供使受教育者终身受益的教育培训。惟有如此,教育才能真正承担起教人生活、教人做人的重任。

自此,世界创业教育获得了快速的发展。很多国家在不同程度上进行了就业创业教育的探索。

美国是较早在学校中进行创业教育的国家,从小学、初中、高中、大学乃至研究生,都普遍开设就业与创业教育课程。在美国的历史上,创业从来没有像现在这么生机勃勃。在过去的25年中,创业学成为美国商学院和工程学院中发展最快的学科领域。1980年有163个院校开设了创业课程。到1999年大约有1100所学院和大学开设了创业课程。许多学院和大学还开设了创业学或创业研究专业。美国还设立了国家创业教学基金。

美国的创业教育甚至延伸到中学教育。现在至少30个州的K-12年级的学生正在接受创业教育。一项对全美高中生的随机抽样调查显示:70％的学生希望拥有自己的企业。86％的学生希望知道更多有关创业方面的知识。

一些著名的学者认为在过去的30年里美国经济由于创业革命而发生了巨大的转变,创业者们正在创造出前所未有的巨大价值,当今美国财富中超过95％是在1980年后创造出来的。

在日本,从1998年起,文部省就和通产省合作在小学开始实施"就业与创业教育"。从小就培养孩子们养成就业创业的心理意识和意志品质。

近年来,法国的一些地区已经开展了诸如"在中学里办企业"、"教中学生办企业"等创业活动。其目的让学生做好职业选择与就业工作的心理准备,培养他们探索创业的兴趣和能力。

印度在1966年就曾经提出过"自我就业教育"的概念,鼓励学生毕业后自谋出路,使他们"不仅是求职者,还应是工作机会的创造者"。这一培养目标在80年代再次引起印度社会的重视,印度政府1986年的《国家教育政策》中明确要求培养学生"自我就业所需的态度、知识和技能"。

我国作为联合国教科文组织"创业教育"课题的成员国,早在1991年就开展了基础教育阶段创业教育的研究。当时已在6省、20个县乡和30多所学校进行了创业教育的实验。但是未能推广和坚持下去,没有成为全国教育改革的主流。

我国大陆的创业教育最早是从有高新技术产业开发区开始的。当时个别院校教师已经在教学过程中穿插了一些创业的内容。比较成体系的创业管理教育还是起始于20世纪90年代末。进入2002在新的创业大潮的影响下,大学的创业教育获得了快速的发展。2003年3月教育部高教司在北京航空航天大学召开了创业教育试点学校工作会议。总结了清华大学、北京航空航天大学、中国人民大学、上海交通大学、南京经济学院、武汉大学、西安交通大学、西北工业大学、黑龙江大学等九所大学创业教育试点的经验。进一步推动了创业教育工作的深入开展。

自此,创业教育在全国教育系统红红火火的开展起来。

第四:创业培训的多种形式和巨大作用。创业培训是一个国家创业成熟度高低的重要标志。更是一个国家和地区创业能力强的原因之一。对中小企业实施创业辅导是世界各国、各地区政府所普遍采用的一种通行做法。据不完全统计,有70%左右的美国企业在创立之初曾得到过美国小企业局(SBA)的资助和辅导。在我国台湾地区,绝大部分中小企业特别是资讯科技企业都得益于创业综合辅导计划。

在我国香港,不仅设有创业辅导的公共服务平台,而且在政府相关部门都设有中小企业服务机构,约有七成以上的中小企业接受过政府的创业辅导和援助。

我国依据《中小企业促进法》赋予各级政府部门的职责,已经将建立中小企业创业培训体系作为完善城市功能、实现国家长治久安的重要举措。并已确定了深圳等一批试点城市。还拨出专款设立“民营与中小企业发展专项资金”,重点支持建立各类中小企业。创业者利用好这样的平台就能演绎出无数创业快速崛起的神话。

创业培训是一种对具有创业意向和创业条件的人员,进行提升创业能力的一种培训。当前,在全民的创业热潮中,我国的创业培训正在兴起。主要分为三种层次。

一是对具有创业条件的,或是准备创业的人员组织开展《创业基础知识》为主要内容的理论知识和实际操作技能的培训。

对非正规就业劳动组织负责人、新办劳动就业服务企业负责人和小型私营企业主等主要是开展提升业务能力和对开办的企业进行诊断和跟踪指导的服务;对已下岗再就业的人员进行创业培训,主要是使下岗人员增长技能,坚定信心,走自主创业之路。有的地方政府还和发放小额贷款结合起来,对经过创业培训的人员给予小额创业贷款扶植,使他们尽快找到生活的出路,致富的门路。

二是引入国际化培训课件。在群体性的创业大潮中,劳动和社会保障部与国际劳工组织宣布,以“马兰花”为“SIYB中国项目”的注册标识,塑造SIYB创业培训项目在我国的整体形象。目前,“创办和改善你的企业”(SIYB)项目已经在北京等14个试点城市展开,有近8000人参加培训。培训结束后有4000多名学员成功创办企业。天津市自2002年末引进国际劳工组织《创办你的企业》培训模式后,对下岗失业人员实行全程免费服务。形成了项目开发、小额贷款(融资服务)、专家指导、后续服务的"一条龙"的服务模式,产生了较好的社会效果。截至目前,已培训下岗失业人员 8500 余人,已扶助 5100 余人实现成功创业。同时带动社会上 2.55 万人实现再就业,实现了创业培训、就业倍增的效果。

从调查看,当前我国创业培训的对象正在发生重大的结构变化。以上海为例:这两年培训对象中 35 岁以下的青年人的参培比例已经超过 50%,该比例还在上升,创业培训正在逐步转变成为一种综合技能和素质的全面提升培训,它向所有梦想成就一番事业的人打开了大门。未来几年,年轻人将成为创业的主体,成为未来创业大军中的主力军。

三是对创业能力提升进行了心里评测的探索。良好的心态是创业成功的保障。是创业者创业能力的一种内在表现。

对创业能力进行心理评测是用心理学的方法对创业者的心理承受能力、心理适应能力进行研究和评测的一种方法。

在群体性创业培训中,我国许多培训机构请心理医生帮助创业者寻找"心理成功的支撑点",帮你研究如何"限量问题"、"是什么妨碍你进行有效的决策"等问题,以便进行精神疏导和心理降压。为提升创业者的创业能力构筑心里防线,纠正"归因偏差",以便全面的提升创业者的创业能力。对创业者的健康成长,发挥了重要的作用创业孵化器的迅速扩展。

创业孵化器也叫企业孵化器(Business-Incubator 或 Innovation-Center),是一种新型的创业经济组织。它起源于 20 世纪 50 年代,是由美国的乔·曼库索于 1959 年首次提出的。通过提供低成本的研发、生产、经营的用地、通讯、网络办公等共享设施,系统的培训和咨询,政策、融资、法律和市场推广等方面的支持系统,使创业企业的创业成本得以降低,创业风险得以规避,创业成功率得以提高,一种适于中小企业生存和成长的发展环境和发展空间。企业孵化器在推动高新技术产业的发展,孵化和培育中小科技型企业,以及振兴区域经济,培养新的经济增长点等方面发挥了巨大作用,因此,在全世界发展很快。目前全世界已有企业孵化器 3700 多家。我国当前已经进入创业孵化器大国行列。至 2003 年底我国已有创业孵化器 489 家。在孵化的企业 31365 家。拥有的孵化资金 33.3 亿元。在孵化企业的营业收入达到 850 多亿元。

创业企业孵化器已经成为了培养成功的创业企业和企业家的摇篮和风险投资的理想投资场所。我国的成都、武汉、上海在创业孵化器中进行风险投资的探索均取得了成功的经验。

其较为典型的案例是迪康制药公司接受投资 20 万元,开发系列新药,总收益额达 1780 万元,收益率为 8900%。风险资本的进入已经成了加速创业企业孵化成长的重要的培育手段。目前,我国的创业孵化器已经发展为科技型创业孵化器、下岗职工创业孵化器,大学生创业孵化器,回国人员创业孵化器等多种形式。

在世界和中国众多的企业孵化器中,天津妇女创业服务中心以一个全新的视角和思路打造了就业推进型企业孵化器。在扶植下岗妇女创业的实践中,探索了一条帮助下岗女工群体性就业、创业的新路。该项目是一个联合国开发计划署援助中国的项目。项目实施中帮助年龄大、学历低的6000多名下岗女工实现了再就业,累计向2000多下岗女工发放小额贷款950万元。对具有发展潜力的38家创业企业进行了孵化。创业企业所产生的"孵化效应""连锁效应""扩展效应"已经从天津走向辽宁、吉林、山东、太原等地,开辟出大量群体性就业岗位。为带领广大下岗职工脱贫致富创出了一条新路。

第五,创业扶植力度的不断加大。为加速群体性创业活动的开展各地陆续出台了许多鼓励创业,扶植创业企业快速崛起的政策。为了缓解大学生就业的压力,国家工商总局出台了对2003年普通高等学校毕业生从事个体经营有关收费的优惠政策:凡高校毕业生(含大学专科、大学本科、研究生)从事个体经营的,除国家限制的行业外,自工商行政管理机关批准其经营之日起,1年内免交个体工商户登记注册费、个体工商户管理费、集贸市场管理费、经济合同示范文本工本费。这些对大学毕业生自主创业的政策鼓励,无疑将在他们沉重的心中吹来了一股清风。

与此同时。上海市、天津市、重庆市、几乎每个省都出台了力度不一的优惠措施,鼓励大学生创业和下岗职工创业。鼓励海外学子回国创业。深圳确定每年拿出3000万支持留学生创业,资助分8万、10万、12万三个档次,截至去年11月已资助37家,还有20家在申报。在北京国际孵化园,入园企业免除60平方米的租金;在广州,一旦入园,提供免租金的办公和研发场地两年。

最大的优惠政策是税收。据广州市高新区负责人刘悦伦博士介绍,创业园基本上将17%增值税(地方留成占25%)、公司所得税(地方留成占40%)的地方留成部分在3至5年要返回给留学生企业。不仅如此,各地的政策正在进一步细化和配套化。这些政策对创业者的创业活动的开展起到了一定的促进作用。

第六,创业协会的普遍建立。当前,清华大学、海南大学,吉林化工学院、南京航空航天大学、汕头大学、同济大学、江西理工大学、武汉大学、厦门大学、北京电力学院、西北民族大学、山东大学、山西农业大学、西安交通大学、集美大学、北京科技大学、北京立业大学、华中科技大学、华南热带农业大学、北京工业大学、东北财经大学、中南财经政法大学、湘潭大学、山东财经学院、武汉科技大学、中科院研究生院等100多所院校已经建立了创业者协会。

不仅如此,这种创业者协会还进行了横向扩展和纵向延伸,已经发展了:青年创业者学会、中关村创业者学会、外出务工创业者学会等众多的创业协会组织。2003 年 2 月在美国马里兰州还注册成立了"美国华人创业者协会"。该协会总部设立在美国首都华盛顿,在美国许多城市设有分部。协会的宗旨是加强有志创业与大陆留美学人、创业有成人士之间的交流,该协会将定期举办讲座,邀请成功人士,就如何创业等问题交流。同时,协会将与国内各省市合作,定期举办高新技术项目的洽谈会。

第四部分　典型案例

1. 打工皇帝唐骏的创业故事

很多人说,正是因为唐骏的创业经历,才让他做职业经理人的时候思维开放,也总能站在老板的立场去想问题,从而获得老板的青睐!

失去攻读理想大学的机会

"语文为什么要少那么一分呢?"每次谈到自己的高考史,唐骏总要嘲笑自己一番,因为语文成绩只考了 59 分,即使其他科目获得高分,也没有去成自己理想中的大学。

学校虽然是当时著名"八大学院"之一的北京邮电学院(后更名为北京邮电大学),但毕竟不是他的第一志愿,专业也是他兴趣有限的理论物理。不满、自暴自弃,成绩江河日下,大学的头三年,唐骏的专业成绩中等偏下,一些与学习成绩有关的奖励自然也没有他的份,例如三好学生。眼看就要到大四,唐骏是进无去路,退不甘心,他无数次地问自己:下一步该怎么走?

在中科院半导体所实习的时候,唐骏第一次看到了计算机,那是一台漂亮的苹果Ⅱ,它的奇妙之处在于把实验数据直接用曲线划出来。这个发现让 22 岁的唐骏惊叹不已。在发光的电脑屏幕前,他忽然意识到以往的懈怠是多么错误。也是在这个时候,唐骏认识了光纤通信专业的同学孙春蓝——后来成为他的太太,开始了甜蜜的恋爱岁月。孙春蓝发现唐骏不喜欢理论物理专业,就给唐骏出主意,"修我们的光纤通信吧,我一定帮你把课补上。"

自己的认知加上女友的启发和帮助,唐骏的学习愿望前所未有地高涨,开始攻读第二专业——光纤通信。他仅花一年半的时间就完成了别人四年才完成的课程,而且报考了这个专业的研究生。在很多人都不知道"光纤通信"为何物的年代,唐骏抢先一步给出了自己的判断:有线通信已经没有多大的发展空间,未来一定是光纤通信高速发展的时代!

获得了出国的名额

几乎没有人对他考上研究生抱有信心,考试的结果却让所有的人大吃一惊——在北邮的研究生考试中,唐骏获光纤通信第一名。但唐骏没能取得出国留学的资格,因为他从未当过三好学生。

北邮的这个机会没有了,是不是意味着唐骏只能放弃出国的梦想?北京这一年一共有 75 个出国名额,这一次英语题非常难,成绩合格的寥寥无几,像北邮这样的学校才只有 5 个学生合格，那么其他的学校肯定会有很多名额用不上！

这个推理让唐骏兴奋不已，他立刻给各个大学的研究生处打电话："老师，你肯不肯把多余的名额让给我？"接电话的人莫名其妙："你捣什么乱啊？"也有怒气冲冲的："我们自己的学生都不够呢，哪里轮得到你呢？"可是，唐骏知道，太容易做到的事，别人也就做了。他继续马不停蹄地向北京各大高等院校拨电话，微笑着询问留学名额的事情。

终于，北京广播学院的一个老师说："我们可以帮你把材料报上去，看教育部批不批。"这个声音令唐骏终生不忘。学校这边是搞定了，但能不能批下来呢？穷学生没有钱也没有门路，唐骏自己拿着介绍信，去找教育部出国司的副司长，认准了人后，一大早，他跑到教育部出国司办公的地方，对副司长点头微笑："啊，您好，您上班了啊？"下午五六点，他又准时呆在那里，跟副司长打招呼："您下班了啊？"翻来覆去就这么两句话。

两天之后，副司长终于被这个小伙子的执着感动了。就这样，唐骏获得了去日本读研究生的机会。

读博期间创业开公司

经历短暂的创业后 1990 年赴美读博，比起 1985 年赴日留学，就简单得多。来到美国，唐骏的第一感觉就是这儿非常适合做事情。1990 年恰好是美国经济开始复苏、腾飞的时期，唐骏攻读专业之外的惟一想法就是要自己创业、办公司。

一直研究数字信号处理的唐骏想到了发明卡拉 OK 评分系统，他把自己的构思申请专利，没钱做芯片，唐骏找到了三星。三星花 8 万美元买断了唐骏的专利，唐骏乐坏了，唐骏当时每月的奖学金只有 800 美元。8 万美金对一个留学生来说已经是一笔巨款。靠着这第一桶金，他在 1993 年成立了一家名叫"双鹰"的软件公司。

唐骏还做过跨国"穴头"。他开了一家"好莱坞影业娱乐公司"，多次策划"中国艺术家访美演出"，中国的大腕儿姜昆、侯跃文、宋祖英都曾去过。小公司也会遭遇大麻烦。一次，唐骏花两万美元请律师帮艺术家们办签证。可离演出只有一个星期的时候，律师突然说："Sorry，他们被拒签了。"这下把唐骏急坏了，所有的票都卖出去了，所有的场地费也都交出去了，如果艺术家不能来，要赔 20 万美元！这足以让唐骏倾家荡产。

只有靠自己想办法。谁在掌握美国的命运呢？是一些政治家。唐骏就给洛杉矶的参议员、众议员写信。他击中了政治家的软肋。政治家害怕唐骏把信交给竞争对手，一时间有六七个人给唐骏回信，不同的人向国务院、白宫、移民署等职能部门施加压力。演出之前,唐骏拿到了签证,也得到一个启示:美国律师没有做成的事情,我一分钱没花、在一个礼拜的时间内做成了,我也可以办个事务所!

这些艺术家一走,唐骏就办了个事务所,名字很响亮:美国第一移民事务所。

从穷学生到小老板,一个不名一文的大学生,靠着聪明与执着,获得赴日留学的名额,走出了提升身价的第一步;卡拉 OK 计分机的发明,使其获得了创业的第一桶金;虽然是三家公司的小老板,却希望去大公司学习"把事情做大"的秘密。

4 年时间里先后创办了 3 家公司,到 1994 年去微软之前,唐骏已经从一个穷学生变成了有几十万美元身家的小老板。

打工皇帝唐骏简历

1962 年,出生于江苏常州。

1980 年,考入北京邮电学院。(现更名为北京邮电大学)

1985 年的唐骏不仅找到自己的终身伴侣,还考上了热门专业的研究生,并靠着努力"钻研"获得留学日本的机会,在日本名古屋大学攻读了五年的博士,但是,1990 年为了去国际会议发表研究成果赴美,未归滞留,因此也就未能在名古屋大学提交博士论文,没有取得博士学位(至 2010 年 8 月,担任日本名古屋大学上海同窗会会长)。

1990 年,唐骏赴美,在此期间开始创业,先后创办了 3 家公司。

1994 年,抱着"偷师学艺"的想法,唐骏放弃自己的三家公司,加入微软。

1995 年担任微软总部 Windows NT 开发部门的高级经理。

1997 年,时任微软总部 Windows NT 开发部门高级经理的唐骏"衣锦还乡",回国于上海筹建微软大中华区技术支持中心(即上海微软),任总经理。4 年内,该中心先后升级为微软亚洲技术中心和微软全球技术中心。

2002 年,唐骏出任微软中国公司总裁。

2004 年,唐骏以微软中国荣誉总裁身份从微软退休,并以 260 多万股股票期权出任盛大网络公司总裁。

2008 年 3 月,转任盛大网络公司董事兼顾问。

2008 年 4 月,盛大网络宣布,由于个人发展需要,唐骏将不再担任公司总裁一职。唐骏将转任公司 CEO 顾问,并继续担任盛大董事。盛大 CTO 谭群钊接替唐骏出任总裁一职。

2008 年 4 月 15 日,新华都集团宣布,唐骏正式加盟新华都集团,接替集团创始人陈发树出任集团总裁兼 CEO,负责新华都集团的日常管理、长期战略、集团运营、对外投资及资本运作等的全面工作。

2008 年 12 月,新华都以 1 亿人民币收购港澳资讯 51.7％股份,总裁唐骏同时兼任港澳资讯董事长,唐骏放言,港澳资讯将力争三年内上市。

2010 年 1 月 20 日,旗下港澳资讯收购北京胜龙网和深圳千寻网络,力争两年内上市。

2010 年 1 月 25 日,新华都旗下港澳资讯 CEO 唐骏以一贯的激情语调宣布,以总计约 2500 万美元的总价成功收购了千寻网络、联游网络、弘扬科技、胜龙团队等 4 家 IT 公司,这也是唐骏在帮助陈发树拿下港澳资讯后对 IT 产业的第一次投资。

2010 年 1 月 28 日,新华都实业集团股份有限公司总裁唐骏宣布,斥资 3200 万美元(约合人民币 2.18 亿元)入股上海奔腾电工有限公司。此次入股后,新华都占奔腾电工 19.9％的股份,成为奔腾电工第二大股东。

2010 年 2 月 21 日,48 岁的唐骏在接受《海峡都市报》记者采访时表示,他将个人投资一个亿,拍摄电影《你行我素》,预计 2010 年 10 月开机。2010 年 5 月 14 日,"2010 新财富 500 富人榜",新华都集团以 270 亿元资产排名第十位。

2013 年 1 月 28 日,唐骏在其个人微博上对外宣布辞去新华都总裁职务,离开新华都专注港澳资讯的业务,成为"港澳资讯"控股股东。

回顾分析唐骏几十年来的职业生涯发展路线,我们不仅看到他如何依靠智慧与努力主动改变着命运,也看到他成功光环背后的汗水。相信唐骏的故事对于我们每一个追求成长、希冀获得更大成功的经理人都是有启发的。

2. 创业的真实与梦想

近日,魔漫相机联合创始人黄光明应邀在中关村创业大街与众多创业者畅聊了《真实与梦想》,分享了他创业路上的思考和感悟。以下是此次演讲的内容整理:

创业者需要什么呢? 我想更多的可能是创业的经历、遇到的问题以及发生的一些故事。我为什么想说"真实与梦想"呢? 我觉得一个创业者首先应该有一个梦想。不只是创业者,每个人都应该有一个梦想,这个梦想可大可小,不管存在在什么地方,总是要有的。我比较坚信一个道理:一般有梦想的人都是比较快乐的。但别把自己的梦想设得太大,否则容易够不到。你稍微有一个小梦想,每天都回味一下这个梦想,可能你人生的每一天都会走得比较快乐。基于梦想,我跟大家讲一讲。我是从国外回来的,当时去国外的时候,有过一些小故事,在这里跟大家分享下。

刚去国外的时候,我有一个朋友,是做木材生意的,做得很大。他给我介绍说,你知道吗? 在北美西雅图这边有一个很大的公司叫麦克米兰公司,华盛顿州的山林基本都是它们的。我当时很好奇,它是怎么拿下来的? 很多人可能不知道,早期在美国西部是这样的,你爬到一座山峰上往四下望,你能看多远,视野所到之处,地都是你的,这就造就了麦克米兰拥有大量的土地、大量的森林。在今天看来,这是特别好的一件事情。实际上,当年的那些人都是先驱,都是一批有梦想的人。因为在当时的美国,往西边走,是特别不容易的。一家人拖着一辆大车往西边走,到处是一望无尽的原野和森林,以及各种各样的毒蛇和猛兽。坚持下来,非常不容易。而且有当地的土著人、印第安人以及意想不到的各种情况。所以,生存下来充满艰辛。可见有梦想,还要面对现实。

我记得我小时候家门口有个卖油条的。她在这卖油条我也不知道卖了多少年了,反正我从小都在吃她们家的油条。突然有一天,我发现卖油条的换人了。我感到特别惊讶:原来的人哪去了? 因为习惯了,每次买油条都找她,突然换人了还有种莫名的失落感。有一天,接替她卖油条的人告诉我,之前的那位阿姨回去开养猪场去了,她现在自己投资了个养猪场。这个事情对我来说,也挺震撼的。当时是零几年,想不到她通过卖油条这个小生意,积累了相当的财富,然后可以做自己想做的事情。由此,我也想到一些案例,如浙江商人做纽扣什么的,也能赚上亿的资本。我提到这个小故事是想说,小梦想其实也是可以实现的。

还有一个故事发生在我在国外工作的时候,我的第一个公司领导给我讲的,也很有意思。因为我刚开始工作,所以经常向他请教很多问题。如我经常问他下一步怎么办,最近这一周怎么办。在职场,我们经常有这样的说法:你的长期目标是什么?你的短期目标是什么?人需要设定一个短期目标,设定一个长期目标。我的领导给我说,你不用想那么远,短期目标就是今天晚上我要干什么,长期目标是这一周要干什么。我给大家讲这个是说,这也是一种梦想。它是把大的梦想拉近,变成一个小的梦想。说这事,意思是说梦想经常是这样的,最好是眼前的一块肉,每天都能拿到点,但是又拿不走。这个时候,其实你在追逐梦想的时候,你往前跑的时候最有干劲。真实来说,梦想还是比较遥远的事情。但是,作为创业者来说,真的是不能没有梦想。

跨界尝试:为什么要做魔漫相机?

为什么要做魔漫相机?当时我们的梦想是什么样子的?做起来后,这个梦想又变成什么样子?这可能是大家比较关心的一件事情,因为我们真实来说,做这件事情的时候总会有个开始,有个过程,也有在过程之中期望得到的一些结果以及结果发生后的一些变化。

我们刚开始做这件事是跟我在国外的经历相关。我是一个运气比较好的人,一路走来还比较顺利,但是很快遇到了天花板,也就是我自己的能力超越了我期待的目标,我总觉得有些事情我能做得更好,但是没法施展,受到了约束。这时就经常有创业的一种想法,我想试试能干什么。当时互联网正处在高速发展的时期,但是经常听到说"国外有什么,中国就去抄"这种说法,国内一些企业利用自己的地域优势、环境优势,抄一抄就能成功。我当时在硅谷,心里面产生了一种不平衡:我们为什么不做一个创新的东西?咱们又没那么笨。特别是当你近距离观察你的美国同事的时候,发现其实也并没有那么遥远,他们也并没有比你聪明到哪去。唯一不一样的就是人家想到一个主意就去做。原创的动力就是从这时来的。"要做一个别人没做的事情",这个思路一直在脑子里放了好几年。因为这个事情不是那么简单的,没有合适的人,没有合适的partner伙伴,没有合适的项目。

后来遇到一些朋友集中探讨这个事情。归纳起来,我们在寻找一个可以做的方向,到底什么能做?当时正好遇到了Amy。因为Amy是做艺术的,我是做系统的,属于技术出身的。后来在交流的时候发现艺术领域和技术领域,就是艺术和计算机的交叉点上,其实没有人去做。或者说,很多人做,但是做的路径和方向不同。这样一来,似乎有了一些交集,有了一些让人想不通的东西。我挺赞同上次和IDG郭总沟通时候,他说,当几个牛人或者几个挺能干的人凑在一起干一件谁也看不懂的事情的时候,可能是一件大事。现在回过头来,在那个阶段,我们没有感受到这一点,也没有认为自己是牛人。只不过当时的确觉得,这个里头想不明白,似乎有些东西应该是存在的。但是为什么没人做，说不清楚。因此我想说这种思路可能是创业的一种思路。

当时我的梦就是把艺术的东西放到计算机中去，随便拍一张照片马上就能出来各式各样的漫画和动画，这个多酷。其实，点就在这个点上。我们就是这样的想法，但是做的时候，其实这个梦变化了很多了。开始的时候我们在电脑上做，后来发现电脑不行，镜头像素不够，根本形成不了东西。另外又发现在实际的工作中，很多图形成不了，计算机的运算速度也跟不上，时间拖的很长等等，这一系列的问题都存在并发生着。2010年我们有幸去了世博，发现大家其实还是非常喜欢这件事情的，喜欢这种漫画形象和艺术表现形式的。基于此，我们确定了下一步的目标是在手机上做漫画。当时手机开始普及，智能手机也出来了，自拍和摄像方式逐渐改进了。这时，我觉得这才是我们最靠谱的一个梦想，在手机上完成制作漫画。

魔漫相机团队是08年成立的，我们的产品到13年才正式上线。当然，在中间的过程，我们不是说没有产品，没有其他的东西。要生存你必须有钱，我们也想办法赚钱去维持公司的运营。但是，更多的是我们一直坚持着这样一个小小的梦想，一直推动着这个梦想的发展，所以才有魔漫相机今天的出现。创业的过程还是蛮辛苦的。前两天和央视导演聊的时候，她问在创业过程中有没有遇到困难，我和Amy异口同声地说没有困难。其实不是没有困难，现在想想都过去了，但是不是说不存在。因此，对创业者来说一定要顶住困难，找出方法把它解决掉。

品牌口碑：魔漫相机是如何做起来的？

不少朋友经常问我：你做魔漫的时候是怎么想的，怎么做的，怎么推广的，怎么维护的，怎么融资的？……这里我也简单谈下。

关于怎么想的，上面我已经讲了一些。其实就是把它放在不同的领域跨界进行了一下排列组合。但这只是我们想到的第一步，其实我们在做之前做了一个很详尽的市场分析。06年微软做过类似的事情，没做成，或者没有做得那么好。前两天我去美国的时候，一个微软的同事说你们做的这个东西原来是我们做的。我说我完全了解你们的那个项目，不过你们没有做成。当时我们做了一个分析就是，微软这么大一个公司没做成的事情，在很长时间内一些大公司是不会做的。所以这给我们留下了三年到五年的空间、时间和窗口，我们可以去研发、研究，去推进。第二点，为什么在08年创立这个公司？08年是经济危机，这是一个很好的契机。我在看投资项目或创业的时候，可能和大家有一些不同的想法。我认为经济危机的发生会给大家带来两个机会：一个是大公司疲于奔命，忙于解决当前的生存和发展问题，没有时间和精力投在开发新产品上；第二就是经济危机的时候，小公司、创新公司融不到钱,很难发展起来。所以短时间内不会同时产生很多的竞争对手。这是我对经济危机的一些看法。假如大家能看到下一个经济危机,那时候创业我认为可能会是一个好时机。

通过分析,我们知道我们有足够的时间可以自我地去发展,去认认真真地搞研发。魔漫是一个以产品为中心的团队。其实我们没有做过什么推广,几乎全部是靠口碑一步步起来的。我记得魔漫相机第一天的下载量只有 25 个,第二天 174 个,第三天变成 400 多个,然后就是上千了。第四天上千的时候我就很兴奋了,我知道这个事情起来了。因为一般 APP 很少能够这么快地往上翻番。当时我们没有做什么推广,就是放到应用宝和安卓两个应用市场上,这两个应用市场在当时都不是很大,我们只是尝试一下。在过去这么多年,魔漫团队一直在踏踏实实做事,成员主要都是技术出身和艺术出身,没有其他多余的人去宣讲、去推动、去推广。魔漫基本就是这么做的,一步步深挖、深刻反省,研究产品的特性,一直在为今天打基础,做铺垫。

魔漫是怎么推广的呢?其实就是刚才我说的,魔漫没有做什么推广,就是靠产品、靠创意赢得用户认可的。当一个产品真正进入市场的时候,用户的反馈是最直接的。为什么魔漫坚持不做推广?我们坚持一年多,一点推广都没有做。一些朋友问我,魔漫团队有几个人做推广,我说一个半。我是一个,再加上我的一个助理,而且她的任务一半是管着公司其他的行政业务。所以,出于对产品的认识,把品牌和思想融入到产品中就行了。当时为什么做成单色呢?这个我已经讲过很多次了,单色就是给大家一个视觉冲击,让大家记住你的产品。另外,当时我们真的没有找到一个好名字,好名字都被占了。魔漫相机是个好名字吗?我不认为是一个好名字。但是这个名字最靠近,差不多能表达出产品理念。很多人问,为什么这么长时间魔漫不做彩色?是不是没有能力去做?其实不是,我们最初的漫画都是彩色,选择单色实际上是我们刻意而为,是为品牌做的一件事情,也是一件很冒险的事情。大家不喜欢你这种颜色怎么办?我们选单色选了 N 多种,几乎把设计师都逼疯了。因为你换一个颜色,几乎所有的东西都要改,都要调整。

说到推广,我们也尝试做过一些推广。说实话,花钱推广的效果真的很差,远远不如口碑推广。口碑推广最大的好处就是用户反馈都是真实的。而靠花钱来抓一个用户,不但成本很高,并且他们对产品的反馈未必是有用的。口碑打破了所有的欲望,人的欲望是蛮强的,就像打车软件,你给我钱我就想用。但是,没有钱的时候,产品本身和特点才是最强大的。这时用户的反馈才是最真实,最有价值的。所以我们特别关注用户反馈,一路上我们都在看着用户反馈。

魔漫为什么用我的头像当 logo?一位投资人说,你这小子太狡猾了,你不经意地把自己的头像成功地植入到了全球好几亿用户的手机里面。当然这只是一个玩笑。其实真不是这样,我们当初是因为选不出来,实在没办法,又必须上线,团队觉得我的形象比较喜庆,想着干脆把我的头像先放了上去,过一阵子再拿下来。没想到当用户量瞬间达到一定规模的时候就没法拿下来了,我成了魔漫的品牌了,所以到现在一直是这样的。如果你能看到早期下载平台的评论,你知道我也是承受很大的压力的。不过,我们还是就这样坚持下来了。这一点上,我们并不是刻意而为的。所以大家在创业的时候,多想如何把产品做好,把产品周边的东西都融入到产品中。如果起步出了问题,问题会跟着一辈子。还有需要提出的是,创业者务必把公司文化做好,一个好的文化才能酝酿出好的产品。在我们团队,我一直提倡正能量、正气,行为要正,做事要正。

有人说魔漫一夜爆红,火一把就死了。其实这只是一个表面现象,事实是并非如此。魔漫不只是一个单纯的拍照 APP,而是一种能力,一种绘画的能力,可以纵向发展,也可以横向发展。这种能力的获得,通常需要 10 年的功底,而魔漫相机让每个用户都可以快速具备这种能力,从而实现自由表达!这种能力就像翻山,打个隧道,再配上高速铁路,坐上车很快到达山的那一边,得到你想要的一种场景、情景或者心情。有了这种能力你能干什么?这是魔漫一直在做的。魔漫到现在也一直很强劲,每天都有几十万的下载,几十万的激活,而且是高度的全球化。魔漫相机拥有接近 1.8 亿用户,这些用户分布在世界的各个地方,各个角落。此外,全球有20 多万商家在用魔漫赚钱。

最后说下融资的事情。外界关于魔漫融资的传言很多,实际上魔漫只融了一轮,算是大 A 轮。对创业者来说,钱是次要的,更重要的是梦想以及如何面对问题。我的一个朋友说,人生中有四样东西是比较危险的,钱、权、玄、色,要主动抗拒这四样东西。关于融资,最好是需要多少用多少,匹配需求就可以了。魔漫是做起来后才融的资,是为梦想做的融资。不过说实话,融资后的压力是很大的,给钱的人是有要求的。

阿里巴巴是我们的战略投资方,但是魔漫是完全开放的,我们是所有人的合作伙伴,比如我们和腾讯、360、百度等公司都在进行着全方位合作。未来,我希望魔漫的合作伙伴能够越来越多,合作的内容和形式也越来越丰富。

3.宗庆后谈娃哈哈成功创业背后的创业故事

在杭州城站火车站对面、车来车往的高架桥下，一座不起眼的灰色小楼，在城市的喧嚣中默默伫立。

如果不看招牌，你很难相信，这里便是中国内地首富宗庆后工作的地方。"娃哈哈是在这里诞生的，25 年了，宗总舍不得搬家。"娃哈哈的员工说。

42 岁开始创业，从贷款 14 万元、靠三轮车代销汽水及冰棍开始，到拥有财富800 亿元，成为"2012 年中国内地首富"——25 年来，宗庆后心无旁骛，以超乎常人的耐力，坚守着自己的实业帝国。其个人奋斗史，无疑是一部真人版的"励志大片"。

在这座普通的小楼里，宗庆后笑呵呵地请记者喝茶，轻描淡写地讲述着娃哈哈诞生 25 年来的林林总总。

年均增长超过 60%的娃哈哈

"很多年过去了，我依然清楚记得那一天的情景：1987 年夏天的一个下午，天气闷热，杭州的小巷子里见不到人影。我骑车出了家门，去干一件有些冒险的事情——靠借来的 14 万元钱，去接手一家连年亏损的校办工厂。"提起往事，宗庆后有些动容，他告诉记者，创业初期的条件十分艰苦，可以说是白手起家。借来的 14 万元钱，也不敢全部用完，只用了几万元钱，简单地粉刷了一下墙壁，买了几张办公桌椅，就开张了。

有了自己的事业，宗庆后憋足了劲儿，但当时，他的"事业"却是蝇头小利的小生意，"我们代销冰棍、汽水，还有作业本、稿纸等，主要是为学生服务。一根冰棍 4分钱，卖一根只赚几厘钱。"早年创业的艰辛，已深深刻在宗庆后的记忆里。

随着时间的推移，宗庆后的业务范围也越来越广，开始为人家代加工产品。风里来雨里去忙活了一年，年底一算账，居然有了十几万元的进账。尽管赚了一些钱，但宗庆后认为，企业没有自己的产品，终究不是长远之计。

1989 年，宗庆后带领校办工厂的 100 来个员工，开始开发投产娃哈哈儿童营养液，并成立了杭州娃哈哈营养食品厂。"当时，国内食品市场的产品种类相对较少，就连方便面都是稀罕玩意儿。"娃哈哈儿童营养液一经面世便迅速走红。

1991 年，宗庆后做了一件更大胆的事：兼并了拥有 2000 多名职工的国营老厂——杭州罐头食品厂，娃哈哈食品集团公司正式成立。1991 年企业产值首次突破亿元大关，达到 2.17 亿元。

　　1994年，娃哈哈响应对口支援三峡库区移民工作的号召，投身西部开发，兼并了四川涪陵地区受淹的3家特困企业，建立了娃哈哈第一家省外分公司涪陵公司。此后，娃哈哈迈开了"西进北上"步伐，先后在全国29个省市自治区建立了160多家分公司。

　　1996年对于娃哈哈来说，是具有划时代意义的年份。这一年，宗庆后瞄准瓶装水市场，娃哈哈纯净水诞生。有经济学家曾认为，娃哈哈纯净水的出现，是宗庆后搭建商业帝国最重要的一块砖。

　　娃哈哈成立25年，其产品包括含乳饮料、瓶装水、童装等共十大类150多个品种。宗庆后坦言，25年来，娃哈哈在发展过程中经历了数不清的坎坷，甚至也曾走过弯路，但专心做实业、专注做品牌的信念始终没丢。

　　25年来，娃哈哈一直保持快速发展势头，年均增长超过60%。提起2012年，宗庆后由衷地舒了一口气，"1～9月，集团实现营业收入500亿元，上缴税金47亿元，预计2012年我们可以做到（营业收入）700亿元。年初的时候，也曾为今年的经营情况捏了一把汗，毕竟大的经济形势不是很好，但是现在，我们终于可以轻松一下了。"

"中国内地首富"的简单生活

　　"宗总不拘小节，也不怎么在意个人形象，有时候显得和这个世界格格不入。"娃哈哈的一名行政人员向记者爆料，一次，友人极力邀请宗庆后去参加一个时尚类活动，盛情难却，宗庆后只好前往。"全场的人都是西装革履，只有宗总穿着夹克衫，还是旧的，和当时的氛围极不协调，可他自己根本没有感觉到有什么不妥。"

　　和"首富"的头衔比起来，宗庆后的生活谈不上"品质"。平常，他总是穿一件普通的夹克衫，一双有点旧的布鞋，有些是最便宜的大路货，但他认为这很好，"几十元的衣服穿在身上，人家都会以为是几千元的，我干吗花那个钱？"宗庆后调侃道。

　　穿衣服随便，吃饭也很简单，用宗庆后自己的话说，这辈子最爱咸菜腐乳，身体照样健健康康。如果不出差，宗庆后的一日三餐几乎都在公司食堂解决。

　　杭州这些年变化很大，西湖变得越来越美，整个城市的环境也越来越干净、充满江南韵味。早年走街串巷送汽水的宗庆后，自以为闭着眼睛也走不丢，但最终他发现，杭州变得自己已经不认识了。"其实，不是杭州变化快，是他总忙于工作，根本没时间出去四处转转。"女儿宗馥莉总是劝父亲多出去走走，但宗庆后只要一出门，基本就是奔机场。

　　有一次，电视台录制节目，专门把他拖到了西湖边喝茶。节目录完了，他大发感慨："在这座城市活了大半辈子，没想到原来坐在这里喝茶这么舒服。"下属建议，干脆在西湖边租个地方办公得了，累了可以坐湖边喝喝茶，看看景。"那就光顾着喝茶观景了，看过的文件转头就得忘了。"宗庆后立刻否决了这个提议。

坚守实业"阵地"

25年，娃哈哈的总资产增长了57万倍。集团旗下的娃哈哈系列产品，销量一直稳居全国第一，在实体经济面临"空心化"、国际金融危机及欧债危机双重影响下，宗庆后如何立于不败之地？

宗庆后给出的答案是：一切源于我们的"专注"。"认真做好一件事，这是最简单，也是最难的。25年来，我们的信念从未动摇，快速积累财富的虚拟经济我们视而不见，一心一意做产品、搞实业，一心一意为中国老百姓提供最实惠的必需品，是我们不变的追求。"

在企业内部管理机制上，宗庆后可谓创造了一个很难复制的模式。宗庆后曾说："世界上很多成功的大企业，都有一个强势的领导人，都是'大权独揽'。"所以，一直以来，娃哈哈的"专制"在业界也是出了名的：娃哈哈集团直到现在也不设副总经理，生产、销售等各个领域的管理则是由各个部长负责。

但这并没有妨碍娃哈哈员工的忠诚度，因为宗庆后虽然"专制"，却是个有情有义之人，25年来，他从未辞退过一个员工，一年中甚至有一半时间和员工奋战在一线。

一方面高高在上，一方面又和大家一起摸爬滚打，宗庆后深谙"中国式领导"的精髓。

4. 俞敏洪成立创投公司　三驾马车全部化身"天使"

教育是这样,只要方向对,只要人群对,只要有商业模式可以探讨,只要有后续的钱跟上,就一定不会死。　　　　　　　　　　　　　——俞敏洪

决胜东方教育创业大赛落幕,作为导师的新东方董事长俞敏洪透露出将投资教育项目的意向,而他新成立的投资公司也浮出水面,至此,新东方原三驾马车全部化身天使投资人。不过值得注意的是,虽然这些有着教育背景的投资人项目中,教育企业并没有获得巨额回报,但并不妨碍他们乐于当创业者导师的热情。

俞敏洪或投资教育项目

在刚刚结束的决胜东方教育创业大赛上,作为主评委的俞敏洪一改往日青少年心灵导师的温和形象,突然变得"犀利"起来。尽管已经是中国最大民营教育公司的掌门人,俞敏洪在面对一群"80后"、"90后"创业者时,他的许多提问直接切中要害:"你的商业模式是什么?""客户不需要你了怎么办?""你怎么给员工发工资?"

"严师"背后,俞敏洪多少会藏有一点"私心",因为他也要做投资人了。"在这次创业大赛中,我已经看了几个项目,我觉得我还是有投资意向的。教育是这样,只要方向对,只要人群对,只要有商业模式可以探讨,只要有后续的钱跟上,就一定不会死。"俞敏洪也表达出自己对于投资的看法。

俞敏洪所说的有"投资意向",并不是指新东方,而是指他个人,他创立的投资公司已于近日低调完成注册。据北京工商局网站的信息显示,俞敏洪所创立的投资公司为北京洪泰同创投资有限公司,注册资本1000万元人民币,注册时间为10月24日,另一个法定代表人为华泰联合证券前总裁盛希泰,盛任执行董事,俞敏洪任监事。

"另外一位合伙人虽然不如我有名,但是实力比我雄厚很多,家里的钱比我多好几倍,他曾经为中国的所有大公司做过投资,是中国PE行业最著名的投资人,后来在我的教化下,他突然对年轻人感了兴趣,现在改行做了天使投资。"俞敏洪表示。

三驾马车全部化身"天使"

相较于俞敏洪这个姗姗来迟的天使投资人,新东方另两位联合创始人徐小平、王强则早在八年前便成立了真格基金,新东方成功赴美上市后,成功退出的徐小平和王强也有了更多的资本去做天使投资。随着俞敏洪加入天使投资人阵营,原新

东方的三驾马车至此已全部化身"天使"。

如今,已成为知名天使投资人的徐小平在创投圈仍保持着较高的曝光率,由于对教育行业的特殊情怀,徐小平对教育类创业项目格外青睐,有业内人士透露,徐小平投资的教育项目不低于 50 个,而"好说话、出钱爽快"也成为创业者对徐小平的一致评价。甚至有教育创业者曾表示,只与徐小平谈了不到半小时、在徐还没有搞明白具体商业模式的时候,便决定投资了。徐小平亦多次在公开场合表示,他投资时只看人、凭感觉,有时候投资者滔滔不绝的演讲魅力便能使他慷慨解囊。

不过,尽管徐小平对教育项目情有独钟,并立志投资打造出下一个新东方,但到目前为止,教育项目并没有给他带来物质利益上的回报,反倒是世纪佳缘、兰亭集势、聚美优品这些非教育项目上市后让他赚得盆满钵溢。其中,聚美优品今年 4 月成功 IPO,上市之初市值便冲破 30 亿美元大关,徐小平获得回报超过 600 倍,成为背后投资者中最大的赢家。

投资之余亦当创业导师

值得注意的是,教育行业出身者后来转做投资的远不只俞敏洪、徐小平等人,学大教育、学而思前高管在公司上市退出后,或多或少亦扮演着天使投资人的角色,其中,学大教育联合创始人姚劲波、学而思联合创始人曹允东均是二次创业者,姚劲波投资了宝驾租车,曹允东投资了小马过河。与"天使"相伴的,是"导师"身份,上述人士近几年在各种公开场合均是一些创业大赛中的导师。

"有过成功的创业经历、手里也不差钱、具有一些偶像素质,是他们成为年轻人创业导师的主要原因吧。"有创业者曾如此表示。

5. 马云励志创业故事

一个人优秀不一定是全面的,马云三次高考失败,最后去了一个很普通的高校,但他志向很高,脑子灵活,可以搞活动,能人所不能,敢做敢拼命。

很多人都想创业,但他们似乎有一个同样不创业的理由:我没有钱,我要是有钱的话,怎么怎么样……似乎只要有钱,他就一定能创业成功。

可是马云的创业经历告诉我们,没钱,同样可以创业,同样可以创出一番伟大的事业。

马云有过三次创业经历,创业开始都没什么钱。

第一次:创办海博翻译社

马云之所以要办翻译社,主要是基于三个方面的考虑:1.当时杭州很多的外贸公司,需要大量专职或兼职的外语翻译人才;2.他自己这方面的订单太多,实在忙不过来;3.当时杭州还没有一家专业的翻译机构。

很多人光有想法,从来都不会有行动。但是马云一有想法,却是马上行动。当时是 1992 年,马云是杭州电子工业学院的青年教师,28 岁,工作 4 年,每个月的工资还不到 100 元。但没钱,不是问题,他找了几个合作伙伴一起创业,风风火火地把杭州第一家专业的翻译机构成立起来了。

创业开始,也是举步维艰,第一个月,翻译社的全部收入才 700 元,而当时每个月的房租就是 2400 元。于是好心的同事朋友就劝马云别瞎折腾了,就连几个合作伙伴的信心都发生了动摇。但是马云没有想过放弃,为了维持翻译社的生存,马云开始贩卖内衣、礼品、医药等等小商品,跟许许多多的业务员一样四处推销,受尽了屈辱,受尽了白眼。

整整三年,翻译社就靠着马云推销这些杂货来维持生存。1995 年,翻译社开始实现赢利。现在,海博翻译社已经成为杭州最大的专业翻译机构。虽然不能跟如今的阿里巴巴相提并论,但是海博翻译社在马云的创业经历中也划下了重重的一笔。

海博翻译社给马云最大的启示就是:永不放弃。

没有钱,只要你永不放弃,你就可以取得成功。

第二次:创办中国黄页

中国黄页是中国第一家网站,虽然是极其粗糙的一个网站。网站的建立缘于马云到美国的一次经历。1995年初,马云参观了西雅图一个朋友的网络公司,亲眼见识了互联网的神奇,他马上意识到互联网在未来的巨大发展前景,立即决定回国做互联网。

创业开始,马云仍然没有什么钱,所有的家当也只有6000元。于是又变卖了海博翻译社的办公家具,跟亲戚朋友四处借钱,这才凑够了8万元。再加上两个朋友的投资,一共才10万元。对于一家网络公司来说,区区10万元,实在是太寒酸了。

很多人都说,做网络公司,没个几百万上千万是玩不转的。又有人说,如今的环境跟马云创办中国黄页的时候截然不同了,那时10万可以,现在肯定不行。我说,这全都是借口。说这样的话的人,这辈子也不可能有什么大的成就,因为他们眼里看到的都是困难。

对于中国黄页来说,创办初期,资金也的确是最大的问题。由于开支大,业务又少,最凄惨的时候,公司银行帐户上只有200元现金。但是马云以他不屈不挠的精神,克服了种种困难,把营业额从零做到了几百万。

当然,后来中国黄页被杭州电信收购了。但是我以为,中国黄页在马云手里,依然是成功的。

第三次:创办阿里巴巴

阿里巴巴无疑是中国互联网史上的一次奇迹,这次奇迹是由马云和他的团队创造的。

但是阿里巴巴创业开始,钱也不多,50万,是18个人东拼西凑凑起来的。50万,是他们全部的家底。然而,就是这50万,马云却喊出了这样的宣言:我们要建成世界上最大的电子商务公司,要进入全球网站排名前十位!

那是1999年。1999年,中国的互联网已经进入了白热化状态,国外风险投资商疯狂给中国网络公司投钱,网络公司也是疯狂地烧钱。50万,只不过是像新浪、搜狐、网易这样大型的门户网站一笔小小的广告费而已。阿里巴巴创业开始相当艰难,每个人工资只有500元,公司的开支一分钱恨不得掰成两半来用。外出办事,发扬"出门基本靠走"的精神,很少打车。据说有一次,大伙出去买东西,东西很多,实在没办法了,只好打的。大家在马路上向的士招手,来了一辆桑塔纳,他们就摆手不坐,一直等到来了一辆夏利,他们才坐上去,因为夏利每公里的费用比桑塔纳便宜2元钱。

8年过去了。

2007年11月6日,阿里巴巴在香港联交所上市,市值200亿美金,成为中国市值最大的互联网公司。马云和他的创业团队，由此缔造了中国互联网史上最大的奇迹。

中国大部分想创业的人都是一样，晚上想想千条路，早上起来走原路。他们比马云聪明多了，能想出非常多的创业好点子来，但是他们从来没有去执行过。因为他们有着太多的借口和理由。

"我没有钱。"他们都这样想。于是，他们继续过他们平庸的生活。

马云的生活轨迹

大学生涯：在他被杭州师范大学，这所被认为是杭州最差的大学录取前，已经2次高考落榜。进入大学后他要为成为一名中学英语教师而学习，期间他当选过校学生会主席及杭州学联主席。

当他毕业时，有幸成为500名毕业生中唯一被分配到大学任教的学生。他的工资是100～120元RMB/月，相当于12～15美元/月。他一直有个梦想就是，完成5年的合同后进入一家企业，无论是酒店还是其他企业。1992年中国的经济环境出现了变化，于是他去应聘了很多工作，但都失败了。其中有一次应聘肯德基总经理秘书时遭到无情的拒绝。

之后在1995年他去了西雅图，当了一家贸易代表团的口译译员。一位朋友首次让他知道了有种新事物叫互联网。他们在雅虎上搜索"啤酒"（BEER）一词，发现没有任何有关中国的信息。他们决定创办一家网站并注册了中国黄页（ChinaPages）这个域名。

为创办公司他借了2000美元，当时他还对电脑和电子邮件一无所知，甚至连键盘都没接触过。这就是为什么他称自己是"盲人骑瞎驴"。

与中国电信的竞争持续了一年，最后中国电信的总经理出资18.5万美元与他的公司合资，当时这是他一辈子里所见到的最大一笔钱。但不幸的是，中国电信获得5个董事席位，他的公司只拿到2个，他们提出的任何意见都被中国电信否决了。这就像蚂蚁和大象的较量，他不得不辞职，随后接受了北京的邀请掌管一个负责推广电子商务的新政府机构。

但他的梦想是建立自己的电子商务公司。1999年他召集了属下的18个人，并花了2个小时和他们谈自己的看法。所有人都将钱拿了出来，一共是6万美元。于是他们开始创立阿里巴巴集团。他想打造一家全球性的公司，于是名称也取了个洋名。阿里巴巴很容易拼写，而且每个人都知道"芝麻开门"的故事，这是一千零一夜里的阿里巴巴开启宝库的口令。

阿里巴巴之所以能生存至今有三个原因，没钱、没技术、没计划。因此花每一分钱都很认真,办公室就设在他的房间里。2000 年他们从高盛集团和软银集团获得了融资,之后阿里巴巴开始不断扩展。

今天他们还留在中国是因为他们相信:着眼全球、立根中国是胜利之本。他们独立制定了自己的业务模式,关注点放在中小企业上,并未像很多其他中国企业一样复制美国的模式。他们关注产品质量,这就是"点击就能获得"的服务。

他曾将阿里巴巴称为"1001 个错误",是因为扩张太猛,在网络泡沫时期不得不进行裁员。2002 年他们剩下只够维持 18 个月的资金,网站的用户很多都是免费用户,他们不知道如何能赚到钱。因此他们开发了一种帮助中国出口商与美国公司做生意的产品,这个模式拯救了公司。到 2002 年底时,他们赚得了 1 美元利润,之后每年的利润都在提高,现在阿里巴巴非常赚钱。

从这些黑暗的日子学到的教训是,团队必须要有价值、创新能力和远见。此外,你不能放弃,在力量小的时候必须依靠智慧而不是蛮力。

上市是阿里巴巴的一个重要里程碑,时机也很适当。这家 B2B 公司已经发展壮大、市场环境很好、组织管理有条不紊。阿里巴巴的成功上市说明大陆公司同样能在香港上市,并能获得很高的估价和吸引全球投资者的兴趣。

他的目标是建立一个电子商务生态系统,允许消费者和企业在线处理任何类型的业务。他们已经与雅虎合作搜索领域,并推出了在线拍卖站点和在线支付系统。他希望为中国创造 100 万个工作机会,改变中国的社会和经济环境,使中国成为世界最大的网络市场。

他只是一个纯粹主义者,生命中最重要的是影响其他人和推动中国的发展。但在生活中,他又是轻松和快乐的人,非常知足。

马云创业成功的原因

马云他自身的个人素质起到了决定性因素。

(1)坚忍不拔,永不言弃。

马云说:今天很残酷,明天更残酷,后天很美好,但绝大多数人都死在明天晚上,看不到后天的太阳。机遇亦是挑战,马云的一个抉择有时候会关系着集团的存亡。从一开始的资金不足,国外同类网站竞争,与雅虎的股权之争,到 2011 年的"十月围城",再到今天阿里集团内部的腐败,卖家信誉问题,马云一直面对着外界和公司内部的困扰,马云曾说,"如果有下辈子,我再也不做电子商务了。"这充分透出这位创业领袖的辛酸与无奈。在面对外界质疑阿里巴巴背离了当初创业的理念时,马云在微博中回应:"公司想挣钱是正常的,不想挣钱是不正常的。淘宝经历了九年不正常!"我们无法想象要有大多的勇气才会做出一个让社会骂声一片的决定。可是,马云就是马云,他坚持下来了,而且他一直在艰难的做着决定,在今天看来也是正确的决定。也正是一次又一次十字路口的抉择,体现出这位成功者的睿智坚韧与冷静果敢,也续写着阿里巴巴的神话。一路风光在险峰,阿里人,仍然在路上。

(2)以天下人为师,永远保持零度状态。

已过不惑之年的马云,从小不认为自己是聪明人,他说自己像阿甘一样简单。但是他善于学习,善于汲取别人的智慧和宝贵品质,并融入自己的血液中。2004年达沃斯年会上,马云安静的坐在角落里,看着来来往往的大人物们,他喜欢这种场合,也喜欢这种旁观者的姿态,因为他即使是默默地看着,也能学到很多东西。

(3)诚信做人,童叟无欺。

诚信是市场的基石,是企业制胜的法宝。靠诚信经营企业,打造一个诚信的网络平台,这是最简单又必要的东西,也是最优秀的的模式。阿里巴巴从建立之初就十分注重诚信。对于当时的阿里巴巴来说,"可信"这条可以说是近乎苛刻的。马云要求阿里巴巴上的一切商业信息,都必须经过信息编辑的人工筛选,而当时的公司只有18名员工。也因为这样,阿里巴巴的诚信通的创立有着特别的意义。这种透明的交易是一种诚信交易的表现。只有诚信,才能获得消费者的信任,才能使网上电子贸易得以深入人心,发展壮大,也是阿里巴巴长期高速发展的一道简单符号。

(4)客户永远第一。

十年以来,假如说阿里巴巴活下来的其中一个很重要的理由,那就是坚持客户第一、员工第二、股东第三,不管任何时候。马云在演讲时这么说:"其实我们很多上市企业基本上在上市之前都是坚持的,因为客户给我们钱,因为员工创造了价值,因为股东信任我们。但是上了市以后,往往会颠过来说股东第一,假如股东第一,你就会压力变大,因为股东不了解你的企业,90%的股东不知道你在干什么,他们是从财务报表看你,你必须要知道你自己干什么。所以,所有的创业者必须上了市以后,自己仍就是普普通通的创业者,坚信服务好你的客户,坚信让你的员工成长,坚信对你的股东尊重,我认为股东第三不是对股东看不起,而是在分配资源的过程中,把股东放在第三位,是对股东资源的决策。但是,对股东必须透明,只要你透明,讲实话,讲清楚,我相信会得到理解,因为你做好了客户,做好了员工,股东利益一定能得到保障。"

马云谈如何创业才能成功

第一、创业启蒙

马云说：100个人创业，有95个人连怎么死的都不知道……残酷的市场面前，马云活了下来，成为创业者们梦想中的财富奇迹。可谁又能想到他成功背后的辛酸艰险？毕竟市场不是乱世的江湖，创业不是侠客的游历。创业之路充满未知的险阻，您是否充分考虑过自己有足够的准备面对这一切了呢？

马云语录：

做人、做事、做企业必须一贯。

立自我、追求忘我。

做一份工作，做一份喜欢的工作就是很好的创业。

小公司的战略是两个词：活下来，挣钱。

五年以后你还想创业，你再创业。

创业者书读得不多没关系，就怕不在社会上读书。

马云之"创业启蒙论"：创业者的品格将直接决定创业的成败，"成功创业者"必须具备的5大基本素质：1、优秀的人格魅力；2、正确的做事原则；3、恒定的创业梦想；4、坚定的事业目标；5、保持做人、做事、做企业的一致原则与方向。

第二、资本运作

创业时刻，一分钱就能逼死英雄好汉。创业者们似乎都跳脱不了资本的怪圈，当的是自己的老板，却是资本的奴隶，事业刚刚起步，就被资本断奶，问题究竟在哪？50万元的成本成就市值近百亿的互联网帝国，六分钟内融资8200万美元，马云的手中资本总是掌运自如，秘诀究竟在哪？

马云语录：

最优秀的模式往往是最简单的东西。

很多人失败的原因不是钱太少，而是钱太多。

赚钱模式越多越说明你没有模式。

记住，关系特别不可靠，做生意不能凭关系，做生意也不能凭小聪明。

这世界上没有优秀的理念，只有脚踏实地的结果。

一个好的东西往往是说不清楚的，说得清楚的往往不是好东西。

马云之"资本运作论"：资本不是凭关系，而是凭项目，只有成功的项目才具备投资的价值，才能吸引投资者的目光。

选择项目、制定项目的方法就是争取资本的方法；一个优秀的创业项目是做好而不是做大，更需要注重项目细节的可执行性。

第三、战略管理

创业如同建房，脑海中先有房子的形状，画下来形成图纸，按照图纸选址定位，施工建造，一砖一瓦，终于化为摩天大楼矗立在现实中。战略通常被创业者们理解为脑海中的雄伟图像,或图纸上的先进设计,却忽略了战略的本意——实战实用。

马云语录:

战略不能落实到结果和目标上面,都是空话。

蒙牛不是策划出来的,而是踏踏实实的产品、服务和体系做出来的。

小企业有大的胸怀,大企业要讲细节的东西。

所有的创业者应该多花点时间,去学习别人是怎么失败的。

关注对手是战略中很重要的一部分,但这并不意味着你会赢。

马云之"战略管理论":战略≠结果。从战略到结果,企业需要落实执行每一个过程的细节,需要落实产品、质量、服务的管理机制,更需要踏实谨慎的态度;关注对手≠发展自身。要关注对手更要发展自身,先观察别人如何失败的,避免自己的失败,再学习别人如何成功的这样更快迈向成功,战略初期要轻功利重发展。

第四、市场营销

营销顾名思义经营在前,销售在后,经营为本,销售为末。实践证明,在商品市场经济的时代,新产品的寿命不断缩短,任何时候都有可能会被超越,被取代,营销正是适应这种新变化而产生的。

马云语录:

"营销"这两个字强调既要追求结果,也要注重过程,既要"销",更要"营"。

免费是世界上最昂贵的东西。所以尽量不要免费。等你有了钱以后再考虑免费。

要少开店、开好店,店不在于多,而在于精。

有价值观,没有业务称为小白兔,一个公司小白兔多了以后,那就是一种灾难。

男人的胸怀是被委屈撑大的,多一点冤枉,少一些脾气你会更快乐。

马云之"市场营销论":一是市场与产品,先了解市场需求再开发产品,时刻拥抱市场变化,倾听客户声音,才能在市场利于不败之地。二是"营"与"销","营"是过程是影响力,"销"是结果是数字,二者缺一不可。三是经营与服务,经营好比经营多更重要;不要盲目免费为客户服务;营销需要快乐积极、诚信真实的态度。

第五、创意执行

"愿为你的一个想法付一千万",投资者们常常这样告诉创业者。"我的想法可以卖到一千万",创业者常常这样对自己说。也许能够执行的创意离想象中的差了十万八千里,但请记住这个用一千万能被执行的创意就是具有一千万价值的好创意。

马云语录:

我们应该为结果付报酬,为过程鼓掌。

文化贯彻是最关键的。

改变文化很难,但也不是不可能。

很多人的问题是因为他们回答的全是对的。

公关是个副产品,由于你解决了以后会逐渐传出去,这才是最好的公关。

短暂的激情是不值钱的,只有持久的激情才是赚钱的。

马云之"创意执行论":创意构想是过程,执行实现才是结果;企业的创意归根结底要服务于企业的效益——服务并完善企业的管理、决策、文化、制度、公关……等各个方面;不要因为创意而创新,创意最初和最终的目的是为企业创造收益和效益,也更需要贯彻落实、执行到位。

第六、人力开发

创业者也许有多重身份,但最重要的就是领导身份,领导者的意义在于不是一个人把所有的事情都干完,也不是把所有的事情交给别人干,而是带领别人一起干。创业路上,创业者们不要做孤胆英雄。

马云语录:

最大的挑战和突破在于用人,而用人最大的突破在于信任人。

我不愿意聘用一个经常在竞争者之间跳跃的人。

多花点时间在你的其他员工身上。

有时候学历很高不一定(能)把自己沉下来做事情。

什么都想自己干,这个世界上你干不完。

永远要相信边上的人比你聪明。

现在你需要踏踏实实,实实在在跟你一起干的人。

马云之"人力开发论":用人判断准则:职业道德、团队意识、学习态度、适合发展;用人遵循原则:平等对待、公私分明、礼贤下士、突破信任。

第七、风险控制

企业是艘船,创业者是船长兼舵手,水手是团队,乘客是客户。遇到暗礁与暴风雨,船长应该如何安排乘客、水手、自己的位置?在机会面前怀疑,在困难面前乐观,相信很多灾难都能避而过之,企业之船也将更加稳健地前进。

马云语录:

上当不是别人太狡猾,是自己太贪,是因为自己才会上当。

领导力在顺境的时候,每个人都能出来,只有在逆境的时候才是真正的领导力。

有时候死扛下去总是会有机会的。

暴躁某种程度上讲是因为有不安全感,或者是自己没有开放的心态。

　　马云之"风险控制论"：风险可能：投资风险、逆境风险；风险应对：客户第一、员工第二、对手第三；坚持下去，永不放弃；吸取教训，有所放弃。

　　第八、成功创业

　　成功是一，失败是九十九。在现在信息如此发达的时代，创业者的成功已经不是秘密，他们的成功故事可以不断复制，印成书、制成光碟、在互联网上人人传颂，但是他们的成功的经历却不可复制，扪心自问，同处相同的环境里，自己的选择是什么，自己的策略又会是什么，结果又会引向什么样的道路？

　　马云语录：

　　一个成功的创业者，三个因素，眼光、胸怀和实力。

　　80年代的人还需要摔打，不管做任何事，要检查主观原因。

　　永远把别人对你的批评记在心里，别人的表扬，就把它忘了。

　　没有一个良好的过程任何一次成功都不可能被复制。

　　不管你拥有多少资源，永远把对手想得强大一点。

　　有结果未必是成功，但是没有结果一定是失败。

　　马云之"成功创业论"：成功背后的支撑：制度、人才、执行力；成功必经的磨炼：摔打、批评、总结、检讨；成功者的素质：眼光、胸怀、实力。

　　马云说："我无法定义成功，但我知道放弃就是失败！成功不在于你做成了多少，在于你做了什么，历练了什么！"作为这个时代草根创业的代表人物，以及继续在创业路上的先行者之一，马云的企业经营论断或许不能直接给创业者们带来成功，却能给予一个提示，一个视角，一个忠告，一个鼓励，告诉所有创业中的人们，创业不是孤军奋战，处处都有同伴。

6.百度创业故事

硅谷是一个神奇的地方。

硅谷其实不是谷,从地域上看,硅谷位于美国加利福尼亚州,是旧金山市和圣何塞市之间一块 30 英里长、10 英里宽的狭长地带。此地背靠太平洋海岸山脉,面对旧金山湾的一片海洋,为山海所环绕,这里并不是一个真正的谷,只是在人们想象中是一个"谷",一个高科技之谷。

1997 年夏天,李彦宏离开工作了三年半的松下信息技术研究所,从新泽西州踏上去硅谷的第二次创业之路。

硅谷是李彦宏心中的梦。那里有 HP、SUN、网景、Yahoo、Oracle,有 Internet 和 VC 投资商,还有斯坦福大学和加州大学伯克利分校。那里的每一寸土地,每一寸阳光,都是那么让他向往。

威廉·张站在 Infoseek(搜信)大楼的门前迎接他。这位 Infoseek 的 CTO 来自台湾,哈佛博士头衔,从工程师干到 CTO,也算身经百战的"江湖高人"。他是在那次 OCR 的学术会议上与李彦宏邂逅相遇,两人谈技术,谈大陆,谈台湾,谈中华文化,谈互联网,谈搜索引擎……人逢知己。威廉·张极力怂恿李彦宏到硅谷 Infoseek 共谋发展。再加上李彦宏原来供职的松下信息技术研究所,实为道琼斯属下的一家专门分析财经数据的专业咨询公司。李彦宏的头衔是"高级顾问",平日里接触最多的就是财经新闻,而《华尔街日报》更是他每天的必修课,Yahoo 的杨致远,网景的安德森这些互联网追捧出来的神话英雄,几乎天天占据华尔街日报的重头版面,李彦宏心里隐隐有了一股冲动——到硅谷去。他是一直想"做大家需要的东西",而加盟 Infoseek 使他兴奋不已。看着每天有几百万人在使用自己设计的东西,他心里有说不出的满足感。

李彦宏的住所离网景公司很近。网景当时是华尔街的"红人",开发了一个称作"领航者"的浏览器软件,连微软都惧怕三分,股民追,媒体捧,是大家心目中的"富翁速成机器"。李彦宏晚饭后常去网景公司附近散步,看着一栋栋办公楼拔地而起,尘土飞扬的工地几个月就变成了漂亮的网景工业园区,让他一次次地感叹新经济的魔力。硅谷的中国工程师很多,李彦宏也经常去参加大家的聚会,大家聚在一起常聊的话题,无非是哪家公司上市了,股票价格一路飙升啦;谁谁又通过 options(股权)赚了钱,别墅买到山上去了啦。

每一次谈话都是一次躁动。

李彦宏很喜欢 Infoseek 的开发环境,大家相互之间比较尊重,氛围轻松。对这位来自中国的工程师的技术功底,几乎没有人怀疑。有人更是这样评价李彦宏在 Infoseek 的贡献——威廉·张创造了第一代 Infoseek,罗宾·李创造了第二代 Infoseek。

其实李彦宏加入 Infoseek 的那阵子,公司是既辉煌也痛苦。跟大多数互联网公司一样,外面看起来像一团火、一尊神,内部人觉得是一块冰、一个坑。投资商给每家公司的压力——市场占有率要大,现金流要健康,盈利能力要强——还真应了那句古话"既要马儿跑,又要马儿不吃草"。Infoseek 和 excite 打得最厉害,Infoseek 的前任总裁约翰逊曾想通过紧缩开支来拖垮对手,结果 excite 没拖跨,自己反而被"拖垮"了。接替约翰逊的是 36 岁的哈瑞·马超。

马超果然不辱使命。到 1997 年底,Infoseek 第四季度的收入达到 1250 万美元,比去年同期增长了 105%,亏损为每股 0.15 美元,比华尔街预计的每股要少亏 0.05 美元。这是 Infoseek 上市以来最风光的一个季度。

1998 年 4 月,李彦宏与威廉·张一起参加了布里斯班世界互联网大会。在这次会议上,他认识了 Google 的两位年轻的创始人。李彦宏的印象中,这两个家伙也就 20 多岁,一副天不怕地不怕的样子。那次会议的来宾有二分之一与搜索引擎有关,李彦宏当时正在 Infoseek 做技术主管,大家对他好奇心很重,要求与他交流技术的人士一个又一个。于是,他们临时搞了个小型聚会,也就在会议的留言板上把自己的姓名和聚会地点留下,就来了 100 多人,那个时候,完全就像"西部淘金"。Google 的两位创始人也向他提出了很多技术问题,他也毫无保留地贡献了自己的研究心得。没想到就在三四年后,这两个家伙的 Google 像引擎杀手一样,相继把 Infoseek、Yahoo 砍于马下。当时身在硅谷的李彦宏就憋着一股劲,别的国家你攻城掠地也就罢了,可是在中国,我李彦宏是要与你血战到底的。

这个月还发生了另外一件大事:迪斯尼宣布购买 Infoseek40% 股份。迪斯尼的加盟,使华尔街兴奋无比,而对 Infoseek 的技术人员来讲,却是一段从天堂通往地狱的长路。迪斯尼的作风是典型的"排排坐",员工的升迁主要看资历,这对习惯了硅谷自由之风的年轻人来讲,就像关闭了一扇面向大海或者草原的窗景。李彦宏感觉到自己在 Infoseek 的美好时光已经不多了,虽然这时候他已经拥有 50 多万美金的 Infoseek 股权。

1998 年,李彦宏根据自己在硅谷工作以及生活的切身体验,在中国内地出版了《硅谷商战》一书,获得了各界的好评。

1999 年 10 月,中国政府邀请了一批海外留学生回国参加"国庆典礼",李彦宏有幸在受邀之列。这次中国之行,从根本上坚定了他回国创业的决心。此前的 1998 年夏天,李彦宏曾经应清华大学邀请,在清华作了一次技术讲座,搜狐的一帮员工也去听他讲课,课后这些搜狐员工鼓励他说:"你有这么好的技术,还不回国自己创业?我们搜狐买你的技术!"从"国庆典礼"返回美国的李彦宏已经无心再在Infoseek继续干下去,他想起了好朋友徐勇。徐勇是李彦宏刚刚从东部闯荡到硅谷的时候认识的,当时徐勇在一家制药公司做销售。后来,徐勇和一帮硅谷的中国人攒着拍摄的纪录片《走进硅谷》,在北京电视台和内地其他电视台还播出过。11月的某一天,徐勇邀请李彦宏到斯坦福大学参加《走进硅谷》一片的首映式,李彦宏便约好第二天与徐勇谈回国创业的大事。

李彦宏＋徐勇＋融资

《走进硅谷》首映式的第二天下午,徐勇应约来到李彦宏的家里谈"大事"。李彦宏拿出一份"保密协议",徐勇有些惊讶,但马上转为镇定——李彦宏在硅谷两年半,早已习惯了美国人的谈话作风。

徐勇在"保密协议"上签了字。李彦宏说,"我们回国做一家互联网公司吧。"

徐勇也是北大的高材生,当然,这时候他在美国的身份是生物学博士后。

两人一边吃饭,一边商量着各自在未来公司里的股份比例、职责分工、发展规划等等。对于这两个身处硅谷的"梦想家"来说,创业的躁动,对前景的向往,就像突然喷发的火山,一时之间,让他们激动不已。

硅谷11月的早晨,秋阳如春。经过一夜畅谈,两人美丽的新公司计划已然"万事俱备,只欠投资"。

他们的融资目标是100万美金。硅谷有的是投资家,据说一片树叶落下,总会砸住三个VC(风险投资商)。然而这一次风向变了,VC们的口味不再是门户,而是电子商务,其中商业模式B2B最受青睐。

没想到在这种情况下,竟然有三家VC愿意给他们这家技术公司投资。这些公司看重他们新公司的三个概念:中国,技术,团队。徐勇找理由把一家不太中意的VC婉拒了,另外两家,半岛基金(PeninsulaCapital)和IntegrityPartners,用他的话说,"热情得实在无法拒绝"。这些VC当然不是钱多得没处花,那天签字前,有个VC借故偷偷到房间外打电话问Infoseek的威廉·张,"这个罗宾·李真的很厉害吗?",威廉·张告诉他,"罗宾在引擎技术方面,在全世界可以排前三。"两家VC更放了心,有人甚至想独投,徐勇和李彦宏觉得还是两家一齐投资更好,一家60万美金。就是这笔跟投资人说是要花半年的钱,李彦宏足足制定了一整年的预算!

签订投资协议后,徐勇先回到了国内,李彦宏则在硅谷多呆了一段时间,看看老朋友,陪陪妻子马东敏。李彦宏和马东敏实属于"闪婚"一族,他们相识6个月就结了婚,并育有一个女儿,他们是在一次中国留学生聚会中认识的,马东敏毕业于中国科技大学少年班,两人认识时,她正在美国新泽西州大学生物系攻读博士学位。李彦宏常说如果没有妻子的帮助,他那本在清华大学出版社出版的《硅谷商战》是不可能完成的,他也更没有今天的回国创业了。

从阳泉到北京,李彦宏"走"了18年;从北京到美国,李彦宏"走"了4年;从美国再"走"回北京,李彦宏花了8年。李彦宏的每一步,都是人生追求和梦想的跨越。

李彦宏＋百度

1999年圣诞节那天,当所有东方的、西方的穷人和富人在家祈祷上帝的时候,李彦宏却穿云破雾要回中国去,很显然,这一天,飞机上的李彦宏比地球上的大多数人离上帝更近。8年前,他去美国的时候,也是圣诞节。不知道是巧合,还是故意,李彦宏事业中最关键的两天,都和上帝在一起。而这一回,他要回国干的搜索引擎业务,最大的竞争对手就是被西方网民称为"上帝"的Google。他决计要成为挑战"上帝"的人。

其实在决定开门立户之前,李彦宏的考察从1996年就开始了,他充分利用每年回国的机会,在各地转悠,看高科技公司在做什么,大学里在研究什么,老百姓的电脑在干什么。直到1999年国庆,大家的名片上开始印e－mail地址了,街上有人穿印着".com"的T恤了,李彦宏断定:互联网在中国成熟了,大环境可以了;而他个人呢,存折上的钱也差不多了——就算是两三年一分钱挣不到,也可以保证全家过正常的生活。于是他决定回国创业!

百度公司真正开张是2000年3月份,除了财务、出纳、行政外全是技术人员,李彦宏和徐勇兼做Sales,专职的技术人员有5人,其他都是来兼职的北大、清华的学生。不是不想多招几个技术人员,李彦宏感叹,国内真正懂搜索引擎技术的人才太少,只好一边干,一边培养。

公司开张时,李彦宏只规定了两条办公室纪律,一是不准吸烟,二是不准带宠物;前者是因为他不吸烟,后者是因为李彦宏对猫有些过敏,会打喷嚏。这种美国式的宽松办公环境一直延续至今,作为百度公司创始人和CEO,李彦宏如今管着近千人,办公环境特豪华,但工程师们仍然会穿着拖鞋一屁股坐在桌子上争论问题,他说:"在百度,我希望聪明人永远能无拘无束地工作与思考。"

创业之初李彦宏从没考虑过要租豪华写字楼,这个山西汉子似乎从骨子里渗透了晋商那种精打细算的沉稳与冷静。他为新公司选址在北大资源楼。这个地方紧邻北大,和中关村隔四环相望,非常适合技术创业。他这套选址的技术是从硅谷学来的,硅谷的很多IT创业公司就环绕斯坦福大学办公,老师和学生兼职起来方便。早期的硅谷创业公司,夸张点说,"是踩在特曼教授和他学生的肩膀上发展起来的!"

北大资源楼刚好余下两间房,420 在楼道的转角,面积大些,适合技术人员集中办公;406 正好在楼道的中间,不到 20 平方米,李彦宏就把财务、行政安排在里面。李彦宏自己的办公室设在 420 靠窗处,从窗口斜望去,他当年在北大读书时住的 43 号楼一览无余,每到晚上,43 号楼的灯光总能勾起他对大学生活的无限回忆。

北大资源楼被一片绿树环抱,楼下的那棵老槐树少说也有 30 年树龄了,那个夏天,知了在这棵树上炸开了窝,整个晚上不停地鸣叫,像在开一次没完没了的研讨会。420 房整夜亮着灯,有人困了,躺在椅子上就睡;有人实在扛不住睡意,就去厕所洗把脸,回到电脑前接着干;"烟民"们抵抗黑夜的办法明显更多,端一把椅子,在厕所旁的过道里吞云吐雾,听知了唱夜歌。百度就在这么一个校园民谣似的环境中诞生了!

2000 年 5 月,百度找到了自己的第一个客户,一家名叫硅谷动力的网站。李彦宏赶紧高兴地组织了一次自觉挺盛大的新闻发布会。也就是在这次发布会上,李彦宏遭遇了尴尬———做应用展示时,网络突然断了,什么也演示不了;到了问答时间,李彦宏眼巴巴地等着回答记者问题,却根本没记者举手提问,大家依旧不明白李彦宏究竟是干什么的。

然而谁又曾想到,十五年后的今天,"有问题,百度一下"已成为老百姓都很熟悉的广告语,而中国的记者们有成堆的问题希望李彦宏予以解答。当百度到美国上市路演时,大厅里人满为患,为聆听李彦宏的演讲,很多人只好靠墙坐着,他们中很多是管理着数十亿美金的基金经理,平常想求他们听你说几句话都没机会。

在 2000 年 6 月的互联网寒冬里,百度一举拿下新浪、搜狐、网易、TOM 的技术委托大单,并且又用了 2 年的时间拿下了 80% 的中文搜索引擎市场。

7. 比尔·盖茨的创业故事

2005 年 3 月 12 日，美国《福布斯》杂志公布全球富豪排名榜：今年的名单共691 人，是历来最长的。富豪们的总资产增加 3000 亿美元达 2 万 2000 亿美元。2005 全球首富位置仍是美国微软主席比尔盖茨，这已经是他连续第 11 年名列全世界第一位，身家有 466 亿美元。但是比尔盖茨与位居第二的股神巴菲特的距离已经缩小，后者的资产为 440 亿美元。

艰辛的创业

1973 年夏天，盖茨以全国资优学生的身份，进入了哈佛大学一年级，在那里他与 SteveBallmer 住在同一楼层，后者目前是微软公司总裁。

在哈佛，他仍然无法抵抗电脑的诱惑，于是就经常逃课，一连几天呆在电脑实验室里整晚整晚地写程序、打游戏。

1975 的冬天，盖茨和保罗从 MITS 的 Altair 机器得到了灵感的启示，看到了商机和未来电脑的发展方向，于是他们就给 MITS 创办人罗伯茨打电话，说可以为阿尔它（Altair）公司提供一套 BASIC 编译器。罗伯茨当时说："我每天都收到很多来信和电话，我告诉他们，不论是谁，先写完程序的就可以得到这份工作。"于是盖茨和保罗回到哈佛，从一月到三月，整整 8 个星期，他们一直呆在盖茨的寝室里，没日没夜地编写、调试程序，他们几乎都不记得寝室的灯几时关过，最后，他们终于成功了，两个月通宵达旦的心血和智慧产生了世界上第一台微型计算机 —MITSAltair 的 BASIC 编程语言，MITS 对此也非常满意。

三个月之后，盖茨敏感地意识到，计算机的发展太快了，等大学毕业之后，他可能就失去了一个千载难逢的好机会，所以，他毅然决然地从哈佛三年级退学了。他们深信个人计算机将是每一部办公桌面系统以及每一家庭的非常有价值的工具，并为这一信念所指引，开始为个人计算机开发软件。

很快，盖茨与艾伦迁往阿尔它公司所在地新墨西哥州阿尔布奇市（Albuquerque），正式创立微软公司 Micro－soft，当时盖茨才 19 岁。1977 年，苹果、康懋达（Commodore）和 RadioShack 进入个人电脑市场，微软提供 BASIC 给大多数早期的个人电脑，当时 BASIC 是最重要的软体元素。根据盖茨自己描述："在微软草创的前三年，其他的专业人员大多致力於技术工作，而我则负责销售、财务和营销计划……我每把 BASIC 卖给一家公司，就多一份信心。"就这样，在低价授权、以量致胜的方式促销下，微软 BASIC 很快成了电脑产业的软体标准，当时几乎每一家个人电脑制造商都会使用微软授权的软体。1979 年,盖茨将公司迁往西雅图,并将公司名称从"Micro－soft"改为"Microsoft"。

公司刚起步的时候,冲劲十足、精力充沛的的盖茨和保罗根本就不知道什么是疲倦和劳累,他们在一间灰尘弥漫的汽车旅馆中租用了一间办公室,开始了艰苦的创业旅程。他们挤在那个杂乱无章、噪音纷扰的小空间中,没日没夜地编写程序,饿了就吃个比萨饼充饥,实在累的受不了了就出去看场电影或开车兜兜风解困。

正当他们不知疲倦朝着梦想的电脑王国挺进的时候,微软卷入了一场灾难性的官司之中。

当时软件盗版情况特别严重,大大损害了盖茨的利益,盖茨认为罗伯茨对市场上 BASIC 编译器的盗版应该负责,于是将它收回卖给了 Perterc 公司,但这之前他曾经和罗伯茨签署过该软件的协议,允许 MITS 在十年内使用和转让 BASIC 程序和源代码。

很快,MITS 就将微软送上了法庭的被告席,高昂的律师费令盖茨不知所措,与此同时,Perterc 也拒绝支付微软版权费,法院仲裁过程慢如蜗牛,收入的减少和庞大的开支把微软送到了濒临破产的境地,盖茨和保罗几乎都捱不过去了。盖茨对那段经历至今历历在目,"他们企图把我们饿死,我们甚至付不出律师费,所以当他们有意与我们和解时,我们几乎就范。事情到了那么糟糕的地步,仲裁者用了 9 个月才发布那该死的裁决……"

不过,他们终于熬过来了,微软赢了这场官司。其实,盖茨当时完全可以向父母借钱,相信他的父母也会帮他度过难关的,但他没有,盖茨坚持微软必须自力更生。盖茨就是这样自己白手起家、艰难地、一步一步打下天下的。

1980 年是微软发展史上一个重要的转折点,当时无人不知、无人不晓的 IBM 国际商业机器公司占有大型电脑百分之八十的市场,也就是在这一年 IBM 决定开始制造个人电脑,并且找上微软公司,向他们购买作业系统的授权,于是个人电脑作业系统 PC－DOS 出现了,IBM 成了微软新软件的第一个授权使用者。随着 IBM 的个人电脑独霸市场,微软的软件也如雨后春笋般不断冒出,从而稳住了 IBM 的江山,也奠定了微软在电脑软件市场上不容忽视的地位。

就这样,比尔·盖茨凭着独到的眼光,坚信个人电脑的触角将深入未来每一个家庭中,也相信结合微处理器与软件将大大改写过去以大型电脑为主的生态,更能在个人电脑革命的初期即掌握稍纵即逝的创业机会,其后又一直保持正确的发展方向,锲而不舍,加上过人的经营头脑,终于成为全球首富与 IT 业最具影响力的人士。

什么都可以舍弃,就是不能舍弃事业

盖茨一直是一个以工作狂而著称的人物,即使到了 39 岁结婚的时候,他还经常加班工作到晚上 10 点以后,对于以前任何一个亿万富翁来说,这都是不可想象的事。尽管微软公司一向以员工习惯性加班拼命工作而闻名,但那些工作得眼冒金星的员工还是心悦诚服地说,他们之中几乎没有谁能比盖茨更辛苦。

盖茨自己曾经不止一次地说过:"微软是我永远的情人。"其实,在通往微软帝国辉煌的道路上,盖茨经历过无数次极端痛苦和无奈的选择,当求学、爱情、婚姻和事业发生矛盾或者冲突的时候,他都会毫不犹豫地放弃学位、心爱的女人,而选择微软和自己的事业。

1975 年 6 月,盖茨经过认真的考虑,说服了自己,决定放弃哈佛这所世界上最好大学的毕业证书,要求退学创业。接着,又说服了万分震惊的父母。这股毅然决然的勇气绝不是一般人所具有的。

在盖茨的心中,微软是高于一切的,为了微软,盖茨可以放弃一切。盖茨有关个人计算机的远见和洞察力一直是微软公司成功的关键。盖茨积极地参与微软公司的关键管理和战略性决策,并在新产品的技术开发中发挥着重要的作用。他的相当一部分时间用于会见客户和通过电子邮件与微软公司的全球雇员保持接触。

在盖茨的领导下,微软的使命是不断地提高和改进软件技术,并使人们更加轻松、更经济有效而且更有趣味地使用计算机。微软公司拥有长远的发展战略。

1995 年,盖茨撰写了《未来之路》一书。在书中,他认为信息技术将带动社会的进步。该书的作者还包括微软公司首席技术官 NathanMyhrvold 以及 PeterRinearson,它在《纽约时报》的最畅销书排名中连续 7 周位列第一,并在榜上停留了 18 周之久。

《未来之路》曾在 20 多个国家出版,仅在中国就售出 40 多万册。1996 年,为充分利用 Internet 所带来的新的商机,盖茨对微软进行了战略调整,同时,他又全面修订了《未来之路》,在新版本中,他认为交互式网络是人类通讯历史上一个主要里程碑。再版平装本同样荣登最畅销排行榜。盖茨将其稿费收入捐给了一个非盈利基金,用于奖励支持全世界将计算机与教学相结合的教师。

除计算机情结之外,盖茨对生物技术也很感兴趣。他是 ICOS 公司的董事会成员以及英国 Chiroscience 集团及其位于华盛顿州的全资子公司——ChiroscienceR& 公司(前身是 DarwinMolecular)的股东。他还创立了 Corbis 公司,该公司正在开发全球最大的可视化信息资源之一,提供全球公共与私人收藏的艺术和摄影作品的综合性数字文档。盖茨还与蜂窝电话的先驱者 CraigMcCaw 共

同投资了 Teledesic 公司,该公司雄心勃勃地计划发射数百个近地轨道卫星,为全世界提供双向宽带电信服务。

在微软公司上市的 12 年时间里,盖茨已向慈善机构捐献 8 亿多美元,包括向盖茨图书馆基金会捐赠 2 亿美元,以帮助北美的各大图书馆更好地利用信息时代带来的各种新技术。

1994 年,盖茨创立了 WilliamH Gates 基金会,该基金会赞助了一系列盖茨本人及其家庭感兴趣的活动。盖茨捐献的四个重点领域是:教育、世界公共卫生和人口问题、非赢利的公众艺术机构以及一个地区性的投资计划—PugetSound。

创业成功的秘诀

谈到如何成功创业,比尔·盖茨的思维模式、做事的方法和一般的企业家是不一样的。美国《财富》杂志和《福布斯》杂志曾访问比尔·盖茨,询问他成为世界首富的秘诀,比尔·盖茨回答说,他之所以成为世界首富,除了知识,除了人脉,除了微软公司很会行销之外,还有一个大部分人没有发现的关键——就是眼光好。

比尔·盖茨所说的"眼光好"有三层含义:

第一是要掌握最大的趋势。

微软公司的英文名字叫做 Microsoft,事实上是由 Micro 和 Soft 两个词组成。Micro 代表的含义是 Microcomputer,是微电脑的意思;Soft 代表的是 Software,是软件的意思,是给微电脑使用的软件。当比尔·盖茨创业的时候,全世界最顶尖的公司叫 IBM,由汤姆·斯沃森领导着。当时一台电脑有现在我们整个摄影棚这么大,但是比尔·盖茨的眼光已经看到 25 年之后,我们的桌上会摆上一台小型的电脑。IBM 则不是这样认为,这从它的名字也可看出来:I 代表 internation 即国际,B 代表 business 即商务,M 代表 Machine 即机器,所以 IBM 认为它的主要顾客是公司而非个人,而公司一般用大型电脑。

1977 年,美国有一个人叫史蒂夫·乔布斯,他创办了苹果电脑公司。苹果电脑叫做 ApplePC,PC 代表的真正含义就是 PersonalComputer,即个人电脑,乔布斯在 24 岁的时候资产一度高达 5 亿美元,成为全美年轻人崇拜的偶像,而那时比尔·盖茨连门都没有。但是 25 年之后,盖茨身价超过 600 亿美元,乔布斯身价才 10 亿美元,盖茨的身价超过乔布斯 65 倍。难道盖茨比乔布斯聪明 65 倍吗?不可能。是因为盖茨的眼光比乔布斯更好。我们常说,信息时代掌握信息资讯非常重要,事实上盖茨说这个不太重要,掌握未来的趋势才是最重要的。所以很多人在掌握信息,而盖茨这些最会赚钱的企业家在掌握趋势,而且要掌握全世界最大的趋势。乔布斯掌握了个人电脑的趋势,但盖茨了解控制电脑硬件的是软件,软件应该是一个更大的趋势,所以盖茨成为世界首富。

眼光好的第二层含义是你的市场要大。

我曾经在马来西亚的吉隆坡演讲,演讲完后有一个人很兴奋地跑过来说,听完演讲,他的人生有了一个伟大的目标——成为世界首富。我知道我的激励效果不错,但没想到两小时可以把他的梦想激发到如此程度。我问他是从事什么行业的,他说从事美容保养品。我问他美容保养品在未来是不是最大的趋势,他说应该不是。我说:"你在哪里卖你的美容保养品?"他说:"就在马来西亚,就在吉隆坡。"我问:"这位先生,马来西亚占整个地球有多大?"他的脸突然变得有点绿,他说:"不是很大。""吉隆坡占马来西亚有多大?"他的脸更绿了。我又问:"在马来西亚吉隆坡有多少人在卖皮肤保养品、美容保养品?"他说:"非常多,几百家。"我说:"全世界这么大,你只瓜分到这么一点点的市场,请问这位先生,你会成为世界首富吗?"他说:"不会。"

那么全世界有多少人使用电脑呢,数目惊人。你们的电脑打开来应当和我的一样,是 Windows 界面。正因为全世界有数目庞大的人群使用电脑,90% 的人又都使用盖茨的 Windows 软件,而且人群还在不断扩大,所以盖茨能成为世界首富。

眼光好的第三层含义就是从事竞争对手少的行业,竞争对手越少越好。

世界最早最出色的软件公司叫什么名字?微软公司。世界第一家可乐叫什么?可口可乐。世界第一家最顶尖的商务用电脑叫什么?IBM。通常最早做的都很容易成为第一品牌。

假设大家现在肚子饿了,面前有一块很大的蛋糕,如果一个人来吃,他可以随便吃;如果有 30 个人要吃怎么办,抢着吃。你们喜欢随便吃,还是 30 个人抢着吃?当然是随便吃。

所以一般人时常有一个错误的观念:这个人赚钱多,我该去加入他从事的行业。这就好像看到一个人吃蛋糕,他吃得津津有味,你此时加入,就只能吃到他剩下的。所以我们假如眼光真的好的话,我们要第一个从事某个行业,我们要第一个创立公司,我们要选择竞争对手少的行业来做。因为孙子兵法谈到,兵法最高的战略也即是企业最高的境界,就是不战而胜。

在比尔·盖茨还没有成为世界首富之前,他世界排名第二位,当时的世界首富是山姆·威顿——沃尔玛百货公司的总裁。山姆·威顿在美国开了 4000 家沃尔玛购物中心,如果一天考察一家店,得十余年才能考察完毕。于是我发现这些人赚钱这么多的理由很简单,就是因为他们的量很大。量大就是致富的关键。这句话真正的意思,也就是说还没有赚钱的只有一个原因,就是量不够大。量为什么不大?我认为有以下几点原因:

第一个就是市场的需求量不够。假设今天从事卖汽车的交易,你希望卖桑塔纳,还是希望卖劳斯莱斯?卖桑塔纳可能使你开的车是劳斯莱斯,卖劳斯莱斯可能你得回去开桑塔纳。这是个事实,劳斯莱斯公司就卖给了大众汽车公司。为什么会这样,因为可以购买劳斯莱斯汽车的这个市场需求度太小了。一个金字塔这么大,你只切到了金字塔尖的这么一点,这是很难赚钱的。所以我们要赚大钱的话,要尽量往量大的市场来进行。各位企业的老板要时常思考你公司现在销售的商品是不是过于处在金字塔上部,假如是这样的话,你公司的业绩可能没有办法太好,你必须更换产品的种类。

量不大的另一个原因是市场不够大。比如说你所居住的城市,人口只有 80 万到 100 万,而比尔·盖茨的软件是行销全世界几十亿人口,那你跟他比起来,即使智慧一样、能力一样,但他的市场大于你,你赚的钱还是会比他少。

第三点是基于产品的品质不良、价格不当。索尼公司的总裁说过,一个东西卖不掉通常有两个问题:第一是产品品质不好;第二是价格太高或者是太低。比如说你公司的产品品质不好,顾客买了之后经过大量宣传反而有负面的口碑,所以每一个公司都必须确保你公司的产品是同等级同价位当中最好的。产品价位太高顾客可能买不起,价位低一点,照道理讲销量应该更大,但事实上不一定如此。假如你今天得了心脏病,我推出一个世界仙丹,专门治疗你的心脏。我对你说:要不要试试看,世界上最便宜的心脏病药?心脏对你很重要,所以全世界最便宜的心脏病药,你反而不敢买了,你担心无效或是仿冒品。

下一个原因是推销技巧不良。我觉得一个公司最大的营运成本,不是说公司花了多少钱在硬件上、花了多少钱在软件上、或是花了多少钱做广告,而是没有被训练过的业务员。因为他们天天得罪顾客,天天损失营业额。每一个公司的老板必须把业务员训练得非常优秀,尤其是他必须派公司最出色的营销代表来做公司的业务训练。保罗·盖帝曾经说过,他宁愿找 100 个人来,每个人用 1% 的力量,也绝对不要自己一个人用 100% 的力量。一个顶尖的业务代表,他出去是一个人用了 100% 的力量,你不如派他来做训练,让 100 个人每个人用 1% 的力量,用正确的方法来销售产品,你公司的业绩才会提升。

产品的销售渠道太少也是量不大的原因之一。比如有一个产品非常好,在哪里可以买?不知道;到底哪里有?等我找到再告诉你;这个公司有电话吗?公司电话不详;公司有 E-mail 吗? 公司 E-mail 还没有登记。这个产品的销量能好吗?全世界再好的产品,它也不会自己长脚走出去,所以你的行销通路不够,顾客想买买不到,你公司的业绩会是有限的。

　　还有一点是因为公司的知名度或产品的知名度不够大。成龙最近拍了一部新电影有没有听说过呀? 肯定没有,因为成龙最近并没有新电影发布会。假如成龙发布了新电影的话,我们一定是会知道的,他一定会做宣传。每一个企业都需要记住三个词:第一个叫做宣传,第二个叫做宣传,第三个还叫宣传。

　　现今的比尔盖茨不仅仅专注于公司事业,更多的是慈善事业。一位成功的人不是他创造了多少财富,而是他懂得了更多的分享与奉献。比尔盖茨就是这样一个人。

8.携程四君子的创业故事

携程为什么能成功？季琦说,因为我们四个人不同。一位携程的老人告诉记者:梁建章是深挖坑的人,他管理细腻而又善于拥抱新事物,最后选择去美国读博士,理想是做个研究型企业家;沈南鹏熟悉投行业务,平日里也像一架高速运转的精密仪器,走到哪里,就把一阵强风带到哪里;范敏,勤勤恳恳,总能把自己一亩三分地的事情做好做实,确实是守业型的典范;而季琦,是个充满激情、胸怀坦荡的人,他重情义,但不会因为情义优柔寡断。

1999 年 10 月 28 日,携程正式上线。给了携程第一笔风投的 IDG 章苏阳后来解释那次"投人"眼光:"这四个人有点像一组啮合,各个齿轮之间咬得非常好。团队成员的背景和素质,足够执掌他们将要操作的公司。"

但是,四个聪明人,四个内心骄傲的男人聚在一起做一份事业,摩擦碰撞是可以想见的。2002 年年初,季琦退出,代表携程创办如家,之后梁建章出国读书,沈南鹏创办红杉资本,人们从一些微小处听出很可能发生过的"不和"。

回应时,季琦每每流露出他憨厚的一面。他常常一不小心露出一些生活细节,以证明他跟"沈先生"真的没矛盾,至今有交往。而这些,又常被媒体放大镜纳入下一轮分析。

在采访现场,他将脑袋摇晃得很无辜:"真的没什么呀！难道要把我们一个个放到 X 光底下照,照出矛盾来不可？大家一起做事情,争论肯定是有的,但那都是很健康的。"

每个创业者都有自己的因缘际遇。对于季琦和他曾经的伙伴,尽管志趣个性迥然有异,但是从心底里彼此欣赏、尊重,各自扬长避短是聪明人的态度。采访中,谈到自己欣赏的企业家,季琦眼睛盯着某处,显然是经过思考地说出一串名字:"南鹏身上有我不具备的素质……"周树华说,没法想象不经历携程的季琦走到今天会是什么样子。

最早投身电子商务的王峻涛曾说过:辞职,就是一种业务重启,就是换个方式做事业。在过去 10 年间,季琦重启过 2 次。管理学大师彼得·德鲁克说过:"能严格要求自己的人所能做的,只是让自己从那些违背其自尊心和志趣的活动中退出来。"

事实上,季琦一直在寻找最适合的那片土壤:携程 2 年半,如家 3 年,汉庭近 5 年,是过去 10 年他不断踩下去、试深浅的三个脚印。在汉庭面前,他有意打住,向深处开掘,许多投资人都曾被他"将汉庭做成终生事业"的表白打动。

"终生"的重要表征是季琦及其家族在汉庭所持股份的高比例。招股书上的数字显示了公司主席季琦的资本强势和投票权强势——一位圈内人说，很正常，经过几轮创业，谁都知道资本和发言权意味着什么。换个角度讲，季琦在汉庭投进了他的身家性命。

季琦的三次创业经历

携程网这几年一直是纳斯达克中国网络公司市值第一，目前股市价值15亿美元，新浪网目前市值为14.9亿美元。

因为股票坚挺，携程网的4个创始人生活都有所改变。"有了钱之后都开始做自己喜欢的事情：沈南鹏觉得投资好，做了红杉投资公司；我喜欢酒店，又做了汉庭连锁；梁建章觉得这几年很辛苦，去美国休息、游学；范敏现在是携程网的首席执行官。"季琦说。

1999年，携程网创业之初，旅游、酒店对于4人来说都还是一个陌生的事情。"当时有很多选择，可以做家居建材，也可以做旅游、其他……"季琦说。选择旅游的理由一点也不比做家居来得更充分，可以猜测的理由是几个男人也许对旅游比家居更喜欢也"更熟悉"。"携程"二字来源于季琦先前做的一个科技公司"协成"，梁建章因它谐音想出了这个旅游网的名称，季琦是携程网的首任CEO，他和第二任CEO梁建章都出身于IT行业。

旅游网最初主营业务是飞机票、旅店房间和旅游团队三大块，后来预订房间成了主营业务。网络公司融资渠道好，有钱之后做什么业务反而是一件不容易的事情。携程网是创业4人帮的合作，公司决定做经济型酒店后，季琦从携程网的CEO退任，改做如家公司CEO，4人帮里他是唯一自己掏钱入股如家公司。如家做大、上市的结果在最初很不清楚，基本上是季琦一人独自埋头打理，他的工资单还挂在携程，万一业务失败也有个退路。

如家的启动是为了给携程增加利润：既然有房间从携程批发出去，携程理应拿到更多的佣金。携程上市是2003年底的事情，无论公司和创业者都没有多少现金。"如家"的理念是"轻资产、重品牌"，"携程不是卖很多房间嘛？我们就跟酒店谈：我帮你卖房子，你能不能用我的牌子（如家）。用这种方式做了20多个酒店，在它们的招牌旁边再挂一个'如家酒店连锁'的牌子。最后发现这也不成功。第一是我们盈利很少，第二是联盟店不听你的，无论是服务质量还是酒店设施水平都参差不齐。"季琦说。

兜售品牌的业务并不顺利，"轻资产"的概念需要改变，季琦开始琢磨直营店。当时经济型酒店行业里，上海已经有"锦江之星"、"新亚之星"（后来被前者收购），季琦尝试着与两家公司谈合资,但是他提出的条件是控股。尽管当时携程网的订房量可观,但是一个酒店外行来谈控股被"锦江之星"的主管机构不屑,"我们收购携程还差不多"。

机会在北京,合作对象是首都旅游国际酒店集团(以下简称"首旅")。首旅在中国酒店业中资产第一、品牌第二(第一是上海锦江集团),旗下也做了一个经济型连锁酒店"建国客栈",已经有 4 家分店。建国客栈是携程网房间销售最好的酒店之一,季琦出差北京时专程去查看了一次。

和上海谈判的经历类似,季琦提出的条件报到首旅集团领导层后被搁置。携程的其他三人对此也不抱希望,觉得季琦白费劲。谈判持续了 4 个月,季琦得到了一个机会,在北京渔阳饭店见到了首都旅游集团总裁梅蕴新(现任如家公司联合董事长),一个多小时之后,梅蕴新给了一个肯定的答复。

公司简介里说:如家酒店连锁于 2002 年 6 月由中国资产最大的酒店集团——首都旅游国际酒店集团、中国最大的酒店分销商——携程旅行服务公司共同投资组建。"公司股权结构是开放性的,未来还要引进新的风险投资,要上市。"季琦说这些也是谈判的条件,后来他非常感谢梅蕴新,在一个国营体制内应承上述条件需要魄力。

新公司里携程控股 55%、首旅 45%,启动资金是 1000 万元,携程、首旅按股份比例出资。合资公司从首旅租下了 4 个旅店的使用权 15 年,使用"如家"品牌开始直营。"传统酒店的销售方式:标价相对高,给旅游团、会议的折扣大一些,中介渠道比较丰富。经济型酒店就是把渠道的钱省下来。如家和携程谈下来的是每个房间中介费 30 元,通过携程来的旅客比门市价低 10 元。"季琦说,"如家主要是直销,最好的方式就是低价。原来建国客栈标价 200 多、300 多元的标价,没人来。我们一开始就标价 198 元,不打折。低价就是最好的信息。"

租赁是如家"轻资产"的第二个解释。"首旅 100 多亿的资产,凭携程和如家无论如何在短时间内很难积累到。"季琦说。但即使是租赁,之后的酒店装修改造的平均成本也需要 500 万元,如家的启动资金仅够再开两家分店。要说服活跃在新经济领域的风险投资给一个连锁酒店投资并不容易,如家在运营原建国客栈的 4 家分店的同时,开始了漫长的寻找投资过程。最后,携程网的投资方 IDG 在如家投了几百万美元,如家得以进入资本运营轨道。截至 2006 年 6 月底,如家经营及授权管理的酒店数量已有 82 家,筹建数量为 57 家,总收入已达到 2.49 亿元人民币,净收益为 2700 万元。

2005 年 1 月,季琦离开如家,原因他不愿解释,但是肯定和他现在经营的"汉庭"酒店连锁有关。在运营"如家"的同时,季琦曾尝试过比如家连锁收费、服务更高一些的分店,在董事会中没有得到多数人的支持。但是这时候季琦从一个没有资金的创业者变成了中国富豪榜的上榜人物,按照胡润排行榜的说明,携程网让他有了5亿资产,他可以用自己的钱来做"汉庭"。

和如家进入的领域一样,汉庭面对的是中国尚未成品牌的中档酒店业,一年半的时间汉庭拥有超过20个酒店、3000个床位,房间价钱平均比如家贵100元。如家顺利上市以后,汉庭的资产变得炙手可热,但是季琦把它捂得很紧,依旧是个人独资运营。

为了做如家,季琦住遍了锦江之星在上海的分店,带着尺子、照相机企图窥探经济型酒店的秘密,后来经营如家给了他全套经验。做汉庭,季琦依然是一副没有行规的样子,除了酒店设施比如家稍微提高,把宽带、无线上网,免费打印、传真等现代人办公需求放在第一位,然后是低价房间,迅速扩张酒店规模。

这与传统地主型酒店、专心单店产品、服务,缓慢扩张的做法迥异,他把IT人的整套方式移植到酒店业。IT业的企业概念、融资渠道和上市让酒店业从一个眼光局限在店面人流、现金流的盈利模式改变过来,季琦可以把汉庭未来的盈利空间上市售卖,为企业赢得资金再扩大规模、同时个人财富迅速增值。

9. 杨澜创业故事：人生需要规划

第一次转型：央视节目主持人。

在成为央视节目主持人以前，杨澜是北京外语学院的一名大学生，一个有些缺乏自信的女生，甚至曾由于听力课听不懂而特别懊丧。直到后来听力程度进步了，才逐步恢复了自信。她说："我常常感觉自己不是一个有才气和特别伶俐的人。"可这一切并没有影响到杨澜后来的成功。

1990年2月，中心电视台《正大综艺》节目在全国范围内招聘主持人。杨澜以其天然清爽的作风、镇静的台风及出众的才华逐步展露锋芒。然而，因为她长得不是太美丽，在第六次试镜时还只是在"待遇之列"。杨澜晓得后，就反问导演："为什么非得只找一个女主持人，是不是一进场就是给男主持人做烘托的？其实女人也可以很有思想，所以假如可以有这个时机的话，本人就但愿做一个的伶俐主持人。""我不是很美丽，但我很有气质。"就是由于杨澜这些话，彻底感动了导演。毕业后，杨澜正式成为《正大综艺》的节目主持人。直到目前，杨澜也不断对峙掌管人纷歧定非得美丽，女性的思想更主要。

四年央视主持人的职业生活生计，不只坦荡了杨澜的眼界，更确立了她将来的开展偏向：做一名真正的传伐柯人。

第二次转型：美国留学生。

1994年，当人们还赞叹于杨澜在掌管方面的成就时，她又做出了一个令人诧异的决议：辞去央视的任务，去美国留学。

在事业最亮堂的时分选择急流勇退，这就意味着她要抛弃当前所拥有的一切，包括触手可得的美妙将来。但赞助她留学的正大集团总裁谢国民师长教师，说了如许一句话："我感觉一个节目没有一小我主要。"这给杨澜留下了很深的印象。

26岁的年纪，杨澜远赴美国哥伦比亚大学，就读国际传媒专业。有一次，杨澜写论文写到深夜两点钟，十分困难敲完了，没有来得及存盘，电脑就死机了。杨澜那时就哭了，感觉第二天一定交不了了。宿舍四周很恬静，除了本人的哭声，只要宿舍管道里的老鼠在爬来爬去。但最终，她照样擦干眼泪，把论文完成了。谈起这段生涯，杨澜说："有些人碰到的磨难能够比他人多一点儿，但我碰到的坚苦并不比他人少，由于没有一件事是易如反掌的，需求阅历的磨练冤枉，一样儿也少不了"。

业余工夫，她与上海东方电视台结合制造了《杨澜视野》——一个关于美国政治、经济、社会和文明的专题节目，这是杨澜第一次以自力的目光看世界。她还担任筹划、制片、撰稿和掌管的人物，完成了本人从最底层"垒砖头"的主意。40集的

《杨澜视野》刊行到国内 52 个省市电视台,杨澜借此完成了从一个文娱节目掌管人向复合型传伐柯人才的过渡。

更主要的是,在这时期,她看法了师长教师吴征。作为事业和生涯上的同伴,在为她拓展人际关系收集和事业空间方面,吴征可以说居功至伟。他老是鼓舞杨澜测验新的器械:宁可在测验中掉败,也不克不及在保存中成功! 恰是吴征的协助,使得杨澜将来的路途越走越宽。

第三次转型:凤凰卫视掌管人。

1997 年回国后,杨澜开端寻觅合适本人的时机。那时,凤凰卫视中文台方才成立,杨澜便加盟个中。1998 年 1 月,《杨澜任务室》正式开播。

凤凰卫视的两年,在杨澜的职业开展上起了主要效果。她不只积聚了各方面的经历和本钱,也还预留了将来的开展空间。

在凤凰卫视,杨澜不只是掌管人,照样《杨澜任务室》的当家人,本人做选题,本人担任预算,组里一切的柴米油盐,她都必需克勤克俭。这种经济上的拮据,对杨澜来说是一个十分好的磨炼,使她晓得若何在最低的经费前提下,把节目尽量完成到什么水平。

在随后的两年工夫里,杨澜一共采访了 120 多位名人。这些分量级的人物也组成了杨澜将来职业开展的一局部,不少人在节目之后仍和她仍坚持亲密的联络。这种联络除了会给杨澜带来一些详细的协助之外,精力上的获益也不成无视。还,与来自分歧行业分歧布景的嘉宾交流,也让她的信息量取得极大的丰厚。

两年后,杨澜曾经有了质的转变。她拥有了世界级的知名度、多年的传媒任务经历,以及分量级的名人关系资本,关于她而言,进军商界明显所欠缺的只是本钱罢了。而吴征,恰是深谙本钱运作的高手。

第四次转型:阳光卫视的当家人。

1999 年 10 月,杨澜辞去了凤凰卫视的任务。从凤凰卫视退出之后,杨澜曾一度寂静。2000 年 3 月,她忽然之间收买了良记集团,改名为阳光文明收集电视控股有限公司,成功地借壳上市,预备打造一个阳光文明的传媒帝国。

与大多数商人的低调分歧,杨澜选择了一直站在阳光卫视的前面。在报刊杂志网站上,常常可以看到关于杨澜的报道。她从一个做传媒出来的人酿成了一个传媒名人。这种对传媒资本运用的轻车熟路,使得她的阳光卫视一出世就有了很多优势。

但杨澜创业不久,就碰到了全球经济不景气,杨澜立即觉得到了压力。她简直天天都想着公司的运营。因为市场竞争的压力,杨澜将公司的本钱锐减了差不多一半,并逐步剥离了亏本严峻的卫星电视与喷鼻港报纸出书营业,还她还将本人的工资减了 40％。

2001 年夏,杨澜作为北京申奥的"形象大使"参与了在莫斯科成功申奥的运动。同年,她的"阳光文明"接办了中国最大的门户网站之——新浪网,创始了收集和电视相连系的时代,又与四通协作成立"阳光四通",开端进军收集业和 IT 业。

这一切都给公司一切员工带来了决心。终于,阳光文明在截止 2004 年 3 月31 日的 2003 财务年度中获得了盈利,解脱了近两年的亏本。之后,阳光文明正式改名为阳光体育,杨澜还公布辞去董事局主席的职务,全身心肠投入到了文明电视节目标制造中。

10. 永和豆浆创始人林炳生创业的三重境界

这是一个从一个小店到五百家门店的故事。

"三境界"

从创业开始,我的人生经历了王国维所说的三境界。第一境界,"昨夜西风凋碧树,独上高楼,望尽天涯路。"第二境界,"衣带渐宽终不悔,为伊消得人憔悴。"第三境界,"众里寻他千百度,蓦然回首,那人却在灯火阑珊处。"

"西风凋碧树"

上学的时候,我觉得自己不学无术,我学的是航海,但是我后来因缘际会就去跑业务,包括在读书的时候打过工送过货,和食品有不解之缘。

在创业之前,我卖缝纫机,做过房屋中介,也摆过地摊,开过出租车。跟推销缝纫机和销售房子相比,我觉得做食品是比较简单的事情。但是食品做出来,如果吃得不安全,它就会变成一个引爆点,所以我战战兢兢的,从一个小店到涉入一个简单的产品——销售低温的豆浆。

到1985年,我自己累积了几十万元的资金,我找了两个伙伴。其中一个伙伴做了两个月后,他就不想做了,他说做这行太辛苦了,看不到未来,不做了。另外一个同事,他说这个比卖缝纫机还辛苦,做了半年,更看不到希望,当时一个月的业绩只有几十万台币,不久他也退出了。

所以我只能找我的弟弟合作,而在创业的过程中,我也意识到食品有专业的,所以我让他也去食品研究所学习了食品专业,之后导入公司里面,并把标准的优良的食品运作起来。而在台湾来讲,永和豆浆还是第一家获得台湾优良食品认证的专业豆浆工厂。我们的豆浆也通过了美国FDA认证,取得外销美国市场的资格。

我认为,自我要求非常重要,当政府并没有规范要求下,你能够自己先做一个认证条件,这就是自我肯定的价值。

"衣带渐宽终不悔"

第二阶段,"衣带渐宽终不悔,为伊消得人憔悴"。15年前,我第一次来到了祖国大陆,在福州吃早餐的时候,我用一块钱喝了一杯豆浆,还有一个包子,还找我三毛钱。我记得那个老板娘边用手抓油条,边用手抓着钞票给我,这个钞票都油腻腻的,放在口袋里面都觉得很污秽。所以我觉得,这是一个机会点——要让大家饮食方便、卫生和清洁，而这种模式在大陆比较少。

之后，我便开始行动，最初我是委托福建的朋友帮代工永和豆浆的产品，做一个试水销售。我把豆浆卖到了成都、武汉、长沙和福建等地方，但每次去收帐的时候，我却都被迫成了酒鬼，我就意识到在没有建设品牌的情形下，你没有办法把很大的资源投入到行销市场。

后来，我就在上海自己开店，用自建的通路和步步为营的策略来发展，到目前永和豆浆已经有了五百多家门店。当然，市面上有很多加盟永和的，而山寨的也比比皆是，数据显示山寨的店面超过一千家。所以，我想永和豆浆在满足这种基础消费需求上还有很大的发展空间。

我们今年做了一个区域大联盟的模式，这是结合各地的朋友想加盟合作的需求，跟公司合资，我们叫做三道供应：经道、商道和人道。在这种情形下，你就要加强发展餐饮的工业化、标准化和简单化的模式。

过去每个地方的饮食习惯都有不同的口味，但是在连锁快速的发展下，为了经济结构的需求，你就必须在中央工厂里做好很多的标准化和规范化的商品，以便在门店里面经过简单的操作就可以让顾客享受。西式快餐在标准化和规范化方面做得非常好，而中式快餐却还有一些瓶颈，不过我相信这些瓶颈会在创新的机制下逐渐破解。

在工业化生产领域，有很多的先进设备和技术供你应用，你可以把大豆里好的因子留下来，不好的去掉。中国的气温，南部温度和北部温度有时候一差就差十几二十度。泡豆泡得不足，豆发育不良，磨出来没有浆；泡过头，已经沉淀，对身体则有伤害。我们就用先进的科技突破了过去的传统，可以用几秒钟的时间完成泡豆，而且营养完全不流失，安全系数也很高。

此外，从 2005 年开始，我们开拓了快餐连锁之外的一个事业——豆浆粉，在经济快速发展的情形下，我们已经不能用现磨来满足消费市场的需求。

在这个阶段中，你要延伸到未来，要走在前沿，而不是等机会来的时候你再去做。

"众里寻他千百度"

想想未来，我谈一下人生第三个境界，"众里寻他千百度，蓦然回首，那人却在灯火阑珊处。"每个人都想在第三个境界里面回头一看，自己今天的成果是丰硕和美满的。

我觉得未来人类的需求主要是养生、健康、绿色和经济，而大豆蛋白在这一块就有很大的发展空间。比如说我们大豆蛋白做的素食产品，不管在东南亚、欧美，素食人口的成长非常可观,而整个中国市场还处于正在萌芽阶段。所以,这是一个新的方向,做餐饮食品的人可以在这个方向里面多学习,将来有机会创造一个新的品牌。

以餐饮的习性来讲,我认为现在是一个"微时代",我们可以用微博和微信做营销。很多人现在手机都有微群,活跃度很高,如果抓住这个重点,也可以满足很多新餐饮的新机会。

11.24 小时便利店的"非主流"盈利秘诀

对于 24 小时便利店创业者来说,他们不甘愿做迷你大卖场,他们的目标是"迷你餐厅"。他们店里提供的一些"非主流"的服务,而就是这些服务的秘诀,帮助他们赢得了收益和市场。

他们为什么最爱卖鲜食?

回想下每家便利店门口都有的面包柜吧,它们甚至还有特殊的灯光烘托!这是因为大部分鲜食属于冲动型商品,放在进门处引诱因为感觉饥饿走入店铺觅食的你。你最常去便利店购买的商品,一定是那些热气腾腾的便当和新鲜面包。此类商品被他们统称为鲜食——虽然鲜食在所有商品品类中占比仅三成,但据统计,60%～70%的消费者都会进店购买鲜食。

鲜食还拥有较高的毛利率:毛利率通常在 35%～70%之间。即使算上由于较高报废率产生的利益损耗,它依然比普通商品高出 5%～10%的毛利率。鲜食还能带动其他商品的销售,这被称作"并买":比如你习惯在买便当的时候搭一瓶饮料,买面包时搭一盒牛奶。这就不难解释他们为什么投入大量人力和财力研发鲜食,频繁地推出各类特色商品,在该领域一争高下了。

他们为什么爱推出自有产品?

独一无二的自有产品是他们差异化竞争的重要砝码。譬如你买某款抹茶蛋糕必须去罗森,而想要喝到 Unifresh 的果汁则需要光顾 7—11。事实上,鲜食也是便利店自有商品的一种,除此以外自有商品还包括了各种贴牌商品。

自有商品的优势在于能够完全依赖自己的流通渠道,节约在生产、销售等各个环节中产生的交易费用和流通成本。通常,一般的商品需要附加许多广告营销费用,而便利店在自己的店里售卖自有商品,凭借自己的品牌信誉,无需再支付额外的行销费用。不仅如此,他们还能让自有商品在陈列上享有特殊地位,比如将其摆放在更为醒目的货架,甚至用宣传板为其写下广告标语。这些自家出品的商品会成为你不得不去某家便利店的原因。

他们的便当涉嫌抄袭?

那些不断引进的新口味便当常常是从人气餐厅里获得灵感。他们有自己的产品研发人员,平时有一项令人羡慕的工作:"试吃"。尝遍各类餐厅美食的目的是将其人气菜肴研发成一款畅销的便当。在便当工厂里，一切产品的分量、味道、口感都必须标准化，精确到米饭和蔬菜的重量、汤汁的浓度都必须按照统一的规格去执行。这些标准的配方是决定产品独特口感的"秘方"，使其成为其他便利店品牌难以复制的人气便当。每当完成一款新产品的研发都要经历"试吃"和"试销"的阶段，不断改进并且调整口味，最终便当才能被摆上货架。有时，他们也会和知名餐厅合作，例如海底捞就曾为7—11提供热炒快餐的酱汁。

他们的便民服务真的不赚钱？

每家便利店都在努力扩大便民服务的范围，但事实上，这些业务并不能给他们带来多少利润。这是因为缴纳公用事业费的人力支出与利润不成正比。比如在便利店的尖峰时段，你买一个便当，他们就能获取几块钱的利润，而一笔公用事业费的缴纳才赚几毛钱，可办手续的时间却大大超过直接卖一个便当的时间。从收益角度考虑，如果把缴纳公用事业费的时间全部花在贩卖普通商品上，会给他们带来更多收益。

他们在该领域孜孜不倦地做着各种尝试，其实看重的是未来的增长潜力以及品牌的差异化——在便利店业务更为发达的日本与台湾地区，便利店已经找到了新的利润增长点：利用自己强大的零售网络和配送功能为网上商店提供物流服务。而在内地，目前只有全家与亚马逊展开合作，将触角伸向了快递自取的服务领域。

什么时候能买到最新鲜的食物？

他们在24小时内至少要配送四次货物，其中常温食品和低温食品都是一天配送一次，鲜食则采用一日二配的方案。目前内地24小时便利店鲜食的配送分别在凌晨零点以后和下午一点之后，在此时间之后配送的鲜食最为新鲜。以第二次配送为例，鲜食从大仓发货，由物流团队按照固定的线路进行配货，下午一点至五点，货物会陆续到达各家门店。

第二次下午的进货主要是为了补充第一次的货源，而超过24小时的鲜食都会报废，所以店长必须通过POS系统精确把握便利店的商品销售信息，以此精确采购货品，降低鲜食的报废率。

他们为什么都爱做卡通主题？

相比于传统超市，他们的顾客更年轻，所以在塑造品牌形象时，常常会与卡通主题相结合——想想罗森的"名侦探柯南主题店"、"火影忍者主题店"，还有7—11里随处可见的open小将吧！他们几乎每年都会做四到五次行销活动，重点就是在店铺内凸显某一卡通主题、采用卡通形象包装店面,同时还会销售相应的卡通产品。他们还很擅长通过集点和抽奖的方法鼓励卡通粉丝消费,带动自家商品的销售。

上文提到的各类特色卡通主题店,虽然租金高、店铺面积大、设计起来也复杂,造成成本高昂,但主题店的人气旺,玩具周边的销量也非常高,销售额其实能达到普通店铺的几十倍。卡通主题店还能成为他们的一种广告方式,形成话题后,你作为消费者,本身就能成为其品牌的传播者,为便利店积攒人气。

办公楼的便利店很不一样?

如果按照便利店的选址来划分类别,有办公楼型、住宅型、住商混合型和地铁型这四大类。店铺开在不同的地段,他们卖的东西也会做一些小小调整。比如办公楼型的店铺,你比较容易买到文具,而上班族作为便当的主要消费族群,他们也会在办公楼附近的便利店推出更多种类的便当。如果是开在住宅区里的便利店,商品构成中日用品的占比要相对较高。部分外资便利店还会针对不同国家的住宅区,专门为其住户配置日系或韩系的杂货。

货架摆放引诱你买更多?

对于小型便利店而言,陈列布局存在一个黄金三角,即饮料柜、鲜食柜和结账的柜台,三者的绝对距离在便利店中要拉到最远,以便让你在店里光顾的时间更长。货架的摆放标准主要是以让你拥有足够的活动、等待以及休息空间为原则。同时针对顾客群对货品摆放做调整,例如针对小朋友的食品或是玩具就会放在靠近腰间的低层货架上,方便他们接触。日系便利店的店面面积大约为 80 至 100 平方米,由大约 21 台标准货架构成,两个货架的间距在 110 厘米左右,杂志架的高度大约为 1.45 米。

唯一让他们心痛的是,国内不允许他们(外资便利店)售卖香烟,让他们失去一笔收入——香烟销售额可从来都不是小数字。为了弥补损失,他们除了在便当和各种自有商品上下大力气外,也在悄悄改变店内布局:他们开始增加明确的休息区,摆放四人座餐桌、洗手台和绿植,营造出"便利餐厅"和"便利咖啡店"的感觉。

他们的店员还要关注天气?

准确搜集天气信息将有助于他们打造一条精准的供应链:便当、寿司、三明治等鲜食的销售周期较短,贩卖情况与天气状况息息相关。事先了解天气,有助于判断销售趋势,从而确定当日的采购数量。他们通常每天收集气象报告数据五次,以保证食品的新鲜度,防止因商品挤压而导致的食品报废率过高,同时也尽量避免因缺货而导致糟糕的顾客体验。商品订货中所搜集的天气数据包括了温度、湿度、风力以及暴雨、台风等紧急天气状况。这些因素都将影响到店员的商品采购计划。

12. 柳传志创新成就联想

2013 年 7 月 12 日，全球两大研究机构 IDC 和 Gartner 分别发布最新 PC 行业数据，联想以 16.7％的全球市场份额当之无愧地成为全球最大个人电脑供应商。

突破创新始终是联想接连取胜的不二法宝。"困难无其数，从来不动摇"是联想控股董事长柳传志一路走来的真实写照。如今年近 70 岁的柳传志仍然步伐矫健、精神矍铄、执着追求。

积极创新，铺就创业通途

1984 年，刚刚步入不惑之年的柳传志面临着一个重大的人生抉择，是继续留在中科院做一名科研人员，还是走出中科院创办企业，柳传志毅然选择了后者。

联想诞生之时，正逢国家从计划经济向市场经济转型、改革开放进一步深化之时。面对激烈的竞争，以柳传志为首的联想人充分发挥进取和创新精神。他们仔细研究行业规律，得出结论：在电脑的成本里，部件占到了约 70％，而要管理好部件成本就需要管理好供应链中的库存周期。

把这个因素研究透了以后，联想加大力度控制成本，全面调整了组织架构和业务模式，采用"小步快跑"的方式，使产品价格大幅降低，市场份额迅速上升。

建班子、定战略、带队伍——这是联想摸索出的"管理三要素"，此后联想不断发展，到 2000 年，其国内市场份额增长到 27％，成为中国市场的第一。

勇于突破，成功走向国际化

2004 年 12 月 8 日，联想对外宣布将并购 IBM PC 部门，业界普遍认为这是"蛇吞象"的行为。

最严峻的考验出现在 2008 年底。当时联想市场份额原地踏步，而金融海啸犹如导火索，大客户迅速削减 IT 开支，联想业绩大幅下滑，有人说，"联想已到了悬崖边上"。

2009 年初，本已退居幕后的柳传志再次出任董事长。他复出后，首先进行了管理层调整，成立了一个中西合璧的联想执委会，就公司的重大事项进行集体决策，共同制定和推进公司的发展战略。

联想执委会成立后，柳传志着重解决文化问题和企业主人的问题。他亲自承担起了联想的企业文化重建工作，使"说到做到，尽心尽力"的联想式"主人翁精神"在这家包含了不同国度员工的企业里生根发芽。

解决了并购企业文化磨合的问题后,联想又接连并购了日本的 NEC、德国的 Medion、巴西的 CCE。并购 IBM PC 部门是联想历史上辉煌的一笔,作为中国企业通过并购成功走向国际化的第一案例,联想国际化为中国企业开出了一条道路。

开疆拓土,不断发展多元化

"我们不急着挣钱,这是联想控股坚决支持佳沃发展的理念。"2013 年 5 月 8 日,柳传志在联想控股旗下农业品牌佳沃集团成立的发布会上如是说。"在多个行业拥有领先企业"是联想控股的愿景之一。

迈向多元化的第一步是在 2000 年。那一年,柳传志退出了 CEO 的位置,把联想集团分拆成为两个上市公司。

2000 年 4 月,柳传志带着时任联想控股常务副总裁的朱立南一同进军投资领域,创办了联想投资,即今天的君联资本。

2010 年,联想控股制定了中期战略目标:通过购、建核心资产,实现跨越性增长,2014～2016 年成为上市的控股公司。

"作为一名企业家,我希望中国社会稳定进步,希望联想做好,也希望我们上交的税收能为中国更多的老百姓过上好日子贡献力量。"柳传志说。

13. 梅特卡夫食品的创业秘诀

梅特卡夫食品公司（Metcalfe's Food Company）位于伦敦的董事会会议室是纯白色的，在里面一张纯白色的桌子上，摆满了包装得五颜六色的小吃。在充满魅力的创始人胡利安·梅特卡夫（Julian Metcalfe）的要求下，这里堆放着碗装泰式面条、用蜂蜜腌制的腰果以及巧克力包裹的米饼。

梅特卡夫最为人熟知的经历，是他曾在 1986 年与大学时期的好友辛克莱·比彻姆（Sinclair Beecham）合伙创办英式三明治连锁店 Pret A Manger。然而今天他要谈论的却是他和新商业伙伴罗伯特·雅各比（Robert Jakobi）之间的合作。雅各比曾做过投资银行家和对冲基金经理，今年 28 岁的他年龄刚刚超过梅特卡夫的一半。

梅特卡夫穿着白色橄榄球衣和黑色的无袖棉夹克，围着粉色的围巾。他刚刚坐下就又站了起来，抓起桌上的包装袋，兴高采烈地夸耀着里面的小吃，活像是充满活力的威利·旺卡（Willy Wonka）。他抽出标着"海苔薄片（Dry Seaweed Thins）"的袋子说："这是一种不可思议的产品。它是用海藻制成的，不过只有韩国的海藻能做成这样。它的热量是 22 卡路里。你可能不喜欢它的味道，不过它卖得好极了。它真的很棒。"

雅各比在一旁静静地整理着茶叶。他穿着西装，里面是一件印着字母的条纹衬衫。尽管梅特卡夫退出 Pret 日常事务已有多年，他却既没有丧失对食品的兴趣（他还与人合写了一本新的烹调书，里面记载着 100 个低卡路里的菜谱），也没有丧失在品牌创立方面的天分。梅特卡夫食品公司是 2009 年"作为一种业余爱好"创建的，为的是向 Pret 供应爆米花，并为 Itsu 供应源自亚洲的小吃——Itsu 是他自己创立不久的一家寿司餐馆。

然而过去三年，自从雅各比加入董事会以来，公司营业额已增长 30 倍，接近 1000 万英镑。

营业额的增长在很大程度上源于他们说服了森宝利（J Sainsbury）和 Waitrose 这类超市集团，令他们同意售卖 Itsu 和梅特卡夫食品公司的 Skinny 品牌产品。就这样，梅特卡夫食品公司复制了星巴克（Starbucks）、PizzaExpress 和 Nando's 等其他高人气连锁店的发展战略。雅各比自夸道："我们不需要在这些产品的营销上花费太多资金，因为所有人都知道 Itsu 连锁餐馆。"事实上，梅特卡夫食品公司的 41 家分店和两家餐馆差不多都在伦敦。

如今，梅特卡夫食品公司正计划向海外扩张，他们打算先在西班牙、比利时、法国和荷兰推出该公司生产的低糖、含"有益脂肪"的产品,再于今年底在纽约开设 Itsu 分店,以促进公司产品在美国的推出。

梅特卡夫表示,他与比彻姆的关系永远牢不可破。他们从一家 Pret 门店做起,用逾 20 年的时间打造连锁店。后来在 2008 年,他们把多数股份卖给了私募股权公司 Bridgepoint——此前他们已将 33% 的股份卖给了麦当劳(McDonald's)。

不过,他看上去确实像是用更年轻的才俊取代了曾经的商业伙伴。

4 年前,是雅各比主动找的梅特卡夫。雅各比开发了一种名为 Pod Bites 的裹着巧克力的毛豆零食,以此作为自己的副业。当时,他想把这种创意出售给梅特卡夫。他解释说:"我当时正在一家对冲基金做金融方面的工作,我成功让我的产品打入了哈维·尼克斯(Harvey Nichols)、哈罗德(Harrods)和塞尔福里奇(Selfridges)等百货店。我把它们带给胡利安,是因为我感觉源自亚洲的 Itsu 将是完美的巧克力毛豆分销店。"

梅特卡夫对于雅各比的学历印象深刻——雅各比持有宾夕法尼亚大学(University of Pennsylvania)沃顿商学院(Wharton School)的学位,他很奇怪雅各比为什么会对开办食品企业感兴趣。他补充说:"我兄弟去了耶鲁大学(Yale),我的姐妹去了布朗大学(Brown University),我儿子在美国东北大学(Northeastern University)。因此我了解美国大学,我知道沃顿商学院我一天也念不下来。"

他将少数股权分给雅各比,因为他付不起与对冲基金薪水相当的酬劳。"他的薪水是整个公司营业额的三分之一。我希望他会向我要股权,结果他果然这么做了。这令我感觉他是个想创办企业的人。"

此外,梅特卡夫还认为,英国食品业正面临一个困境:太多"平庸之辈"掌管着大型供应企业,而有才华的毕业生则流向金融服务业的高薪工作岗位。

梅特卡夫食品公司的 18 名全职员工中,有 8 位毕业于牛津剑桥,他们的平均年龄是 26 岁。雅各比表示:"许多人是以实习生身份加入公司的,我们后来就把他们招募为全职员工,他们成长得非常快。胡利安和我都坚信,如果一个人擅长所做的事,就应该让他承担更多责任。"

梅特卡夫插话说,要想推动食品行业向前发展,使之生产健康、方便而又廉价的食品,其中必不可少的创新只有小型初创企业才能做到。他说:"我们意识到,正是食品行业的犹豫不决为我们带来了难以置信的商机。大企业很难真正创新。"

两人之间是这么分工的:雅各比担任董事总经理,梅特卡夫则仍旧把主要精力集中在产品品质方面。梅特卡夫一度曾坚称自己在公司的角色与其说是创始人,不如说是研发部门主管。在谈到为什么他和雅各比能友好相处的问题时,梅特卡夫表示:"我需要人信任我,不会对我说'你办不到'。"

雅各比似乎也对这种安排十分满意,他说:"我给他完全的自由和自主权,让他负责所有的产品研发工作,公司这方面事务都由他领导。另一方面,我负责管理公司的供应链、销售、财务、预算和日常事务。"

梅特卡夫再次将手伸向那堆食品,抓出了一盒雅各比发明的毛豆零食。如今,这种豆子用硬纸盒装着,表面印着 Itsu 的标记。谈到这种用巧克力裹着的毛豆当初是如何吸引他的眼球时,他扔了两颗到嘴里,说道:"它有种特殊的美。外包装的形状和尺寸有趣、新颖而又漂亮。里面的产品可爱而又美味。

"这一切都告诉我,无论是谁打造了这种产品,他都是个有态度、有勇气而又有风格的人。"

14. 黄记煌创始人自述
如何靠一道焖菜年入 20 亿

　　我们今天要报道的是中式餐饮企业黄记煌。它是 2004 年起步,在短短 10 年不到的时间里,通过其独特的菜品体系和加盟体系,完成了 200 多家直营店和 200 多家加盟店的布局,整个体系的年收入达 20 多亿元,成为这个细分品类的绝对王者。它怎么做到的? 黄记煌创始人黄耕是这样讲述的:

　　我是厨师出身,高中毕业之后就开始做厨师。起初,我在国企里做鲁菜和药膳,89 年从国企出来,去南方的个体企业做过,但终究觉得没有太大出路。91 年的时候,我做了一个小型的炒菜馆,从四张桌子开始做起,之后逐渐开始涉足火锅,慢慢有了一些积累。

　　在这个过程中,我开始对中国餐饮业有了一些基本的认识与了解,发现了传统餐饮模式的很多弊病。

　　首先,培养厨师太麻烦了。2004 年正式做黄记煌之前,我已经开了好几家别的类型的餐饮店。我发现,当店里厨师水平好的时候,生意就好;有的店厨师手艺不好,生意就不好。这让我十分苦恼。培养一个好的厨师十分困难,更要命的是,当你把一个厨师培养出来的时候,极容易流失。培养一个厨师需要投入大量的人力、物力,还有情感,每当流失的时候你就会非常痛苦。传统中餐最大制约因素是人(厨师)的因素。

　　(点评:这和之前报道过的新辣道,以及最近流行的黄太吉这几家标准化程度很高的餐饮企业几乎如出一辙,他们的核心都在于去厨师化。)

　　第二,我在经营一家有着 15 年历史的老店时,发现油烟对附近居民影响非常大,居民投诉率很高,开玩笑说 PM2.5 污染中,很大一部分就来自于餐饮。

　　第三,在做火锅店的过程中,我发现很多传统火锅,为了保证味道的正宗,会把老油回收之后再利用。

　　第四,一般的中餐存在油性过大等问题。

　　认识到这些问题之后,我在想,我父亲是一位营养学家,对药膳很有研究,能否把药膳和饭馆结合起来?

　　(点评:结合自身的优势,这是很多创业能成功地重要因素。新辣道创始人李剑二次创业之所以选择做餐饮,也是因为之前做过餐饮,具备自身的一些优势和可利用的条件。)

　　再加上当时的确想做一个能规模化的东西,而不只是简单地赚钱。开饭馆本身很苦,能不能做一个既能解决上面四个弊端,同时也能让我轻松点的生意?

我从小在家吃一道祖传下来的御膳菜。我发现一个很有意思的问题——这道菜不管什么时候吃,味道基本上都是一致的。我琢磨,这其实就是一个标准投放量的问题——只要把做这道菜的相关食材配料精确到一定的数值就可以做到。

另外,我还发现中国的传统烹饪工艺中,有一个重要的方式叫"焖"。"焖"一般需要很长的时间。我研究"焖"的时间比较长,然后通过我自己的方法,让所有的食材基本十分钟左右可以"焖"熟。奥秘就是不加水焖制(注:所谓的食物的成熟过程就是食物的脱水的过程,如果加入水意味着食物成熟过程自然变长)。而不加水焖制除了让时间变短外,还有其他更重要的作用:但凡做过"焖"菜的人都会发现一个问题:不同的食材一起"焖",极容易串味。根源在于,不同食材通过锅里的水气(也就是所谓的物理导体),容易混合到一起,味道就不好了。而现在不加水,利用菜自身包含的水分来实现高温"焖"熟就解决了这个问题。同时不加水焖制还有一个好处,那就是可以让菜品味道变得更好。因为你只有等食物成熟脱了水以后放入调料,才能迅速渗透到原材料内部,不然就只是附在表面。它其实是食物的海绵效果。你要让一块海绵吃进其他的水分,一定要先把海绵弄干。

但这中间还有一个问题,不加水焖制,会不会糊掉?我的答案是不会,核心就在于使用低温烹制法和可控的烹饪温度。

其实食物成熟的过程是一个脱水的过程,一般的烹制方法中食物脱完水之后,温度还是很高,自然会糊。只有当烹饪温度和时间掌握在一个合理程度,就不会糊。我们在整个操作上分几个时间段:一开始火力大,随后逐渐减少火力,整个烹制过程基本上控制在 10~12 分钟。一般炒菜的油温度沸点都很高,在 300 度以上,而我们的温度基本控制在 100 度到 120 度。为了实现这一点,我专门去找厂家订制符合我们的要求和标准的电磁炉。

当然这道"黄记煌三汁焖锅",还有一点非常关键。那就是我们的独特的调料,核心方法在于调味的比例。中国菜的特色是五味调和百菜香,利用调味品不同投放量,掌握投放的技巧,是厨师最高的境界。调和好了味道才好。我们调料也是经过繁复的过程,当时我为了调制出一个独特的味道,把所有味道反复的组合,才得出一个最好的一个点,而正是这种调配比让我形成一种独特的方法。我们这个汁液中的成分其实在所有市面都能见到,只是调味的比例不一样而已。

(点评:在《舌尖上的中国》之中,其中有一集就叫做五味的调和,这是中国烹饪学中的精髓。)

于是,我研究出了"黄记煌三汁焖锅"。它没油烟,不用煎炒(油性低),根本不需要厨师,极其容易复制。

　　我将这道菜研究出来后，开始在我的店里试卖，看顾客的反应。顾客都觉得不错，我决定单独靠这道菜来开一家店。老实说，初期，我的合作伙伴们认为，一道菜就想开一家店，有点天方夜谭。但我凭着近 20 年餐饮从业经验，认为这个事情值得做。我把玉泉路的一家火锅店改造成了第一家黄记煌。这是我的一次试水，规模只有 300 平米左右。按照老北京的风格进行了装修。

　　一开始，大家都会问，黄记煌是什么？"三汁焖锅"是什么？我解释也没法解释，干脆一个个跟客人说，你先来吃，如果味道好就付钱，如果味道不好，不用付钱。每一桌客人来了，我都会仔细地介绍：这个菜怎么吃，原理是什么。最后大家都把饭钱掏了。

　　这道菜的味道和新颖的吃法，口碑很快传开了。媒体也开始介入报道，人气一下子就起来了。我趁着这个机会大做加盟，有着以下考虑：

　　第一、我们的产品表面看起来十分好复制，容易被模仿。如果我先从完善基础设施（比如上 ERP 系统）开始，用很慢的节奏做，可能很快没了市场空间。我们要先用加盟的方式，跑马圈地，把能看到的市场都给占领了。

　　第二、做加盟不需要自己培养人才。做直营店需要培养大量人才，过程漫长。开始我们选择培养投资人而不是职业经理人，到一定阶段我们要做直营的时候，再把我培养的投资人变成职业经理人。

　　第三、加盟相对容易。我的加盟商都是吃出来的：很多食客吃了"三汁焖锅"，觉得特别好，考察后觉得还不错就选择加盟了。那个时候，一个加盟商也就交三四万块加盟费，门槛较低。我们用 3～4 年时间，很快发展了接近 200 家加盟店。

　　当然，现在回头看加盟阶段有点随意。但我认为这就像一个人的成长，小学阶段难免有点放任。后来我发现，加盟店越开越多之后，有些店偏离了总部的标准化要求。比如，"三汁焖锅"这道菜对原料有严格的要求，有的店因为做这道菜所需要的部分原料涨价了，就会不放某种原料，或者按照自己的思路来做。从 09 年开始，我对整个公司进行了一系列标准化改造。

　　一是选址和 VI 统一。加盟店以前在哪里开都可以，统一改为必须开在 shopping mall 里，街边店都关了。初期加盟的时候，基本只要挂个"黄记煌"的牌子就可以了，现在要求所有加盟店都更换统一的 VI。

　　二是统一管理手册和加强督察。原来加盟店的管理比较粗犷，以前也有培训手册，我们一项一项细化，不断巡查监督，对于不服从管理的，不再允许加盟。

　　三是统一供应链。我们要求加盟商统一使用我们提供的核心调料，不使用就清理出加盟体系，我们再和上游供应商签约，让它们专门生产符合我们体系要求的东西。核心配料之外，加盟店其他食材的采购要求也进行细化，比如一条鱼切多少片,厚薄是多少,我们都有严格的要求。

四是建立专门的培训学校。开设老板班、店经理班、厨师长班等,强化培训,实现标准化。

五是变革管理体制。在总部下设七个区域管理公司,由他们执行总部的命令与管理,进一步强化对加盟店的管理。

以上种种调整,最核心的是,确保黄记煌总部的话语权——如果加盟店不按照我们的标准来做,我们有权利收回其加盟权。当然,严格管理之外我们还要让加盟商明白,只有当所有的伙伴一起壮大,你自己才能壮大。

做完这些调整后,黄记煌取得了巨大的进步。我们04年还只有一家店,目前黄记煌全国200多家加盟店,200多家直营店,整个黄记煌体系年收入超过20亿,其中直营体系收入超过10亿。

专业消费品投资机构天图资本投资人经理曾凡华点评:

黄记煌是智慧而富有远见的。首先,他较早就洞见了中式餐饮的不足,在摆脱厨师依赖、流程标准化上取得了不俗的成绩。其次,在竞争白热化的餐饮市场,他独创出"三汁焖锅"这种烹饪方式,闯出了一条差异化竞争的道路。在完全竞争、供过于求的行业,"差异化生存"是所有企业"唯一"的生存方式,不是"之一"。最后,他在初创期,朴素的聚焦战略执行得非常到位——主打三汁焖锅鱼。品项的聚焦,既增加了品牌传播的便利性,又降低了企业运营管理的难度。焖锅鱼之于黄记煌,类似于炸鸡之于肯德基、汉堡之于麦当劳、披萨之于必胜客。不光是餐饮企业,所有消费品牌,要进入消费者心智,都需要思考聚焦的问题。

同时,黄记煌也是幸运的。在其利用加盟店抢占市场、大举扩张的时候,加盟店虽有管理上的偏差与疏忽,但毕竟没有出现大的失误,没有造成大的负面口碑,故其还有机会从2009年开始做出重整,没有成为"呼啦圈效应"的又一典型失败案例。

连锁扩张的两种形态:加盟和直营,本身没有必然的好或坏,但对不同业态、不同发展阶段的企业有不同的适用性。在企业的管理能力、标准化水平没有达到一定的高度时,大举扩张加盟店,其实是一个极具风险的行为。每一个直营店或加盟店都是企业品牌的自媒体,一个店出问题,影响不仅仅限于一个店,而是品牌全部。

品牌的竞争,是一个长跑,发达国家的强势消费品品牌都活了几十到几百年,才牢牢占据消费者的心理,才有今天的市场地位。我们中国消费品企业虽然这些年大步赶超,成绩喜人,但仍然需要小心翼翼、如履薄冰地呵护好自己的品牌。只有以这为前提的速度,才是有意义的成长速度;否则只是走向死亡的速度。不管是做消费品企业,还是做消费品企业投资,风物长宜放眼量。

15. 如家十年创新用心

对一个新创企业来说,10 年能经历多少风雨?

没错,在投入运营整整十周年后的 2012 年,回首此前的岁月,如家酒店的经历颇让人心惊。但是,坎坷归坎坷,其在中国经济型酒店中的第一位置,却始终未被撼动。十年来,如家每年收入增长率保持在 25%～200%之间。2011 年,集团收入达到 39.6 亿元,1426 家酒店分布于中国的 212 个城市,处于全球酒店业综合排名前十位。

"目前中国在美国上市的企业超过 300 家,但股价还在当初 IPO 价格之上的,大概只有 20%,这对中国企业来说,是一个耻辱",如家酒店集团首席战略官吴亦泓说,"中国的经济发展太快了,企业家的成功来得太容易,但是把企业做大做强,要慢工夫。"

那么,如家的慢功夫是怎样"熬"成的? 事实上,十年来,如家发展经历了四个阶段。而它的持续成功,正是得益于在每个阶段都根据消费者的真实需求和竞争形势的变化,动态更新升级自己的商业模式,比对手更快一步进行战略布局,以及构筑起标准化与个性化相妥协的执行体系。

从一处火花到标准复制

2001 年,沈南鹏、季琦、梁建章、范敏四人成功创立携程网,也因此发现当时上海仅有的两家经济型酒店——锦江之星和新亚之星客房的出租率高达 90%以上,而国际上超过 70%都是经济型酒店。显然,在星级酒店和脏乱差的招待所之间,存在一个经济型酒店的空档。2002 年,如家连锁酒店诞生。

新生的如家酒店,在战略层面选择了独特的定位,舍弃了星级酒店豪华设施、豪华大堂、餐饮服务等,仅保留住宿为核心的功能,并找到了每晚 200 元左右的价格空档,而在运营层则选择了连锁模式,这更容易确立品牌认知。

次年,非典来袭,在中国众多酒店入住率跌至 10%以下的低迷时期,如家却迎来了首次小高潮。平均入住率达 50%以上。这一年,其酒店数量也增加到 10 家,净利润 150 万元。至此,如家完成了从无到有的第一阶段。

但是,快速增长的市场机会亟需连锁企业建立起标准化快速扩张能力,这也导致了原创始人季琦的离开。此后的如家进入第一次转型期。董事会引入了包括原百安居副总裁孙坚等在内的一干职业经理人,开始在扩张中系统建立连锁经营的标准化运营体系,包括确立理性成熟的投资模型、开展标准化大运动、完善三大支持系统等。对于新建酒店总投资额度,每间房间的平均建设成本等都作出了严格的限定,而在勾勒出消费者的真实需求后,如家扔掉 20% 的个性化,在标准化与个性化之间寻求妥协来谋取规模化快速复制。

"这个世界上最成功的东西,往往是妥协的成果。"如家酒店集团 CEO 孙坚说。

到了 2005 年,如家还把各地门店客源集中起来,建立起中央客源系统。其中尤以客户关系管理系统、中央订房系统、酒店管理系统为关键。通过客户关系管理系统如家可以管理数百万重复消费的活跃会员,而借助资产管理系统可以实时看到各个酒店的空置状况,在酒店客满情况下,中央订房系统能随时就近调配客人入住附近的酒店,从而保证客源不流失,并有效盘活空置客房。

也是在这一年,七天连锁酒店、汉庭连锁酒店诞生,锦江之星也加快连锁扩张步伐,经济型酒店在一线城市竞争加剧。为抢在租赁物业成本上升之前迅速布局,如家率先向全国进军。点、线、面相结合,在重点城市往往几十家店一下子开出来,形成网络,扩大品牌认知。

打磨投资模型、前瞻性战略布局、标准化执行,共同推进如家进入高速发展阶段。到 2006 年 6 月,如家已经进入全国 26 个城市,酒店数量达到 82 家,在规模上超越了中国经济型酒店鼻祖锦江之星。而随后在美国纳斯达克的成功上市,更标志着如家挺进全国的第二阶段完美收官。

整合布局,标准化到用心化

此时,如何借助资本的力量,迅速做大规模,成为如家的首要战略。如家开始率先渠道下沉,深耕二三线城市,并改直营为主为侧重发展加盟,在行业中率先并购,布局中高档和颐酒店。

正如麦当劳的成功在于长期获得廉价商业地产物业使用权,如家酒店商业模式的核心,也在于廉价的商业地产运作模式。酒店连锁业高度依赖商业地产,物业成本是决定单店投资回报周期的首要因素,而要取得成功,必须采取轻资产模式。对如家来说,这便是变租赁直营为发展加盟店。

到 2008 年底,如家加盟店达 141 家,占比上升到 30%。在竞争对手的觊觎之下,加盟方式为如家大大节省了发展资金,并使其扩张速度大增,这也为如家后来的收购战略储备了充足的现金流。

对于这些加盟店,如家全面掌控,以确保服务品质不走样:加盟店长由如家总部任命和管理,薪酬总部统一发放;酒店 IT 系统由总部统一部署,总部实时掌控加盟店运营情况;如家的中央客源系统和会员管理系统,使加盟店离不开对总部的依赖。而如家管理大学每年培养数以百计的店长，提供源源不断的人才支持。

2007年，如家收购七斗星，尽管中间经历了亏损风波，但也在行业中先人一步积累了宝贵的并购整合经验。同时，如家敏锐地洞察到，随着中国经济成长，如家主要客户——中小企业商务人士需求也在升级，于是在2008年12月推出定位于"五星级酒店简约版"的和颐酒店——"五星的床、四星的房、三星的大堂、二星的价格"。这一年，在全球金融危机的担忧声中，如家继续大跨步，在94个城市中新开了205家酒店，酒店总数达到471家。第三阶段，从直营到加盟的逐渐壮大之路，如家又顺利通过了。

此时，如家全国布局下的经营数据分析已经带来裨益。经过分析，金融危机中，经济型酒店的下滑主要集中在受外贸出口萎缩影响的东南沿海地区，广大内地市场并没有受到影响。这无疑大大佐证了深入二三线市场战略的正确性。

这时，经济型酒店已经进入火拼阶段，老大争夺战此起彼伏。适逢行业第五的莫泰168出售，经历过七斗星并购及整合亏损风波的如家，依靠游刃有余的并购经验打败了七天、锦江之星等虎视眈眈的对手，于2011年5月，以4.7亿美元将莫泰168收入囊中，使其集团旗下酒店规模超过1400家。到2011年年底，如家酒店集团的总房间数达到176562间，超过了第二名七天和第三名汉庭的房间数之和。

与此同时，随着优质价廉物业减少，人力成本上升等外部因素的变化，加上自身品牌、管理、人才等方面日趋成熟，如家酒店愈发加强发展加盟，轻资产前进的策略。到2011年9月30日，其特许加盟总数首次超过直营连锁酒店。孙坚甚至表示，"未来我们特许加盟店要占到总店数的65%。"在拥有1400家酒店，员工数超过6万人之后，这个庞大的酒店网络还在摸索从标准化向用心化的转变。

"仅靠标准化，是不够的，需要由标准化向用心化转变。"孙坚说，"在规模化、分散化的经营格局中，在没有标准的地方，只能靠文化、价值观去引导。"以杯子的摆放为例。过去如家强调杯子的摆放必须是全国统一的，现在，只要客户满意，客房的阿姨可以按客户喜欢的方式摆放。怎样才知道客户满不满意？就必须靠客房的阿姨用心去做。孙坚开心地解释，"如家正在塑造快乐文化，亲情文化，让大家都有家的感觉，在这里用心做事。"

到2011年，如家酒店集团已经同时拥有针对中小商务人士的如家快捷，针对年轻时尚人士的莫泰168，针对中高端商务人士的和颐酒店，并且积极筹备进军海外，需求层次由低到中高，逐步形成金字塔型品牌结构。"从单一品牌，到多品牌满足不同层次客户需求，从国内到未来进军海外，标志着如家酒店集团发展战略继续领先于主要对手。"孙坚说。

如家模式创新的方法论

如家酒店集团十年成长为中国最大经济型酒店,在经营方法论上给企业管理界的启示如下:

真实需求论。内心需求加上支付能力的限制,才是客户的真实需求,即:在可接受的价格范围内,获得可接受的有限服务。找到有限服务的核心,就必须把客户关注的关键需求列出来,然后通过调研选出前五项作为核心顾客价值,在顾客能接受、企业能挣钱的价格水平下,加以满足。

有限投入论。如家为什么能创业成功?它创业的前提假设是,我只掌控有限资源,那么就必须以有限的投入来生产出市场能接受的有限服务。"商业模式创新,就是找到客户的真实需求之后,企业投资进去,如果卖到客户能接受的价钱,企业也能获得回报,商业模式就成立了。商业模式创新就是需求和供给、投入和产出的匹配过程。"孙坚说。

快半拍论。公司要持续领先,就必须在战略上永远比对手快半拍。2005 年,七天等竞争对手出现,如家马上到二线去。2008 年,金融危机后,竞争对手到二线大发展,如家马上到三线去。等对手也发力一、二、三线布局,如家马上大规模发展轻资产的加盟模式。等对手也跟上发展加盟模式,如家马上开展大规模并购。面对成本上升,人力短缺,如家以 IT 手段,减少单店员工数,并以 IT 数据挖掘客户下一站的行程,黏住客户,最大限度开发客源。

集体英雄论。在如家酒店集团 COO 宗翔新看来,如家的商业模式确立之后,对手一眼就能看明白,最大竞争力在哪里?就是如家的团队,就是集体英雄。在如家,做为 CEO,孙坚认为自己不能高傲,不能认为是别人不支持你,而是反问自己:第一,我提出的东西,是不是为企业长线发展?第二,CEO 开展工作,是以什么方式完成?是独断方式,还是以更加贴切团队的精神,是否有一个更加沟通理解的过程?第三,最重要是实现结果。如果每次都兑现,对董事会、对管理团队,就是建立信任的过程。

在美国,每千人拥有经济型酒店 2.5 个,而在中国这个数字仅为 0.6;国际上,经济型酒店占酒店业的 70%,现在中国 20% 都不到。身为经济型酒店的如家,未来空间依旧宽广。当然,挑战也显而易见。成本上升、并购整合、规模竞争等无一不是压力。面对这些挑战,作为如家酒店集团 CEO,孙坚的看法是,未来比拼的是谁少犯错或不犯错。

16. 全聚德资产数百亿创业史

俗话说,"不到万里长城非好汉,不吃全聚德烤鸭真遗憾!"即便是居住在四川偏远山区的地震区人民,见到头戴"全聚德"字样帽子的厨师给大家切菜做饭,也都欢呼雀跃:"给外国元首做饭的大师傅来给咱们做饭了!"

近年来,全聚德在体制、机制、营销、管理、科技、企业文化、精神文明建设等方面进行了一系列创新举措,这个享誉全球的百年老店走上了规模化、现代化和连锁化的经营道路。门店数量从集团组建初期的 3 家发展到如今的 70 多家,品牌价值由 1994 年时的 2.69 亿元猛增到 2006 年的 106.34 亿元,并于 2007 年作为中国餐饮行业的首家上市公司,成功登陆 A 股市场。有着"中国第一餐饮"美誉的全聚德正在向着"世界一流美食,国际知名品牌"的愿景迈进。

全聚德,十几亿中国人都熟悉这个名字,在世界上也有相当知名度。可谁知道它的前身叫什么? 它的创始人是谁? 经历了怎样艰苦奋斗历程

1834 年,因家乡遭受水灾,年仅 15 岁的杨全仁从河北来到北京,在前门大街上,摆了一个卖生鸡生鸭的小摊。两条长凳,一块案板,便是他的全部家当。只有15 岁的逃荒少年杨全仁,每天靠着卖鸡鸭的微薄收入,支撑着生活。每天太阳下山,杨全仁收工回家的路上,他都会路过当时京城里最大的一家烤鸭店——便宜坊。这个聪明又能吃苦的少年,在心里默默许下愿望:有朝一日能开一家自己的烤鸭店。

为了实现这个梦想,杨全仁等了 30 年。

1864 年,45 岁的杨全仁的手里有了足够的积蓄,便盘下了一家叫德聚全的干果店,把它变成了自己的烤鸭店。为了给他的烤鸭店起个好名字,杨全仁还请来了风水先生。风水先生看着店对他说,如果在新店上起一座楼,就会与旁边的井儿胡同构成八抬大轿的形状,杨全仁就可坐上八抬大轿,新店铺的生意也会越来越好。可是,要坐上"八抬大轿",以杨全仁当时的财力来说,却只能是个梦想。他能做的,就是将德聚全倒过来,成为自己的字号,并请人写了牌匾。不知道为什么,从那时候起"德"下面就少了一横,直到今天都成为一个未解的谜团。

起初,全聚德的生意并不是太好。他也明白,若还想要在饭馆众多的前门外大街站住脚,成为像便宜坊那样的名店,除了要有丰富经营经验之外,还要有自己的特色。他不惜重金请来了曾经在宫里做过御用厨师的孙师傅。孙师傅一来,全聚德的生意果然立刻火了。因为他带来了与传统焖炉烤鸭完全不同的挂炉烤鸭技术。

　　全聚德的生意一天好过一天,此时的杨全仁又想起了那位风水先生的话,为了圆坐上八抬大轿的梦,杨全仁开始盖楼。为此他欠了不少债。可惜杨全仁还没看到那座二层小楼落成,在第一层刚刚建好后,1890 年,杨全仁便离开了人世。杨全仁死后,山东人李子明成了全聚德的新掌柜。此前他在另一家饭馆做账房先生。李子明刚刚刚上任,讨债的便纷纷找上门了。为了对付这些讨债的,李子明已在之前派人用红纸包了些碎石充当银子,把沙土装进面粉袋冒充面粉。可这些办法,虽然暂时打发走了那些讨债的,但毕竟不能长久的应对,时间长了讨债的人们不仅会上门闹事,最怕是把全聚德的名声给搞坏了。可当时全聚德的资金确是捉襟见肘,情急之下,精明的李子明想出一个两全其美的法子——开始发行鸭票子抵充债务。

　　全聚德发行鸭票是在同治、光绪、宣统年间,特别是在兴建全聚德二层楼房的时候,为了筹措资金,更是大量发行鸭票子。1923 年,全聚德停发鸭票子。由于社会动荡,岁月沧桑,可惜全聚德竟未能留下一张鸭票子。全聚德的鸭票子,是用染成红色的宣纸印制的。鸭票呈长方形,上边切去两角,抬头印有"全聚德老炉铺鸭票"八字,票据内容为:取大烧鸭子两只,已付银若干,落款处签有全聚德的鲜红大印。不久,北京城里人们逢年过节登门拜访时,便会互相赠送全聚德的鸭票子,这种鸭票子不仅代替了油乎乎的鸭子,又当做礼物一样送给亲朋好友,非常实惠(就像如今的超市券、交通卡)。自然,这种既方便又体面的鸭票子很快在北京城里流行起来。由于经营有方,三年之后,李子明便还清了老掌柜欠下的全部债务。

　　除了在经营上动脑筋外,李子明在管理上也别有一套。而为了争取到更多的客源,他亲自到别的饭馆里去物色出色的堂头(相当于领班)。好的堂头,必须要求他记忆力特别好,来过一次就知道是什么身份,下次来就能马上反应过来,客人就会非常高兴,从此便成常客。不仅如此,为了让每一位顾客相信全聚德的货真价实,李子明还在顾客选鸭时专设一个卖手。卖手把活的鸭子拿给客人看并让客人亲自在鸭身上题字,说明鸭子所属。这样赢得了很多客人的赞赏。

　　对于店中同样来自山东的伙计们,李子明也有着严格的要求。每天早上六点,全聚德的伙计们便要起床,开始一天忙碌的工作。他要求伙计们在日常生活中也要有规矩,不能坏了全聚德的形象。曾经有一个伙计,仅仅因为看了场低俗的花鼓戏,便被他开除,而对于那些染上毒瘾或抽大烟恶习的人,李子明更是毫不留情地请其走人。对店里其他老实的伙计们,他却通情达理。有要娶亲的伙计,李子明则会不惜走上很远的路,参加他们的婚礼,为他们庆贺,并且还会送上厚厚的红包。因此,深得人心。就在李子明准备大干一场时,1922 年 1 月,第一次直奉战争爆发,直系军阀吴佩孚取得胜利。一时间,人们之间流传着商铺会被乱兵洗劫的各种消息,前门大街上的商铺老板各个忧心忡忡。这一天,全聚德里来了一位军官,自称是吴佩孚部队的军需官。他对李子明说,吴大帅为犒赏三军,点名要全聚德准备200桌饭菜,并且每桌必须上一只鸭子。这对于全聚德来说,几乎是一个不可能完成的任务。但是令所有人吃惊的是,李子明果断地接下了这个任务。因为在他看来,如果不接,有可能得罪军方,从而给全聚德带来麻烦。而接下来,对于全聚德来说,无疑是一个壮大声势、扩大生意的好机会。随后,李子明调动全聚德的所有人员,增添厨具,外聘厨师,并亲赴养鸭场选择良种鸭,终于在吴佩孚指定的庆功之日,完成了这个当初大家都认为不可能完成的任务。从此,全聚德在北京城声名大振,顾客盈门。

在李子明的经营管理下,全聚德的生意做得红红火火。此时的李子明没有忘记老掌柜的八抬大轿梦。这一年的三月,全聚德的二层小楼终于落成。可是,没过多久,距全聚德不远处,开了一家几乎与全聚德一模一样的烤鸭店,掌柜的原来是全聚德管总账的,因为与李子明闹矛盾,便离开了全聚德,开了这家叫"华赢全"的烤鸭店,与全聚德唱起了对台戏。还起名"华赢全",即一定能赢全聚德的意思。得知此讯后,李子明在开张当天,率全聚德众伙计到场祝贺,还送上了贺匾。但是李子明的这一举动并没有感动华赢全的老板。为了彻底搞垮李子明和全聚德,华赢全的老板甚至鼓动全聚德的少东家,将全聚德秘密卖给一个美国人。得知此讯后,李子明悲愤欲绝。但不久他就搞清了事实的真相:美国人买的并非全聚德,而是全聚德用于烤制的鸭子。原来是虚惊一场。

1924年9月,第二次直奉战争爆发,奉系军阀张作霖打败吴佩孚,占领北京城。此时,一直对李子明耿耿于怀的华赢全的老板,以当年李子明为吴佩孚部作庆功宴为由,以"支持内战"罪名,到张作霖处密告李子明,李子明被抓。为救李子明,全聚德的堂头和伙计在张大帅60寿辰之际,精心准备了一道"猜谜夜宴",使喜欢附庸风雅的张大帅大为欢心,李子明终于获释。躲过劫难的李子明回到全聚德后,更是用心经营。为了吸引更多的顾客,他还在每天下午的营业低峰期,推出了面向劳苦大众的"低价鸭",全聚德的生意越来越火爆。而一直与它唱对台戏的华赢全最终因经营不善而倒闭。到了三十年代后期,人们便公认:全聚德烤鸭质量已超过老字号便宜坊,堪称京师第一了。

在坐上京师第一烤鸭店交椅后,李子明决定不再发展全聚德。由于他在全聚德并没有股份,所以他把挣来的钱除了交给东家外,其余的便都分给了众伙计。坐上八抬大轿的李子明也发了财,他在山东老家盖了房,成了当地的大户人家。此时的李子明却染上了抽大烟的恶习,长年有两个伙计伺候着。每次到店里时,一个伙计会紧走几步,进店门后,向店里的伙计们伸出大拇指,众人立刻鸦雀无声,知道是掌柜的到了。而此时的李子明往往会动不动就发脾气,训斥伙计。不久,李子明便离开了人世,按照他的遗愿,家人将他葬在了山东老家的山林中。离别家乡30年的李子明终于回到了他的故乡。

新中国成立后,濒临倒闭的全聚德在党和政府的关怀下逐步繁荣,并成为国家外交宴请的重要饭店。周总理生前27次光临全聚德宴请外宾,并对全聚德的事业发展给予了特别的关注。为了满足不断发展的业务需求,在周总理的亲切关怀下,1978年在和平门建成了亚洲最大的单种菜馆——全聚德和平门烤鸭店。遗憾的是周总理没有看到落成开业的那一天,但周总理对全聚德的细致关怀却铭记在每一个全聚德人的心中。有一次周总理在宴请外宾时,一位外宾好奇地问起"全聚德"三个字的涵义,周总理机智而精辟地解释为"全而无缺、聚而不散、仁德至上"。宴会后,周总理还来到门前,望着牌匾,对周围的员工说:"你们是个百年老店,有一块很吸引人的招牌,要爱护你们的金字招牌,把生意做好,为国家多做贡献。"

周总理对"全聚德"三字的诠释,精辟地概括了百年全聚德一贯追求和秉承的经营思想。"全而无缺"意味着全聚德广纳鲁、川、淮、粤之味,菜品丰富,质量上乘无缺憾;"聚而不散"意味着天下宾客在此聚情聚力,情意深厚;"仁德至上"则集中体现了全聚德人以仁德之心真诚为宾客服务、为社会服务的企业精神,这也正是全聚德商魂所在。

"全聚德"不仅以烤鸭而饮誉海内外,而且以全鸭席、特色菜、创新菜、名人宴为代表的系列精品菜肴形成了全聚德海纳百川的菜品文化。

在全聚德厨师的手中,鸭子全身都变成了宝贝。历代厨师在制作烤鸭的同时,利用鸭膀、鸭掌、鸭心、鸭肝、鸭胗等原料,精心创制了各种美味的冷热菜肴。经过多年的积累,形成了以芥茉鸭掌、火燎鸭心、烩鸭四宝、芙蓉梅花鸭舌、鸭包鱼翅等为代表的"全聚德全鸭席"。颇有意思的是,有一次王光英副委员长在全聚德用餐时说:"'全鸭席'各种鸭原料都全了,唯独缺少一种菜。"大家都想不出是什么,他哈哈一笑:"是鸭蛋啊!"大家恍然大悟。经过细心研究,全聚德的菜单中又多了一道新菜——"水晶鸭宝",添补了"全鸭席"的空白。

1993年中国北京全聚德集团有限责任公司成立以来,通过实施品牌战略,不断坚持改革与创新,取得显著成效。集团公司发挥老字号品牌优势,强化精品意识,实施正餐精品战略。现已形成拥有50余家成员企业,年营业额近10亿元,销售烤鸭300余万只,接待宾客500多万人次,资产总量7亿元,无形资产价值106.34亿元的全国最大的餐饮集团之一。

在取得巨大经济效益的同时,全聚德集团也时刻感觉到行业间、地域间、体制间以及飞速发展的知识经济所带来的巨大压力和紧迫感,要想在激烈的竞争中立于不败之地,就必须创新。"老字号"在求变过程中,把连锁、扩张等新的理念也融入市场管理策略中,继续下大力创新"全聚德"品牌,使"老字号"更加辉煌。

2003 年 11 月,全聚德集团与华天饮食集团联合,成立聚德华天控股有限公司;2004 年 4 月,全聚德集团和首都旅游集团、新燕莎集团实现战略性重组;2004 年 11 月,中国全聚德(集团)股份有限公司成立;2005 年 1 月,仿膳饭庄、丰泽园饭店、四川饭店 3 家老字号进入新公司。新集团公司的组建,标志着集团公司按照现代企业制度要求,初步搭建了完善的现代企业制度的基本框架,成为首旅集团六大板块中的第一大板块——"餐饮板块",形成品牌化、专业化经营的集团公司;标志着全聚德从过去的烤鸭品牌扩展到餐饮品牌,从单一品牌经营扩展到多品牌经营,全聚德将代表着北京古老和新生的餐饮文化、历史文化概念的餐饮品牌,成为可以充分扩展全聚德历史文化内涵的符号。

全聚德既是传统的,她历经 142 年锻造,铸就成驰名中外的民族品牌;全聚德更是现代的,她适应现代企业制度的要求,使传统老字号转变为现代餐饮集团;全聚德虽是古老的,她跨越了 3 个世纪,历经百年沧桑;全聚德又是年轻的,她正走在 21 世纪的大道上,开拓着中华民族品牌新的事业。

17. 芭比娃娃创始人罗丝的创业故事

罗丝·罗小姐是雅克布家 10 个孩子中最小的一个，天生丽质、小巧玲珑。罗小姐的父母是一战前来到美国中部的波兰移民，她老爸是个赌徒，牌桌上三天两头失利经常弄得十二口之家揭不开锅。说来也巧，罗小姐是在她大姐出嫁那天出生的，而且她妈生下她就得了大病，大姐为了替妈妈分担，将小妹妹抱去了自己的新家抚养，这一抱竟然是一辈子，换言之，罗小姐是由她大姐抚养成人的。

穷人的孩子早当家，大姐在镇上大卖场的角落里开了个小小的快餐铺子，靠手脚勤快赚点小钱维持一家人的生计，在罗小姐的眼里，大姐就像是一个大英雄、活榜样，事事都要学着大姐的样子做。罗小姐 8 岁就开始在大姐的快餐铺子里当帮手，到十四五岁的时候她就能独当一面，要是大姐身体不适不能来店里张罗，她一个人照样把快餐铺子打理得像模像样，瞧这罗小姐，她从小就是这么能干和要强的。

在罗小姐 17 岁的时候，她和学校里的扭怩男生小艾一见钟情，小艾是学艺术的。大姐知道此事后果断不同意：咱穷人家的女孩子，怎么样也得想法嫁个有点前途的好人家，和一个穷艺术家厮混一辈子，这是多么没法想象的事情啊！

对于罗小姐来说大姐的话不得不听，同时她也知道穷人家的孩子必须依靠自己改变命运，很多时候是不能由着自己性子来的，于是咬咬牙决定和小艾了断，独自一人去了洛杉矶散心，顺便打算找份工作安置下来。洛杉矶可是个大世界，要是有机会在好莱坞里混口饭吃，天天能见到银幕上的那些大明星们，那该有多爽啊！不过人人都说罗小姐没有学历、没有关系，混进星工场去的可能性微乎其微，但是罗小姐是个要强的人，她想要做的事谁也拦不住。终于有天觅到个进好莱坞影棚观光的机会，出来时，罗小姐已经在里面找到了一份文秘工作，让在门口四处找她的小姐妹们个个跌破了眼镜！

罗小姐在好莱坞里还没来得及站稳脚跟，小艾也搬来了洛杉矶，少男少女之间这些藕断丝连的情事，大人越想阻拦越是拦不住的。罗小姐用赚来的工资买了一块漂亮的腕表送给小艾，随礼盒附了张纸条："我真希望你能娶我！"小艾哪里招架得住罗小姐的主动进攻，于是两人借来了朋友们的婚礼服装，就这么将人生大事给操办了，气得大姐干瞪眼、直落泪，心想小妹的这一辈子算是全完了……

婚后，罗小姐继续在好莱坞打工苦苦支持小艾的事业，而小艾边打零工边学艺术，固然日子平淡清苦，但好歹有情人终成眷属。有一天，小艾激动地告诉罗小姐他的一个新 idea：用一种当时刚发明出来的新材料有机玻璃（时年 1936）来做工艺品,比如胸针、挂件、耳坠、烟灰缸之类的,而这一定特有创意。可在当时学校的烧制设备都是供学生上课和实习用的,轮不到小艾一人占用。

为了自己所爱的人能实现心愿,罗小姐二话没说取出所有的积蓄替小艾买了一台烧制窑炉,将公寓客厅天翻地覆地改造成了一个作坊,结果招来房东的最后通牒,勒令他们马上搬走。没办法,罗小姐只好借钱又租下隔壁洗衣店里一小破房间作为小艾的工作室。数月后,心灵手巧的小艾制作出了一批样品,罗小姐把它们装进手提箱,上街到一家家的礼品店去敲门,希望有人能识货下订单。

不过创业哪有这么轻易?日子一天天随着罗小姐不断地吃闭门羹而逝去……好在她有着天生的创业者气质,勇于冒险、绝不放弃。终于有一天,她走进了一家名贵的珠宝店,店主见了罗小姐手里的样品,双眼大放异彩,执意要罗小姐带他去见见这位工艺大师,罗小姐心里倒发虚:要是珠宝店老板见到小艾作坊的穷酸相,这桩生意八成会被搅黄了,不过好歹说不过店老板,罗小姐只好带他去见小艾。算是伯乐相中了千里马吧,那老板非但没有嫌弃小艾作坊的寒碜,还当场下了一笔不小的订单,小夫妻俩的作坊终于有了第一个客户、第一张订单,就这样,年轻的创业者上了路!

但是好景不长,罗小姐忽然怀孕了,而且检查出来她天生易流产,需要立即停止工作,居家卧床休息……小艾固然是个艺术天才,却不是个擅于经营的人才,小作坊离开了日理万机的罗小姐之后每况愈下。走投无路的小艾只好引入了几个新的合伙人,他继续从事自己的设计,其他人打理生产、渠道、销售,小作坊生意蒸蒸日上,过了一两年,小作坊的年销售额达到了几百万,但是小艾却从此闷闷不乐,由于新来的合伙人们图的只是批量生产增加销售,根本无心顾及产品设计创新和保证品质。

这时的罗小姐,已经是两个孩子的妈妈了。当她听说了小艾的不悦,就建议小艾将自己的股份转让给那几个新来的合伙人,他俩再找机会东山再起。小艾听了罗小姐的建议后便去找那几个合伙人谈判,没想到对方一点没有挽留他的意思,反而出价一万块钱,让小艾即刻走人。区区一万块钱,就能买走一家年销售额几百万的公司差未几1/4的股份?!小艾确信了自己没听错后,回来一五一十地将事情告诉了罗小姐。罗小姐泰然自若,一字一句的说:"卖了,咱们拿这一万块钱,重起炉灶!"

机关算尽反误了卿卿性命,那几个合伙人自以为是捡到了天底下最大的大便宜,却白白地放走了一个创业公司的核心天才设计师,第二年那家公司便公布关门大吉。

而罗小姐和小艾这对小夫妻呢,又开始了他们俩没日没夜的打拼。为了让小艾能够专注设计好产品,罗小姐身兼数职,她是妻子是母亲还是公司的销售、主管、采购员、货车驾驶员,这是一对配合得多么协调的创业伙伴啊!

创业不轻易啊,固然销售在增加,员工也添了不少,但是公司还是入不敷出时常出现赤字,没有办法,在找不到 VC 也没遇上天使的情况下,罗小姐只好到兄弟姐妹中去求情借钱。罗小姐拍着胸脯保证:赚到钱了,第一件事情就是先把借款给还了,要是还不出钱的话,她和小艾就在兄弟姐妹家里轮流打一辈子勤杂工,终于,一位家境稍微宽裕的姐姐借给了罗小姐 10 万块钱,小两口于是把这笔钱一股脑儿的统统砸进了创业公司里。

经过将近 10 年时间的打磨,罗小姐和小艾设计、生产、销售过无数种产品,包括艺术镜框、孩子们扮家家玩的小家具、音乐盒、三脚小钢琴、玩具手枪……固然没有什么惊天动地的杀手锏产品,但是这家创业公司多少已经发展成小有利润的专业玩具生产商。当罗小姐提着赚回来的钱去见兄弟姐妹的时候,她给了两个选择:一是连本带息将借款全部归还,二是债转股、将借款转成公司股份。兄弟姐妹们想听听罗小姐的建议,罗小姐说:"当然是债转股喽,要是你们同意的话,我现在可以让你们用这笔钱买下这家公司一半的股份。"兄弟姐妹们居然都听话同意了,几年以后,他们当年借给罗小姐的 10 万元钱,变成了全世界最大的玩具公司美泰儿(Mattel)的 50% 股份!

罗小姐有一种预感。直觉告诉她,世界上每个小女孩心里都藏着一个"大女孩",一个偶像、一个自己希望将来长大成为的那种类型,不是嘛?就像罗小姐小时候心目中的大姐,要是她那时候有一个大姐样子容貌的洋娃娃,罗小姐一定会爱不释手。所以,洋娃娃为什么不可以做成一个成年女孩的样子容貌?为什么不能让她们有曼妙的体型?为什么不能把她们做成风情万种、打扮入时的漂亮女人?

再看看当时市场上给女孩子们玩耍的洋娃娃,一个个用绒布塞得鼓鼓囊囊的,大大笨笨的脑袋,圆圆肥肥的肚子,直统统上下一样粗细的手臂和脚杆儿……好笨好丑,也不管它什么比例、时尚、品味、制作工艺之类,反正不过就是丢给女孩子们玩耍的布娃娃嘛……当然,更微妙更深一层的意思就是,女孩子嘛,将来长大了就是在家生孩子、带孩子、打理家中日常烂事儿的,谁费心还管提什么美丽、时尚、个性以及她们心中的偶像?

每个小女孩心里都藏着一个"大女孩",一定的!罗小姐坚信自己的直觉,她要来创造一个小女孩世界里的五彩缤纷的"大女孩"世界!于是她兴致冲冲地把这个 idea 告诉了小艾,没想到,向来对她百依百顺的小艾,一听这个 idea 就给罗小姐浇了一头冷水:"别异想天开了,且不说小女孩是不是喜欢'大女孩',那些买洋娃娃可都是大人口袋里掏的钱,老爸老妈谁会给自己的孩子买这些挺胸翘臀的骚女人玩意儿?!"一番话差未几把罗小姐给气得要昏了过去。

第二天,为了证实自己是正确的,小艾拖着罗小姐来到公司设计部,当着众人面把罗小姐的 idea 讲解了一番,结果居然人人反对,没有人觉得罗小姐的 idea 值得一试。接着小艾又拉扯着罗小姐来到公司组装线上,这里的大部分工人都是自己有孩子的妈妈们,小艾又把罗小姐的 idea 给大家解释了一番,然后问是否有人愿意为自己的女儿买这样的玩具?结果得到全场异口同声的说"不!"

罗小姐平时在公司里雷厉风行平易近人挺有威信的,今天是怎么了?居然她的 idea 遭到了 100% 的反对,就连一句阿谀奉承的话也没有听到,到底是众人皆醉我独醒呢,还是罗小姐的 idea 是一个从未得以证实的 idea,或者完全可能是一个根本就不成立的 idea?

"每一个小女孩心里都藏着一个大女孩",一定的,一定的,一定的!罗小姐坚信自己的直觉,不管别人怎么说,我就要去试试!罗小姐要强的天性再次爆发,她像个小女孩那样耍起了犟脾气,哈哈,这不正是俺们创业者一意孤行、执迷不悟的天性嘛?没了这种英雄本色,哪来什么创新?还去创什么业啊?

于是,在公司上下一片哗然中,罗小姐强行启动了自己的疯狂冒险计划,她命令设计师们完全按照自己的意思设计一款心目中的"大女孩"形象:鹅蛋型的脸蛋,大大的眼睛、弯弯的眉毛、翘翘的鼻梁、高高的胸脯、细细的腰身、修长的四肢……体型设计一改再改,最后定型为一个三围 39—21—33 的绝对美女的"迷你版",还替她配备了一个五颜六色的衣柜,一共 20 套艳服;罗小姐命令生产部采用最好的材料最新的工艺技术,每件衣服做到细节的逼真,连脸上的眼线都必须画得一丝不苟;她还命令市场部制作大投入的电视广告片……无意中,罗小姐发现自己的大女儿芭比平时喜欢涂涂画画,画面里充斥了各式各样"大女孩"的形象,罗小姐收集了厚厚一叠芭比的画,它们将会是佐证,证实罗小姐的 idea 是对的,证实"每一个小女孩心里都藏着一个大女孩"!

罗小姐又一阵激动,最后决定用女儿的名字来命名这批洋娃娃的品牌"芭比"。

尽管罗小姐花费了九牛二虎之力,花尽了公司里的每一分余钱,但她四周上上下下的人仍然没有一个相信这件名叫"芭比"的玩具会成为一件热门的抢手货,那么,最后只有让市场来裁决了,对于罗小姐来说,此事此时已经万事俱备,只欠东风。

1959 年早春,一年一度的国际玩具交易展在曼哈顿中城的玩具中心揭幕,成千上万来自世界各地的玩具订货商冒着寒风在这里欢聚一堂……"芭比娃娃"也靓丽登场,罗小姐特地租下了最显眼的展位,精心布置,她还特地在马路对面租下一个酒店套间,移走了房间里的床和家具,搭起了一个私密的展室,专门接待重要的玩具分销商。罗小姐亲身出马,在这里守株待兔。

当年美国正在到处宣传"登月计划",所以展厅里最热门抢手的是那些飞船、火箭、宇航员的模型。形成鲜明对比的是一旁的"芭比娃娃",她们孤独地站在镁光灯下,前来询问的客户寥寥无几,即使偶有人过问,他们脸上无不带有疑虑、不解、甚至不屑一顾的表情,很明显,情况不太妙。

罗小姐显然已经掩饰不住自己的焦虑,时间一天天过去了,订单寥寥无几,就是向来关系很不错的老客户,也很少有人愿意来试试预定一些小批量的"芭比娃娃"样品,看来败局已定。不过罗小姐还在等待最后一线希望,展会的最后一天,她的一位最重要的客户将来到这间私密展室和她见面,那人是美国最大的百货连锁店西尔斯的进货主管,凭借着西尔斯的数千家门店,他能翻手为云覆手为雨,把握着任何一款玩具的生死大权。

此人驾到。罗小姐满面笑脸地迎了上去,亲切的握手、热烈的拥抱,她使出了浑身解数向来客逐一讲解了"芭比娃娃"的定位、设计、细节,最后,里间深蓝色的帷幕渐渐拉开,中间摆放了一座限量版的芭比婚纱造型,聚光灯下,芭比像个骄傲的公主,一身雪白的拖地裙铺洒在圆弧形的楼梯上,宝石在芭比的头冠上、婚纱上闪闪发光。

罗小姐的心跳到了喉咙口,她在急切的祈祷:yes,yes,yes……不过,事与愿违,她在一阵眼花中只听到一声重重的回覆:"NO!"

兵败如山倒,罗小姐的冒险行动终于以纽约国际玩具交易展的全线败北而告终。拖着疲乏不堪的身体,在众人的窃声讥笑中,罗小姐回到了她洛杉矶的办公室。她也信服了,芭比是个没人要的娃娃,什么"每一个小女孩心里都藏着一个大女孩",那是痴人的梦想,那娃娃是不会有人要的,现实摆在眼前了,众人皆醒我独醉,别痴想了,活在当下吧!赶紧解散"芭比"设计团队,让他们各回原来的岗位,该做什么还做什么去,赶紧打电话让生产线停下来,取消预订的生产计划,以免公司蒙受更大损失。

正当罗小姐从梦幻里重返现实的时候,小艾上气不接下气地敲门进来:"罗总,罗总,我们全错了…芭比娃娃的订单铺天盖地像雪花一样地飘进来啦!"

"啊?"罗小姐喜出望外……

原来,芭比娃娃的媒体广告是在国际玩具交易展之后投放的,固然大部分分销商没有在展会上预订芭比娃娃,但是,各地的小女孩和年轻妈妈们在电视报纸上看到了芭比娃娃的广告,即刻蜂拥地到玩具店去抢购,这热闹的情形让商家们都傻了眼……呵呵,所有人,包括精明的分销商们,个个岂止是傻了眼,而是瞎了眼,事实证实只有市场是眼睛雪亮雪亮的!

罗小姐站起身来,从台子上捡起一个"没有人要的"芭比娃娃,推开窗户向地平线上望去,远方高楼大厦的窗户也都打开了,一个个小女孩从窗口向罗小姐伸出双手在尖叫:"每一个小女孩心里都藏着一个大女孩!"

女孩、男孩玩游戏,其实都是在做"角色扮演",预习他们将来长大成人的体验,哪个女孩不希望自己将来长得漂亮,懂得如何搭配衣着,知道如何打扮入时,能够展现自己的个性和风采?!罗小姐越想越激动,她要给全世界的小女孩手里送去一个"大女孩"样子容貌的洋娃娃,呵呵,这可是个了不得的大市场哇,而市场上从来没有过这样的产品,是从来没有人想到过生产这样的产品,还是罗小姐的 idea 实在是有点儿太不入流了?

的确,这个简简单单的 idea 在上世纪 50 年代那个时候并不这么简单地使人信服。众人都是守旧的,在一个 idea 变成了现实之前,在他们没有亲眼看到千千万万小女孩急切的伸手去拥抱她们的"大女孩"洋娃娃的时候,没有人相信罗小姐这种奇异怪诞、甚至有点胡思乱想的 idea。创新真是一件极难极难的事情!人们只能望着过去自以为聪明,有谁能真的看见未来?

18. 小肥羊的制胜之道：不跟风不抛弃

　　在中国，大部分的创业项目都是跟风。如看到别人开了一个很有影响的餐馆，他也开一个类似或完全一样的餐馆。这样的话不仅不会形成自己的特色，反而会为市场领导者做陪衬——市场做大了，利润大部分却进了领导者的口袋。

　　小肥羊最重要的一个举措就是没有沿袭这种模仿或跟风的老路，而是另辟蹊径，创立了一个新的品类——不蘸小料的火锅，同时还打造了两个非常重要的代表品项：秘制的火锅汤料、草原羔羊肉。由于小肥羊占有了"第一个不蘸小料的火锅"的概念，从而让消费者牢牢记住了小肥羊。也就是说，小肥羊一开始就在消费者心智中占据了一个位置。所以，小肥羊的定位是成功的。

　　定位的成功，并不代表企业就一定成功。小肥羊的经验是，在成功定位的基础上，实施了三项战略配称，并紧紧抓住了运营这一战略实现的工具。我将其称为小肥羊的鹰式战略。

　　该战略可以表述为：以占据品类为战略目标，以建后台、抓管理、用资本作为主要战略配称，以提升运营效率作为战略实现的工具，从而实现小肥羊的整体、协调、高效发展。而之所以称之为"鹰式战略"，一方面是说明企业发展的本质是竞争，另一方面也是一种形象的体现，即鹰头代表战略定位，鹰尾和鹰翅代表三个战略配称，鹰爪则代表战略实现手段。

　　第一个战略配称是建后台。为什么要建后台？因为小肥羊火锅的特色就是不蘸小料、就是羔羊肉，所以在这两点上小肥羊必须整合资源，确保这两个方面的特色，以巩固自己的地位。所以，建后台是小肥羊的一项战略举措。对小肥羊品牌的发展具有非常大的意义。

　　第二个战略配称是抓管理，就是将现代化的管理嫁接到餐饮业。因为相对于西式快餐而言，中餐企业大都规范程度不够。而这也是限制中餐做大的重要原因。从 2004 年开始，小肥羊在内部管理方面，痛下四方狠药：

　　一是通过换人来换思想，几乎所有的中层干部都换掉了。

　　二是通过流程改造带动管理升级，按照现代企业制度的要求，对内部组织架构进行了梳理，形成了高效统一的内部垂直管理的职能结构，同时对区域进行了重新划分，从而使小肥羊的整体运营效率得到了提升。

　　三是用信息化促进标准化。没有信息化支撑的标准化是不可能的，最多也只能是单店标准化的集合。而连锁餐饮企业实施信息化比制造业更加麻烦和复杂。因为连锁店分散遍布于全国各地、餐饮从业人员素质普遍较低、财务基础本身不规范。因此信息化建设需要有极大的耐心和极强的推动力,否则很可能会功亏一篑。目前,小肥羊信息化体系已涵盖了 OA 办公系统、餐饮前/后台系统、EAS 供应链系统、资金分析系统等。小肥羊的信息化建设已成为行业中最好的,是全国信息化 500 强单位。

四是用直营连锁控制运营风险。2003 年之前,小肥羊的连锁模式基本上是地方代理制加加盟制,由于扩张过快,所以给管控带来了很大的难度。从 2003 年底,公司对加盟市场进行了整顿,确保了连锁经营的既连又锁。

第三个战略配称是用资本。中餐行业市场空间巨大,2010 年中餐市场规模大约为 2 万亿,但如此之大的市场,上市企业却寥寥无几。所以,中餐行业面临的主要问题是:市场空间巨大,但行业集中度非常低,成规模的大企业少,这就必然导致行业洗牌。在这样的情况下,借用资本的力量,率先推动企业向着更高的目标迈进,是小肥羊面临的最大机遇。

以上说的是三项战略配称。再来看战略实现手段,有了战略定位,又有了战略配称,最后还必须要实现效益。靠什么? 运营。为此从 2007 年开始,我们成立了运营总部,高薪聘请了专业运营人才,组建运营团队,开展了各项运营工作,从而使小肥羊的定位、配称,最后变成了效益。

回顾小肥羊 12 年的发展,清晰的战略定位、独到的战略配称,保证了小肥羊的市场领先地位,也是小肥羊高速成长的关键。而颇有意思的是,小肥羊的成长并不孤单,与小肥羊同年成立的还有两家公司,蒙牛和阿里巴巴。因为阿里巴巴的创始人是马云,所以,这三家企业组合在一起,就特别容易让人联想到草原上的三种动物:牛、马、羊。

草原是开阔的,因此"牛"、"马"、"羊"的生存空间是很大的,他们的形象也是非常鲜明的。而事实也如此,蒙牛代表牛奶、小肥羊代表火锅、阿里巴巴代表电子商务。可以看出来,这三家企业从一开始就携带了成功的基因。或者说,他们抓住了成功的关键因素——定位。

19.星巴克成功营销的六脉神剑

前言：星巴克（Starbucks）是美国一家连锁咖啡公司的名称，1971年成立，为全球最大的咖啡连锁店，其总部位于美国华盛顿州西雅图市。除咖啡外，星巴克亦有茶、馅皮饼及蛋糕等商品。星巴克在全球范围内已经有近12000间分店，遍布北美、南美洲、欧洲、中东及太平洋区。2012年1月31日起，星巴克将调整其在中国内地门店手工调制咖啡饮料产品价格，每杯涨价幅度为1～2元不等。这是2007年以来星巴克在中国市场的第二次调价。

据著名营销专家谭小芳老师了解到，高级写字楼里的高级白领们一般都遵循这样一个日程表，上午在办公室，下午则在星巴克泡着。有这样一句很经典的话：我不在办公室，就在星巴克，我不在星巴克，就在去星巴克的路上。

作为公认的当今最成功、最令人称赞的公司，星巴克在33年内从西雅图的一家小咖啡店发展到现在，已经在美国拥有5945家分店，另外在28个国家拥有共2392家分店。2003年财政年度，星巴克公布的收入为41亿美元。从一杯杯咖啡开始，星巴克已经改变了世界各地人们喝咖啡的习惯。更了不起的是，它让一种沿街叫卖的商品变成了高档产品。它开创了一种星巴克式的生活方式，这种生活方式在美国内外都正被越来越多的人们所接受。

从其可口的饮料，到拥有专有权的原豆咖啡，再到其战略关系，星巴克都有许多东西值得小公司学习。你可能没有星巴克手中那么丰富的资源，但可以效仿其一些做法应用于自己的公司，尽管规模会小得多。除了美味的咖啡，还有几个因素推进星巴克占据行业领先地位。关于星巴克，这个从小做起、志向远大并最终成长为大型跨国企业的公司，有一些东西值得你学习。谭小芳老师总结了品牌营销的六大建议，简称品牌建设的"六脉神剑"——具体如下：

一是从良好的经营理念开始。

星巴克之所以取得极大的成功，是因为其前所未有的投资理念：将咖啡馆打造成社交场所。咖啡馆不再只是去喝杯美味咖啡的去处，而是成了社交和谈天论地的场所，尤其为学生和年轻的城市职场人员所青睐。星巴克既提供了相关服务，却又与众不同。它让一种不起眼的产品变成了顾客们乐意接受的非常体验。

二是志向远大。

星巴克1971年在西雅图的派克市场开了第一家店。当时公司规模很小，但创业初期就有远大的抱负。公司1982年公开上市，离最初创办已有10年。起步时虽不起眼，公司现在已占有了专业咖啡市场的40%份额，并且这方面的预期增长让其有进一步拓展的大量机会。

可以说,星巴克才刚刚开始其独霸全球的步伐。星巴克是稳扎稳打增长业务的。它肯定不是那种一夜暴富的公司,但是坚持、耐心、过人的经营及财务运作使其成了全球关注的对象。如果星巴克能做到,其它小型企业肯定能重复其成功的模式(谁知道,没准儿就是你的公司)。

三是打破常规思维。

星巴克的优点在于其发现机会的能力,有时甚至不惜违背零售规律。星巴克超常规思维的能力是其它发展壮大的小型企业所共有的特点。这一点表现在星巴克发展不动产的模式上,已经成为传奇。它对各个分店选址时从不遵循零售业的金科玉律,不是单单注重人口、交通、竞争对手的位置甚或各分店的间隔;相反,它会在选定的区域集中开店,让星巴克的分店到处可见。传统的零售思维反对分店集中分布,因为这样会减少现有分店的销售量。

星巴克违反常规,追求集中分布,以此来增加总销售量和市场份额。这种做法虽有风险,但已经见到成效:地毯式轰炸的开店模式使其迅速取得了市场优势。这种策略也降低了供货和各分店管理的成本。公司巨大的规模能够化解新店开张时对其它分店销售量的冲击。

四是选对合作伙伴。

星巴克的经历证明,即使是大公司也需要别人的帮助来达成自己的目标。实际上,星巴克成功的一个主要原因就是其战略伙伴关系。1993 年,公司与美国巴诺连锁书店联手向书店顾客推出了咖啡产品。为进一步在书店市场立足,星巴克 1995 年与加拿大连锁书店 Chapters 公司达成合作关系。

1996 年,星巴克与百事可乐公司建立了合资企业北美咖啡联合公司,销售罐装的星巴克星冰乐混合咖啡饮料。同年,星巴克又与美国最大的冰淇淋生产商 Dreyer's GrandIceCream 联手推出了星巴克冰淇淋和星巴克冰淇淋棒,很快成了美国销售最火爆的冰淇淋。2001 年,又与凯悦饭店达成伙伴关系。

通过与适当的公司建立战略合作关系,星巴克才得以达成目标、开拓新市场并增长其底线。要想自己的小公司成功,你必须认识到单凭自己不能满足目标市场的需要。你需要别的企业家或公司的帮助,共同合作和承担金融风险。合作伙伴不见得非得是凯悦酒店或百事可乐这样的大公司,但是要能帮你进入新的市场,更快地将你的产品和服务推向市场。战略伙伴关系能让你和星巴克一样增强市场竞争力并跟上技术革新的迅猛变化。

五是营造独特的体验。

星巴克开创了一种独特的零售体验,怡人、舒适、轻松,让顾客向往并吸引其一再光顾。在星巴克的店里,有舒适的座椅、无线网络连接,甚至音乐也可自己选择。星巴克2001年开始提供无线高速上网服务,以让学生、出差的商业人士、网上冲浪者在品尝心爱的咖啡时还能上网,使其有更愉悦的体验。

六是强烈的梦想文化。

星巴克的梦想是成为世界上最大的品牌。不过在朝着这个方向迈进的时候,作为其立命之根的个性化体验也不可避免地面临动摇。在一些人看来,霍华德·舒尔茨有点杞人忧天。这位星巴克董事长兼首席全球战略官成功地创造了一个财富神话。自1992年星巴克股票上市后,迄今其股价累计涨幅已达到3500%,市值从4亿美元增至今年的150亿美元。然而,舒尔茨却表示,星巴克正处在关键的转折点上。

星巴克选择在黄金地段开店被有些人看作是在"圈地"。从上海淮海中路"东方美莎"到"中环广场",短短1000米的距离,星巴克就圈了四家店。业内人士估计,这个地段每平方米每天的租金应在2美元左右,再加上每家店固定30万美元的装潢费用,星巴克简直是在"烧钱"。这种做法是星巴克刻意推行的,也延续了统一星巴克集团一贯的大兵团作战方法,它同时成为了星巴克潜在的风险所在。

20. 李河君的创富秘法

当一个中国民营企业家的商业计划被经济规划的权威部门发改委否决后,他会怎么做?

10年前,36岁的李河君选择了一种异乎常人的对抗:起诉发改委。这场漫长的博弈,带给他的,是如今金沙江上一座比葛洲坝还要大的水电站,以及源源不断的现金流。依照《福布斯》计算,这位来自广东河源的企业家,以664.9亿元名列2013中国富豪榜第四位。

借了5万元下海

自信在这位亿万富豪的商业世界里,扮演着重要角色。"在很多同行业者眼里,我就是破坏者。"提及4年前的闯入光伏领域,46岁的李河君如此回应。

如果不是因为进入光伏,汉能可能至今还是一家游离于公众视野之外的"隐形公司"。成立于1994年的汉能(时名华睿集团)以能源为主营业务,由水电跨入风电和光伏。截至今年8月,汉能宣称其水电项目权益总装机容量超过600万千瓦,风电总装机13.1万千瓦,已投产的8大光伏基地总产能300万千瓦。

能源之外,汉能的业务还涉足贸易、高端公务航空、旅行社、教育、地产等领域。李河君称,汉能控股的总资产已经超过千亿人民币,他个人的股份超过97%,预计2013年汉能总收入将近百亿元,其中水电是目前最主要的收入和现金流来源,这也帮助他第一次登上福布斯中国富豪榜。

1991年,李河君从自己的一位大学老师那里借了5万块钱开始下海创业,从铁路运输、开矿、炒地产,到卖玩具、卖矿泉水,无所不做。到1994年底,他积累了七八千万元的资本。"有这么多钱,当时一下子不知道该干什么了!"

踌躇之际,李河君在一位读金融的高中同学的建议下,决定收购水电站作为资产注入上市公司。他收购的第一个水电站就在他的家乡河源——东江上一个初始装机量1500千瓦的小水电站,花费1000多万元,从此进入能源行业。"从1994年开始,我们就只专注做一件事——清洁能源。"李河君说。

此后几年,从几万千瓦到几十万千瓦的水电站,李河君做了很多,但真正让他实现突破的是2002年去云南的一次考察。尽管那时民营资本进入百万级水电项目在中国史无前例,他一举与云南省签下了8座水电站中的6座,总装机规模达2300多万千瓦,超过三峡水电站。

然而,等待李河君的是一场暴风雨。"发改委不同意,他们不相信民营企业有能力干成这样的项目,认为该给国有企业干。"

李河君不信这些,他更相信自己。依靠与云南省政府签订的合同,于是出现了他把发改委告上法庭的一幕。最终,他拿到了6大水电站中资源最好的一个——总装机容量300万千瓦的金安桥水电站。

从围观者到杀入光伏圈

7年前,"阴差阳错"当上了首任新能源商会会长的李河君,被施正荣、刘汉元等一拨搞光伏的企业家包夹着,但李河君却是个光伏局外人,汉能控股彼时只有水电和风电。"那个时候,我对太阳能可以说一窍不通,也很不看好太阳能。"相比水电一毛多钱的成本,3块钱的光伏发电成本在李河君看来,根本不知道是在"搞什么名堂"。

光伏发电成本要从3块钱降到1块钱需要30年,要降到5毛钱左右,跟水电、火电平价需要50年。这也是当时业界的一个"普遍判断"。

但实际上,光伏发电成本从3块降到1块钱,只用了不到三年的时间。这个时间周期直接刺激到了李河君的神经,而三年时间始终在"围观"的汉能,在2009年杀入了光伏市场。

次年开始,以"黑马"姿态杀入光伏领域的李河君,在不到两年时间里,一气投资兴建八个光伏产业基地,让业界为之一震。接踵而来的便是圈里圈外的质疑声:后进者李河君弃传统的晶硅电池而选择了"非主流"的薄膜电池,是否是借技术概念掩护资本腾挪?

对于光伏那些事,李河君始终温和而笃定,"大家觉得汉能做事疯狂,我觉得自己的判断非常理性。"甚至,外界的质疑让李河君反倒有些"享受":"我常说一句话就是,'我们往往高估了1~2年的变化,而低估了10年的变化',在光伏行业同样适用。"

不一样的玩法

出乎很多人的预料,晶硅太阳能在一片欢呼声中,迅速跌落神坛。晶硅价格的持续走熊,导致国内大部分光伏企业陷入了停工甚至破产的泥沼之中。

在光伏业的"寒冬"里,李河君却迎来了春天。因薄膜电池不在美欧市场相继打出的"双反"牌中,行业优势凸显。2012年6月5日,汉能控股与德国太阳能电池公司Q-CELLS签署协议,收购后者的子公司薄膜电池制造商Solibro的股权,并计划在收购完成后,提升Solibro在德国工厂的产能至100MW。

有分析认为,这笔可能高达5亿美元的交易,不仅给汉能控股带来技术方面的收获,同时也是汉能向海外市场扩张的重要一步。"汉能跟现在所有光伏企业的玩法不一样,他们是做出口,我是反过来做,以中国市场为主,国外市场为辅。"李河君明确表示,收购 Solibro 的战略意义是在技术层面,利用其高端装备能力装备国内产能,"我可不是要在德国大量卖太阳能电池板。"

全行业产能过剩,价格下跌,在同行停产停工的同时,汉能控股却逆势扩张,李河君到底是个什么玩法?"这就跟买股票一样,低买高卖,很朴实的一个道理。"自信非常的李河君认为,光伏产业的成功投资靠的不是经验而是判断,"我们正好踩到市场的点了。"

1＋1＝11 的李氏理论

李河君追求的"绝代之功",是其宣称的"用清洁能源改变世界"——到 2020 年创造一家销售收入达 1 万亿元的公司。

"汉能做到 1 万亿销售额的难度相当于华为做到 1000 亿销售额的难度,"李河君说,"因为光伏薄膜行业同时兼具高科技和能源两大行业特点,我们把高科技和能源同步做,相当于'1＋1＝11'。"

对于汉能控股的主要盈利点,李河君的设计是:高端装备制造、光伏发电和系统解决方案。除了生产装备外,汉能还在酝酿介入薄膜电池最主要原材料的制造领域,以此锁定上游成本。

控制上游的生产装备和原材料制造,卖设备、卖原料,培育更多的企业进入薄膜电池领域,李河君意在放水养鱼。

从上游装备贯穿至下游发电,李河君完成了汉能在整条光伏产业链上的布局。

2012 年 6 月 13 日,瑞典宜家集团宣布,将与汉能控股建立战略合作,三年内在宜家所有中国门店安装太阳能光伏电池板。

如果这样的 BIPV(光伏建筑一体化)项目能够在国内大量复制,那将会是多大的市场?

"10 万亿!"对于这个数字,李河君已经推演过无数次。但在另一面,"汉能会成功吗?"光伏业内几乎没有人愿意做出正面直接的评价。

21. 年长的创业者褚时健

褚时健这个最富争议的人物,给了我们衡量一个人是否成功的标志:不是看他登到顶峰的高度,而是看他跌到低谷的反弹力。

生于 1928 年的褚时健出生在一个农民的家庭。1955 年,27 岁的褚时健担任了云南玉溪地区行署人事科科长。31 岁时被打成右派,带着妻子和唯一的女儿下农场参加劳动改造。

文革结束后,1979 年褚时健接手玉溪卷烟厂,出任厂长。当时的玉溪卷烟厂是一家濒临倒闭的破烂小厂。那年他 51 岁,扛下了这份重任。

思考:我们现在有很多二、三十岁的年轻人已经不想工作,害怕压力、害怕承担、怕苦怕累,到 40 岁已经觉得这一生的奋斗结束了。褚时健的奋斗故事 51 岁才刚刚开始。

褚时健和他的团队经过 18 年的努力,把当年濒临倒闭的玉溪卷烟厂打造成后来亚洲最大的卷烟厂,中国的名牌企业——红塔山集团。褚时健也成为中国烟草大王,成为了地方财政的支柱,18 年的时间共为国家创税收 991 亿。

而就在褚时健红透全中国,走到人生巅峰时,在 1999 年因为经济问题被判无期徒刑(后来改判有期徒刑 17 年),那年的褚时健已经 71 岁。当从一个红透半边天的国企红人,执政红塔集团 18 年的全国风云人物一下子变成阶下囚,这个打击可以说是灭顶之灾。

接下来的打击对一个老人才是致命的,妻子和女儿早在三年前已经先行入狱,唯一的女儿在狱中自杀身亡。

这场人生的游戏是何等残酷,一般人以为这位风烛残年的老人在晚年遇到这样的不幸,只能在狱中悲凉的苟延残喘度过余生了。

三年后,褚时健因为严重的糖尿病,在狱中几次晕倒,后被保外就医。经过几个月的调理后,褚时健上了哀劳山种田,后来他承包了 2400 亩的荒地种橙子。那年他 74 岁。

王石感慨地说:"我得知他保外就医后,就专程到云南山区探访他。他居然承包了 2400 亩山地种橙子,橙子挂果要 6 年,他那时已经是 75 岁的老人了,你想像一下,一个 75 岁的老人,戴着一个大墨镜,穿着破圆领衫,兴致勃勃地跟我谈论橙子 6 年后挂果是什么情景。"所以王石说:"人生最大的震憾在哀劳山上!是穿着破圆领衫,戴着大墨镜,戴着草帽,兴致勃勃的谈论 6 年后橙子挂果的 75 岁褚时健! 6 年后,他已经是 81 岁的高龄。"

后来有人问深圳万科集团董事长王石:"你最尊敬的企业家是谁?"王石沉吟了一下,说出了一个人的名字。不是全球巨富巴菲特、比尔·盖茨或李嘉诚,也不是房地产界的某位成功人士,而是一个老人,一个跌倒过并且跌得很惨的人。

这些看起来无法跨越的困难并没有阻挡褚时健,他带着妻子进驻荒山,昔日的企业家成为一个地道的农民。几年的时间,他用努力和汗水把荒山变成果园,而且他种的冰糖脐橙在云南 1 公斤 8 块钱你都买不到,原来这些产品一采摘就运往深圳、北京、上海等大城市,效益惊人。因为褚时健卖的是励志橙。

王石再去探望褚时健时,他看到了一个面色黝黑但健康开朗的农民老伯伯。他向王石介绍的都是果园、气温、果苗的长势。言谈之间,他自然地谈到了一个核心的问题："2400 亩的荒山如何管理?"他使用了以前的方法,采用和果农互利的办法。他给每棵树都定了标准,产量上他定个数,说收多少果子就收多少,因为太多会影响果子的质量。这样一来,果农一见到差点儿的果子就主动摘掉,从不以次充好。他制定了激励机制:一个农民只要任务完成,就能领上 4000 块钱,年终奖金 2000 多块,一个农民一年能领到一万多块钱,一户三个人,就能收入三四万块钱,比到外面打工挣钱还多。

他管理烟厂时,想到烟厂上班的人挤破头;现在管理果园,想到果园干活的人也挤破头。这个已经 85 岁的老人,把跌倒当成了爬起,面对人生的波澜,他流过泪,也曾黯然神伤。

现今,经过评估,褚时健的身家又已过亿。他的那种面对任何人生的磨难所展示出来的淡定,让他作为企业家的气质和胸怀呼之欲出。王石说:"如果我在他那个年纪遇到挫折,我一定不会像他那样,而是在一个岛上,远离城市,离群独居。"

王石的感慨,褚时健并没有听到。他在红塔集团时带的三个徒弟,现在已是红河烟厂、曲靖烟厂、云南中烟集团的掌门人,对他来说,他在曾经最辉煌时跌倒,但在跌倒后又一次创造神话,这就足够了。

未来的路上,不管遇到多大的困难,请想想这位老人,记住他的 31 岁、51 岁、71 岁、75 岁、85 岁……

22. 女强人董明珠

董明珠现任珠海格力电器股份有限公司副董事长、总裁。90 年代辞去在南京的干部工作,36 岁的董明珠从当时还叫海利的格力电器基层业务员做起,业绩不断突破业界的营销记录,创造多个营销神话,后逐步升任格力总裁。

竞争对手用"董姐走过的路不长草"来形容其作风强硬果断。

36 岁再从基层业务员做起

董明珠原有一份在当年看来稳定的工作,在南京一家化工研究所做行政管理工作,有干部身份。丈夫因病去世之后,董明珠独自带着儿子生活,90 年,她毅然辞去工作,将儿子留给奶奶照顾,自己南下打工。

36 岁从格力一名基层业务员做起,不知营销为何物的董明珠却凭借坚毅和死缠烂打,40 天追讨回前任留下的 42 万元债款,令当时的总经理朱江洪刮目相看,成为营销界茶余饭后的经典故事。

传奇从这里起航。靠着勤奋和诚恳,董明珠不断创造着格力公司的销售神话,她的个人销售额,曾上窜至 3650 万元。

十五年升任格力总经理

虽然从国家单位中跳出来打工,但董明珠的打工经历却也有老一辈国企人坚持到底的精神,除了初期打工时在深圳短暂的调整,董明珠进入格力后就不曾跳槽过,十五年的时间从一名基层业务员成长为格力的总经理,从 2005 年至今,她一直担任着格力的副董事长、总裁职务。自从董明珠出任总经理后,她和董事长朱江洪,创造了我国商界独一无二的奇迹。

在她的领导下,格力电器从 1995 年至 2005 年,连续 11 年空调产销量、销售收入、市场占有率均居全国首位。2003 年以后,销售额每年均以 30% 的速度增长,净利润保持 15% 以上的增幅!

从来没有失误也从不认错的领导者

董明珠是一个直截了当的人,她不会考虑对方的感受,不管任何场合,任何地点,任何时间,她都会很直率说出自己的想法。

她也曾说过,"我从来就没有失误过,我从不认错,我永远是对的。"这份自信与霸气,源自她的每一个决策,都是从公司利益出发,为了公司的发展经过充分论证后做出的决定。

对儿子几乎是撒手不管

董明珠一直没有再婚,80后的儿子同她相依为命,儿子更多的时候都是独立生活。董明珠倒不觉得这是一个太大的遗憾,她儿子的独立反倒成了董明珠的骄傲,对儿子的教育,董明珠更多实行的也是潜移默化的方式。不管是在读书还是现在工作,外人都不知道她的儿子是谁。虽然现在董明珠可以给儿子找一份很好的工作,但是她儿子却同当年自己的母亲一样,从基层做起。

职务是负担:作为领导者,男女没有优势劣势之分

对于取得成功的女高管,董明珠认为她们和普通人没什么不一样,不过是比别人多了一点追求。女高管与男高管在处理问题时的差别,也是常常被问到的问题,但董明珠认为,解决问题只有方式的差别,并不是温柔或者强硬就可以让事情得到解决,而她,绝对是一个强硬派的领导者。同时,她也是一个把总经理的职务当做责任和负担的领导者,为此,她凌晨五点起床,半夜两点还没睡,几乎没有其它爱好,连儿子,都在这样的环境中学会了完全独立。

她认为男女之间没有优劣势。如果一个女性不具备足够的能力,收获更多的可能是同情,而不会有过高的要求。成功,是由做事情的对与错来决定的,而不是由性别。虽然大多数女性会有生子的阶段,但董明珠认为这样的特殊时刻不能代表一生。她认为职场女性首先就是要会做人。会做人,在她看来就是尽职尽力,在自己的岗位上做到最好,这就是目标。每一个岗位都做得比别人好,受到别人的尊重,由于尊重,职务就会发生变化。

钢铁侠的意志:制度最重要,水清必须有鱼

董明珠从一线业务员回到总部当部长,其实遇到了重重困难。其时格力刚好遇到大批人员集体出走,而眼里揉不得沙子的董明珠的回归,又损害了一部分有权力的人的利益。但回望那个时候,董明珠却不觉得痛苦,因为她只觉得要去战斗,要去博弈,只要问心无愧就行。才回到总部的她发现许多管理上的漏洞,她不仅去提建议、找问题,还主动向总经理要权,也因此遭到许多人的嫉恨。

外界把董明珠形容成"钢铁侠"一般的形象,说一不二,决定了就是对的。但董明珠觉得,自己并不是盲目做决定,那都是经过了充分的论证才做出的,所以一定要坚持正确的东西。也因此,她坚持水清必须有鱼的规则。她说,"如果我们大家都是浑水摸鱼,那是极少部分人得利,更多的利益是给这部分人拿走了,我们更多创造财富的人,我们的员工待遇不可能提高,因为利益给别人拿走了,你的企业没有效益。"

名牌衣服只买打折品 轻松活到 100 岁没有价值

除去工作,董明珠的生活非常简单。她很少化妆,采访当天也是舒适的森女系打扮,名牌衣服从来只在打折时候才买。她说,"我的空调才卖几千块钱,但是有的衣服卖那么贵,所以我从来即使穿了名牌衣服,也是打折的时候买的。别人说你那么有钱了还讨价还价? 因为我觉得它不值(这个价钱)。"或许是因为少了一些职场成功女性的时尚感,董明珠常常被人认为不像一个老总,而更像一个老师。她自言不知道什么样叫做老总,工作以外的她和大家都是一样的。

董明珠的工作没有时间概念,甚至做饭的时候想到的都是工作。因此在她看来,在家做卫生就很幸福,只要有时间,董明珠都会花一个半小时的时间快走,这也是她唯一的消遣。也常有人劝董明珠不要这么辛苦,保重身体更重要。但是她却觉得,保重身体很轻松地活到 100 岁,没有价值。如果可以创造更多价值,她宁可少活十年。

"铁娘子"董明珠:无人比她更执著

董明珠的身上,有 5、60 年代所倡导的"铁娘子"的身影——把对企业和国家的奉献放在更重要的位置,除了日复一日的工作,没有多少自己的生活,也没有多少时间去发展自己的爱好。她也少了很多现代女性领导人的时尚,因为在她心里,衣服的价值只有那么多。

可是,她说话铿锵有力,做事雷厉风行,即便不化妆,她也比实际年龄看起来年轻许多。这个女子,虽然 36 岁前的人生平淡无奇,但 36 岁后的她,却用自己的坚韧和执著走出了一条别人无法复制的路。

无论营销还是管理,董明珠都是个天才。但能够在 36 岁时重新选择和定位自己的人生,并且一直坚持到现在,并不是每个人都有的勇气。

23. 他在坚持中成功,在成功中坚持

——怀化工业学校 95 级毕业生伍晓刚的创业故事

伍晓刚 1976 年 10 月出生于湖南省溆浦县均坪镇明家圹村,1995 年 7 月毕业于怀化工业学校,在校期间曾担任过学生干部,1997 年 11 月辞去老家溆浦的工作,下海到深圳打工,经过十几年拼搏奋斗,终于在深圳建立起了自己的一片事业天地,目前担任深圳市骏威实创电子有限公司总经理。

伍晓刚总经理是我的学生,但真正深入认识他是缘于溆浦广东创业群这个平台。前段时间去广东出差,在学生聚会上遇见了他并对他产生了极大的兴趣。伍晓刚总经理,他给我的印象是:一个实在、正直、严谨、稳重、没有架子的优秀男人。给我印象最深的是:相比同龄人,伍总的头发白了不少,在他的满头白发中,让我隐隐感觉到他应是一个有经历、有阅历、有沧桑的人。我们常说:成功者的背后不是沧桑,就是肮脏,伍总就属于前者了。

今天看到他的成功和风光,我们都不会想到他还有那么多不为人知的曲折经历,他一路上的成长坎坷、创业艰辛、白手起家,起起浮浮,一路上的坚持打拼,原来还有那么多感人的故事。如果不是通过采访伍总,我也和大家一样,也许只知道他现有的成功,甚至只羡慕他现在的事业成功,家庭美满幸福,而不知道他成功和光辉背后的那些酸甜苦辣。

伍晓刚的创业故事,给我们广大的草根创业者,特别是中职学生,有一个很好的启示。那就是一个人想要获得成功,都必须经过辛勤的劳动、长期的坚持、用心的思考和正确的适时决策行动。

下面我们详细介绍一下伍晓刚的创业心路历程。

一、下海打工

伍晓刚于 1997 年 11 月 14 日下海到深圳打工,因为他有一技之长,通过老乡推荐,很快在深圳一家电子来料加工厂找到了一份电工工作,到公司上班一周时间,因扩大生产规模公司决定搬厂,当时作为公司工程部的一名电工,首当其充要肩任搬厂的重担,公司的整个安装重担落在工程部门。伍晓刚说:因为我是一名电工,既要拆又要装,一家制造厂搬迁,工作量是可以想像有多么重大的,且公司领导下令:要一边搬厂一边生产,确保客户交货期不延误,需边拆边装边生产,装好一条流水线,就开始生产,自然设备安装,照明,网络,流水线定位布线落在我的身上,对于我刚从内地来到这个陌生的城市,这个劳动强度这么大,我自已感觉都吃不消,

可我仔细想想，男人在外找一份这样的工作很不容易，于是心里就暗下决心：一定坚持下去，完成搬迁任务。"

公司正式搬厂时伍晓刚所在的工程部是主力军，他提前两天留在老厂拆设备和流水线，并且不能影响正常生产。一边拆一边抢生产，在这个重任之下，大家都全力以赴。为了在规定时间内完成任务，搬迁前四天他加班加点，晚上只能睡上4个小时。尤其后三天，工作任务越来越紧，春节又即将到来，又是生产的高峰期，工程部的大师傅下达最后通牒，为了工作责任落实到位，最后三天需通宵抢装，整整三天三夜未睡觉，大家吃在现场，用泡面充饥。最后安装完毕后的那一刻，伍晓刚说：我再也坚持不住了，当即拿纸皮垫在水泥地板上，把工厂里水泥地板当床，把纸皮当被，一躺下就睡着了。伍晓刚说：我还记得到了第四天以后，晚上十二点钟下楼去吃夜宵，因为电梯晚上是关闭的，必须走楼梯到五楼，我清楚记得下楼容易，上楼可苦了，脚根本抬不起来，每上一个台阶用双手抱着两条腿一步一步往上艰难的慢行。

紧张的搬厂工作结束之后，年底公司召开典礼会议，当时工程部全体人员被评为"先进工作者"的称号。

伍晓刚想起第一份工作时，忍不住笑了，对我说："也许那时因为自己太年轻，把工作当成了我的全部，且从老家到深圳，第一次到公司打工，对什么都很好奇，且很珍惜当初那份来之不易的工作，做什么事都比同事要主动，别人不愿意做的事我都主动去做，就当成学习，积累经验，吃苦受累也不怕。"

他说：我清楚记得在1998年7月的一天晚上，我当时全面负责设备管理，所以每天会加班到深夜，那天晚上刚回到宿舍睡下不久，生产部操作员来我宿舍敲门，说清洗机环了，叫我去维修，因为当时生产DVD解码板，需要清洗，订单特多，第二天要交货，不得延误生产，当然也是我的责任，所以我二话没讲就跟着走了，我赶到公司抢修好后，已是凌晨四点多钟了，第二次回到宿舍还没有睡上三四个小时就又匆忙起床上班了，因为当时想着工作比什么都重要，怕迟到，怕被领导批评，又怕扣薪水，之所以必须同往常一样准时上班打卡，从宿舍一直小跑到公司电梯口，正碰巧遇到公司领导赵总和行政部经理，及主管坐同一趟电梯上楼，还没有反应过来，电梯上升时，我突然晕倒在电梯里，当时把电梯里的所有人吓坏了，当我醒来时，看见自已躺在公司办公室的沙发上，身边还围了很多同事和领导，当时我不知道发生了什么事，只听到周围的领导在关心着问我，要不要送到医院去，我想应该是睡眠不足，饮食不规律而引起的，后来我晕倒的事被老板知道了原因，公司发了表彰和慰问金，因祸得福吧，我所做的工作还得到了老板的认可，领导开始重用，9月份公司在东莞虎门成立分公司，老总第一个把我委派到东莞虎门琪丰公司筹建，负责分公司的所有筹备工作,并参与分公司的一切管理决议,使我学到了很多公司的运作管理,并且积累了丰富的建厂经验。

二、挑战自我

半年以后,也是 1999 年的 3 月份,伍晓刚由于个人原因,想得到更好的发展,因此决定重新找一份更能锻练和挑战自我的管理工作,当时想为了使自己的上下工作能接上,没有先辞去原有的那份工作,而是以请假的方式去人才市场找工作,当时应聘了三家公司,后来被台湾一家公司录用,并担任生产主管一职,全面负责公司经营和制造管理。刚到新公司,领导为了让伍晓刚快速了解公司产品,不断培养他,起初进厂让他学习每道工序操作,亲自动手做事,经过三个月生产线实践操作,每款产品从制造工艺到生产技巧,工时成本分析,了如指掌!正因为三个月前有了足够的实操能力,让伍晓刚得心应手,在工作中紧紧地团结同事,尊重他人,为人低调,每当遇到不懂的事就问,碰到困难问题利用周末去图书馆查看资料,记不住的时候就把书买回来看,直到找到解决的方法为止,当时领导看到伍晓刚的工作努力能干负责任,吃苦耐劳,每次加班到深夜,早上来的最早,晚上下班最晚走,从不抱怨,每次上班领导总会来问他,叫他注意休息别太累了,伍晓刚每次都以微笑的方式回答,共事相处下来,自然也就得到了公司领导和同事们的认可。

说到这里时,他又想起了另一件事,有一次,流水线上的一位拉长同外面的人打架,后来别人带了一帮人找到公司来闹,而当时这位拉长工作能力比较强,家庭条件不太好,贵州人,从大山里出来的孩子,很小的时候失去了父亲,母亲多病,家里还有两个妹妹,他为两个妹妹的读书,自己放弃参加高考来深圳打工,当伍晓刚知道这什事后,觉得他生活真不容易,不想他因为此事而离开公司,怕他丢掉这份工作,因此伍晓刚主动找到对方谈判,当时他想不就是要钱吗?于是伍晓刚心里想:这个好办,见了对方就先向他们赔礼道歉,好声对待,经过两个小时的谈判,最后对方妥协,把人打伤了要赔一千元,伍晓刚二话没说从口袋里拿出一千元给对方,把此事做了个了结。

后来公司老总知道此事,决意要补回给伍晓刚,可是他当面拒绝了。此后,这位拉长在工作上更是尽心尽力,同时也深得老总的信赖和认可。

三、失望中的希望

1999 年 11 月中旬,由于公司要搬迁到江苏,伍晓刚深思许久,为了以后长远发展,他最终放弃追随去江苏的机会,离职另谋工作,但那时正当年底,所有公司停止招工,而伍晓刚离开后每天四处奔波,忙于在各人才市场和工业区里找工作,皮鞋都磨破了好几双,可四个多月过去了,没有成效,还是没有找到合适的工作,当时在深圳没有找到工作,没有稳定的住宿,心情如同漂浮在水上的瓶子,七上八下,心慌意乱,没有一点安全感。而在这四个多月的奔波中,不仅身体上疲惫不堪,精神上也受到了很大的打击,当时他把所有的积蓄都花光了,那时感到自己是那么的卑微,孤独和失望,尤其又是年底不断的有人回家,而当时的伍晓刚身无分文,又没有工作也不敢回家过年,不敢面对家人及朋友,就连外公去世了都没有回去,伍晓刚这个大男人面对这一切不顺,泪如雨下,心凉到了极点。

春节后的三月开年之际,在南山西部人才市场,伍晓刚去应聘遇到一家线材厂老板正准备新开一家电子来料加工厂,招聘一名生产有经验的主管,伍晓刚就上前去搭讪,与老板开始交流,当时他俩年龄相仿,老板旗下有一家 80 人的线材加工厂,因为他有这方面的电子市场,主要是空调控制板,生产订单量大,经过 1 小时的了解,老板听了他之前的经历和所拥有的开厂经验,并看到伍晓刚当时个人形象不错,也有年经的魅力,有胆识,当天晚老板就带伍晓刚到他家里,商量筹备建厂的整个细节,让伍晓刚做公司的副总经理,并承诺送他 10% 干股,就这样他们一见如故,一拍即合,当时伍晓刚对于职务没有要求,因怕自己能力有限难以胜任,所以伍晓刚也一再推脱,而老板不断的鼓励,并对伍晓刚十分信任和支持,他也只有盛情难却,担当此任。当时伍晓刚负责公司设备和流水线的采购,包括租厂房到装修布置,人员招聘,甚至公司命名,设备购置都落在他的身上,就这样一家加工厂建成了,伍晓刚与老板并无深交,也只是通过短暂的了解,他就让伍晓刚拿着 25 万元的现金去日东公司支付回流焊,波峰焊,流水线的货款,伍晓刚当时要求老板再多派一人和他前往付款,可是老板说他放心,让他一人前去。伍晓刚心里在想:这是对我人品的一次考验,也是我对他人和自己的一份诚信与责任,心想无论如何也不让他失望,必须完成任务办好此事!

四、南征北战

2000 年 10 月份,伍晓刚离开了这家公司,也许当时因为年轻,因为想奋斗,因为心比天高还想闯一闯,就应聘到了一家长海集团深圳分公司担任制造中心主任一职,长海集团董事长找伍晓刚谈话,当年深圳开发技术和制造业配套非常齐全,长海集团当时主要产品是语言教学设备,有一定的技术含量,是长沙当年的著名民营企业,董事长想把长沙部分电子制造部门搬到深圳来,当时作为这么大的一家老牌企业,要从长沙搬迁到深圳,千里之远,谈何容易?又是何等的困难?当时公司为了减少搬迁的损失,公司两位资深的老总指派伍晓刚主办这次大搬迁筹备工作,虽然伍晓刚之前有搬厂经验,但是面临这个千里之远的搬厂任务,是没有底气的,人员又不熟悉,长沙现场不了解,运输车队不清楚,关键老板对这次搬迁要有文字性的东西,要计划周密,要做到事半功倍的效果,拟定"公司搬迁索引书",为了这份索引书,伍晓刚来回从深圳跑长沙,两地对接二十余次,为了工作万无一失,这本"公司搬迁索引书"当时花足了七天七夜,正因为伍晓刚有这样的周密计划流程,才让搬迁工作忙而不乱,有积序的进行,也让公司顺利搬迁并在科技园落户。

2001 年 3 月由于长海公司有电子产品需要外发加工插件,一个朋友介绍了一家来料加工厂的老板,当时长海外发业务都是由伍总负责,事先也有一家也在同他们公司合作加工,但质量不是很稳定,且价格高,而当时这家介绍的老板报价低,为了全面考虑质量要好,服务跟上,伍晓刚私下同加工厂老板说多增加一块钱加工费,保证双方的品质和服务,等加工完成后一次性付完全部货款。加工厂老板同意;为表示感谢,当时他用袋子装了 14 万元现金给任晓刚,说给他的佣金(回扣),当时伍晓刚并不知道还有这回事,甚至连拥金是什么都不知道,直接拒绝了他的好意,并告诉他:"当时我私下增加的一元钱加工费,是想让你们做好品质,跟上服务,不要让加工的产品出现质量问题。"

现在伍晓刚对于此事仍然是一笑而过,并说道:"可见当时我年轻无知,而思想纯洁,但我不后悔,只要做到无愧于心,光明磊落,就是一件开心的事。"

其实每家公司发展到一定阶段后都会出现一些分歧,长海集团也不例外,董事长跟老总几人意见不和,再三要求将深圳生产基地又重新搬回长沙,这不等于烧钱、耗资吗?无奈之下只有听从安排又开始大迁移,等待长沙生产交接顺利后,伍晓刚决定辞去此职务,再回到深圳,在长沙发展毕竟不是他想要的长久之计。

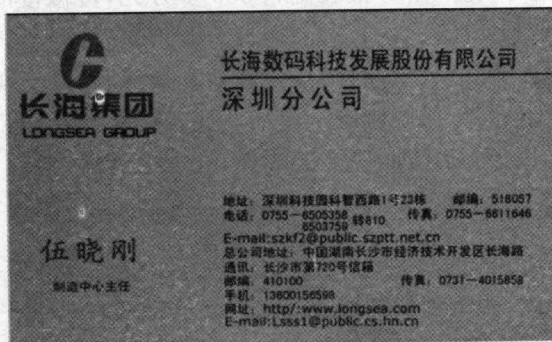

五、打工的最后一站

就这样伍晓刚于 2001 年 6 月份又回到了深圳,就在当时之前合作过的陈总得知伍晓刚回到了深圳,当天晚上为他接风洗尘,开门见山的说想让伍晓刚再次加入他的团队,一起合作,在陈总的再三邀请下,他也想先让自己稳定下来,于是接受了陈总的邀请,当时公司也正处于发展期,主要生产 DVD 解码板,需要管理人才,就这样伍晓刚又加入了这个团队。

在同年的 11 月 20 日,湖北黄石张总在青岛经济开发区合资办厂,再次盛邀请伍晓刚去青岛助他一臂之力,因为他积累了不少开厂的实践经验,当时在青岛办厂也是从无到有,在日东定购了价值 250 万的生产设备,当时伍晓刚还从深圳带去电子厂有技术的骨干成员,成为当时公司 30 多名核心技术和管理人才,从装修到整体布局,电路,设备,流水线,物流顺序设计,来了一次南征北战的奋斗之路,可到青岛发展近两年,还是不太适合,于是伍晓刚打算离开青岛,那时在深圳也正好有一位陈总打电话给伍晓刚,叫伍晓刚回去帮他管理,当时伍晓刚还是犹豫不决,又过了两个月,陈总又来电诚邀请伍晓刚回去,并给伍晓刚开出丰厚的待遇,让他入股,后来伍晓刚自已找家人借了五万元加上自已积累的五万元共十万元投资入股。

2003 年春节伍晓刚从青岛回来深圳考察现场,当时陈总开办的新公司在南山月亮弯工业园,公司有 6 个股东,规模不大,考察时还在公司遇到好几个原来的同事,了解一下公司状况,因为都是老朋友,伍晓刚也没有考虑那么多,为了让自已先安定下来,担起经营管理的重担,春节后他回到青岛辞职,将所有工作交接完毕,返回深圳又开始了人生最后一站打工。

在这里,伍晓刚工作非常认真吃苦,他每天第一个到公司,晚上最后一个离开公司,也许是他的职业病,也许是他的个人工作作风,管理负责,不辞辛劳,大胆改革公司内部管理架构,在一年零三个月里,伍晓刚把一家快要倒闭的公司挽救回来,扭亏为盈,财务报表盈利 380 多万元,可慢慢的公司陈总开始有想法,古人云:"共患难,却不能同甘",公司七个股东先后退股三个,因为老板私心太大,容不下这么多人,利益大于一切,经营逐渐复杂,最后伍晓刚也再一次被迫选择出局。

近几年,伍晓刚经过南征北战,从一个普通电工技术员到主管,副总经理,到主任厂长,到总经理,一路的成长,有失也有得,但让他积累了创业的管理经验,同时增长了他创业的胆识,功夫不负有心人,伍晓刚深深认识到,一个人的品德不能死在金钱上,人品道德是一个人未来的成功标志。

六、艰苦创业的路上

2004 年 3 月,伍晓刚开始自已创业,当时找了三个股东入伙,于当年 3 月 30 日正式成立了"深圳市骏威实创电子有限公司"。刚创业之初,陆续投入 70 万启动资金,可是伍晓刚当年开公司,国际形势不稳定,911 事件后美国开始发动伊拉克战争,国际石油价格动荡,导致世界经济严重受到影响,龙其是钢铁,锡制品成本急剧上升,对制造业打击巨大,刚开厂的新公司根本经不住太大的风险,而且当时接到的加工产品是低端的风扇摇控器,小家控板,加工费用特别低,每月的加工利润成本 6~7 万元,开支却要 16 万多元,资金出现严重短缺,加工成本高,资不抵债,又无资金购买设备,当时是租用的贴片机,支付租金,半年过去了,公司基本上全靠借高利贷来维持经营,每个月需要承担高额的利息,一年不到,已亏损了 98 万元,巨大的经济压力扑面而来,而当时伍晓刚担任公司总经理之职,负责全盘经营管理,首当其充,责任重大。

伍晓刚想起当年跑业务时,对他来说是刻骨铭心:只有一辆自行车当交通工具,要么坐公交车,一年下来,不知磨破了多少双鞋,有时去见客户,大热天跑得满身大汗时,先找个商场去闲逛一圈,吹吹空调,把汗水吹干,再上楼见客户,才敢跟客户握手,有时想请客户吃个饭,可那时身上 100 元都拿不出来,尤其是遇到赶货时,就睡在办公室,一睡就是好几个月,伍晓刚感慨到:在创业路上的压力,压得喘不过气来,也才知道创业的艰辛,体会到没有钱的老板真难熬,做一个成功的老板才会让人尊重。

七、坚持守业出转机

直到 2005 年 4 月,伍晓刚稍微松了一口气,他也真心体会到什么是坚持,坚持后的胜利。那年他遇到了人生中的第一个贵人,让骏威实创公司起死回生,那个朋友叫周建军,江苏人,他为人热情,厚道,曾经摆过卖 DVD 碟片地摊,没有钱被旅馆老板赶出来住过天桥底下,他们有缘认识后成了好朋友,当时他跑 ACT 业务,同年的 4 月他给伍晓刚介绍了一个大客户——东莞谢岗威力集团,他亲自带伍晓刚去见客户,当时考虑路远租了一辆车去东莞,几经周折,好几个小时才到达威力大门口,等到下午才开始去洽谈业务。

伍晓刚回忆当初公司起死回生的变化,语重心长的说:"当年有了这个客户后,公司产值从 30 多万增长到 120 多万,营业额有了上百倍的增长,资金链也有了好转,那一年还了 100 多万的债务,那时感觉自已一下轻松了很多,可以大喘一口气了。"

公司一年比一年好,也开始走向正轨,2006 年公司快速发展,经营面积从 700 多平方米到 1400 多平方米,业务年产量从 500 多万元到 1500 多万元,现在公司每年保持 2800 多万元产值,稳定增长发展。

随着公司业务增加,公司逐渐发展壮大,公司有了盈利,股东之间利益分配的问题存在分歧,而公司又需要不断的扩大,必须增添新设备,增加新设备就需要投入大量的资金,公司在发展中必须不断淘汰高能耗设备,优化制造工序,减少人工成本浪费,这样做公司才有生机和竞争优势,如果墨守成规就是死路,对股东就意味着没有分红,这样导致股东之间有了严重分歧。

在这样的情况下,2009 年 9 月,公司由伍晓刚全面接管,公司股东进行重组,当时要给两位离开的股东一次性的补偿,分别补了 203 万元和 76 万元。之后,伍晓刚一个人担任起了所有的重担,伍晓刚也把眼光放得更长远,要想公司可持续发展,伍晓刚决定,重新装修办公室,把公司从一层扩大到二层,全方面重新布置,并在公司内部进行深化改革、进行管理创新,提高管理干部的待遇,制定留人、育人的政策,不仅让公司有了新的变化,让骏威的全体人员在公司能看到崭新的希望。

24. 创业之路

——怀化工业学校 2012 级毕业生肖钦翰的创业故事

2009 年 6 月我初中毕业了,因家境问题没钱读高中和大学;本想外出打工,后听伯父说怀化工业学校可以半工半读(可以自己挣学费和生活费),所以 7 月份就进入怀化工业学校读书。

图为肖钦翰、吴必松两位同学

在怀化读书时期,每个星期都有 2 节创业培训课,在课中学校创业培训老师讲了许许多多创业知识和创业成功者的典故;那时在我的心中就种下了要创业发家致富的种子。因为家里困难,所以自己就需要快速成长、自立自强。那时我很想让自己和妈妈过上好日子,可自己年纪小、没能力、没经验,后通过在学校的学习和外出勤工俭学,慢慢的对创业发家致富的欲望越来越强烈了。

2012 年中专学习生涯接近尾声了,那时我和志同道合的同学吴必松相约一起工作,挣一些创业资金,一起干番大事业。毕业后,我们一起到珠海一家公司做实习生,就这样干了 1 年多,到 2013 年 10 月资金攒了一部分了,但我想再积累一些社会经验,也想看看自己一年多学到了多少,就这样离开珠海,去了深圳,到一家电子公司担任 PE 工程师一职。

在时间的打磨中我明白了,想让自己变得更强、更富有,就必须创业。2014年初与同学吴必松开始商量,当时两家家长极力反对,但我们不断和他们讲明想法,不断坚持创业,慢慢的家里人也没有太反对了,让我们自己闯一闯。

首先,经过我们多方研究分析,我们选定了养殖原生态土鸡这一项目。一是这个项目符合当前国家倡导的健康生态环保的生活理念;二是项目投资不大,场地要求不高,技术含量不强;三是我们俩都很年轻,只有20来岁,初次创业选定这样的项目是可行的;四是那时北方沿海城市闹禽流感,我认为这是一个机会,于是就同吴必松一起离开打工的广东,回乡创业。

我们写了一份土鸡养殖创业计划书,作出了尽可能详细的项目介绍、市场分析、经济成本预算和风险评估,并请学校的创业培训老师进行分析指导,就这样迈出了创业的第一步。

2014年5月初,我们经多方面考虑,选定了位于家乡的芷江县小河口乡的一处丘陵山地作为养殖场,并从洪江区的雪峰乌鸡原种场引进了鸡苗1000只,开始了第一批鸡的喂养。

图为养鸡场鸡苗

万事开头难,不懂养殖的我们俩,一边向别人请教学习,一边书本学习。白天打桩围栏种地,夜晚学习上网查资料、查看鸡苗。就这样,从饲料、喂养、打疫苗、消毒杀菌,到记录管理。我们一步一个脚印走了下来。

到2014年底,在不到一年的时间里,我们已累计喂养雪峰乌鸡4批,共计2000多只鸡,总产值约10万元左右。

虽然日子很单调,生活也清苦,夏天蚊虫多,冬天山上冷;虽然经常还要为了鸡的防病,买谷子,销售产品而四处奔波;虽然我们还很年轻和稚嫩,知识和经验的确很不足,再加上我们的资金和投入实在很有限,这导致我们的项目仍然不是很赚钱,创业成功离我们仍然还很遥远。

图为散养的鸡

　　但我们坚信,我们还年轻,只要我们勤奋努力,敢于拼搏,只要我们增长知识,扩大视野,只要我们坚定信心,勇于开拓,我们的创业之路就一直会走下去,就一定会有成功的那一天。

25. 山洞里养出的巨大财富

你听说过这样的怪事吗？养 1 条鱼，每年创造的经济效益会超过 20 头牛或 50 只羊，而且它在市场上供不应求。湖南人王国兴靠养这种被称为"水中大熊猫"的神秘鱼类，一下成了亿万富翁。2009 年 11 中旬，这条新闻在中央电视台播出后，引起了千万人的关注。这到底是一种什么样的鱼？这位只有初中文化程度却得到中国科学院专家认可的山民，又是怎么成功的？

王国兴

他疯了！为救娃娃鱼深山建"龙宫"

王国兴出生在张家界市桑植县芙蓉桥乡，他当过兵，做过货车司机，再加上非常聪明，在这个偏僻的小地方，是大家公认的"见过世面的能人"。更牛的是，他从 1993 年开始养中华鳖，到 2000 年就积累了 2000 多万元的财富，成了当地赫赫有名的"甲鱼大王"。

令人不解的是，正当亲友们对他羡慕不已时，2000 年 5 月王国兴却撇下生意红火的甲鱼，突然消失在了张家界茫茫深山中。他决定：在荒无人烟的大山里，耗巨资挖一条长达 600 多米的山洞。他要完成自己一个夙愿，养殖和繁育大鲵！

大鲵是中国特有的珍稀野生动物，因为其叫声酷似婴儿啼哭，人们又给它起了个特别可爱的名字——"娃娃鱼"。它是地球上最古老的两栖动物之一，早在 3 亿 5 千万年前就已经存在。在晚泥盆纪时期，由于地球突然发生裂变，所有的生物遭到破坏，大型动物因找不到食物——灭绝。但是，大鲵却奇迹般地存活了下来。原来它喜欢生活在布满石缝和岩洞的山区，借助于与石头颜色相接近的体色的保护，安静地潜居于有清凉溪流的洞穴内，由此得以历经几亿年地球磨难而没有灭绝，故又被誉为"水中大熊猫"、"水中活化石"。

在中国,湖南是大鲵的主产地之一,以张家界为中心的几万平方公里的武陵山区都是大鲵的原产地。尤其是王国兴的家乡桑植乡一带,到处都有古老的溶洞和清静的溪河,这里近乎原始状态的亚热带生态环境正是大鲵的世外桃源。王国兴小时候,傍晚下河洗澡,可以看到大大小小的娃娃鱼爬上沙滩玩耍和捕食。伴随着泉水叮咚的琴声,山洞里常传来娃娃鱼婴儿啼哭般的清亮叫声。

令人遗憾的是,大鲵躲过了天灾,却没有躲过人祸。因其味道鲜美无比且有很高的营养价值和使用价值,到20世纪90年代,它的黑市价格达到4000多元1公斤。尽管1986年大鲵被列为国家二级保护动物,但仍有一些人铤而走险偷捕娃娃鱼,张家界特有的大鲵濒临灭绝!这时,王国兴决定尽全力挽救这种与自己感情很深的可爱精灵。

当他做出这个"疯狂"决定后,不仅遭到了家人的极力反对,就连本地的一些大老板都认为他有神经病。你想啊,别人拿钱搞房地产、炒股,他却把辛辛苦苦养甲鱼赚来的钱往水里扔,不是犯傻嘛!

性格倔强的王国兴偏偏认死理:"不管你怎么说,我一定要让娃娃鱼大量繁殖,然后搞规模化养殖。"这话把在场的几个内行都吓了一跳。

因为保护大鲵,要突破的最大障碍就是繁育这道难关。从20世纪80年代开始,上至国家级的研究机构、下到湖南省直至张家界市、还有各类高校以及外国专家在这方面都已进行了大规模的投入和研究,都无功而返。王国兴什么水平,大学都没有上过,中国工程院的院士都解决不了的问题,他能解决吗?用当时一些人的话说,他王国兴要能养成娃娃鱼,太阳一定从西边出来!因此,稍有点经济头脑的人,都不会去做这事。因为娃娃鱼雌雄性腺发育不同步,雄性精子活力差,人工繁殖率特别低。王国兴要开山洞养娃娃鱼,这在大鲵的养殖历史上,可是破天荒的一件事。

但王国兴硬是顶住压力,带着上百人轰轰烈烈地干了起来。用时1年多,花了2000万元,终于在人迹罕至的大山里开出一个长600多米、高3米、宽5米的巨大山洞。然后把外面的山泉水引到洞内,打造了一个气势恢宏的美丽"龙宫"。

5年穴居,历经生死育出娃娃鱼

到底是什么原因,让王国兴不惜投下2000万的资金,执意用挖山洞的方法来养殖娃娃鱼呢?"如果没有第一手资料,我是不敢冒这个险的。"这位山里的汉子似乎早已成竹在胸。

什么样的第一手资料,让王国兴如此充满信心?原来,他在养殖甲鱼的时候,就开始涉足了娃娃鱼的研究。由于不能成功繁育幼苗,在5年时间里,王国兴走遍了张家界所有大大小小的天然溶洞,寻找野生娃娃鱼的踪迹,来观察天然的繁殖环境和繁殖规律。张家界喀斯特地貌形成的溶洞,更是洞中套洞,错综复杂、险象环生。有一次到一个溶洞考察时,他险些把命搭上。

这天,王国兴走进一个有二三十公里长的大溶洞,在洞里摸索行进了1个多小时后,他惊喜地发现了大鲵,不是一条,而是一群!当时他只拿了一把砍柴的刀和一只手电筒,由于发现了宝贝,兴奋异常的王国兴忘记了可能存在的危险,他继续往溶洞深处搜索,希望有更新的发现。在里面行走3小时后,手电筒突然因没电熄灭了,整个溶洞刹那间变成黑漆漆的一片。王国兴又是第一次进这个溶洞,岔道口还特别多,就像一个恐怖的水下迷宫,他一下子迷路了。

王国兴在洞中跌跌撞撞地摸索半天,才发现自己一直在围着一个大石柱旋转。怎么办?最后他想出个不是办法的办法,将身上的衣服脱掉,撕成布条,凭着记忆,用手摸着,一步一步朝着来路挪移,凡是摸到过的地方,就缠上布条,若是发现走了重复路就退回去。最后,他终于摸出来了。这时天色已黑,他身上的衣服也被撕得只剩下一条短裤。在摸索中,他不知跌了多少跤,洞中的石灰岩锋利得像刀口,他身上被划得稀烂,没一处是好肉。回去后,他在家整整躺了1个月。但王国兴觉得,即使付出这种血的代价也值得,他毕竟找到了"失踪"多年的大鲵!

身上的伤还没有痊愈,王国兴就再次走进了那个溶洞。这次他还带上了被子和干粮,他要住在洞里观察娃娃鱼。这样的生活,王国兴坚持了5年。

每天,他都会游过溶洞里的小河,去观察大鲵的生活。经过1825天的观察和研究,王国兴终于掌握了它们许多鲜为人知的生活习惯和繁殖规律。比如大鲵喜欢安静,惧怕噪音。它们产卵孵化幼苗,全部都在阴暗潮湿的洞里。水质不仅要干净,还得是恒温环境,最重要的一点是不能见光等等。

掌握了这些秘密,就像找到了一把能打开地下宝库的金钥匙!王国兴马上就产生了一个大胆想法:开山挖洞,模拟大鲵在自然环境下的繁育状况,投巨资进行规模化养殖。

2002年秋天,从张家界传出一条爆炸性消息:王国兴的恒温山洞里,一下繁育出了上千条娃娃鱼!有人对之大感不解,科研部门多年没有解决的问题,为什么却让他用很原始的方法给弄成了?其实说白了很简单,专家教授是在实验室里搞研究,不可能像王国兴这样在山里一待就是5年,直接观察大鲵的生殖规律。而又有几个科研人员,会像他这样一下投入几千万元进山挖洞养大鲵?

很快,他养殖繁育大鲵的技术得到了专家和权威部门的认可。中国工程院院士刘筠说,受精率76%,孵化率也超过70%,这个数字在全国是创纪录的!远远高出国内一般孵化率仅为 2‰～3‰ 的水平，这真是一个不小的奇迹。

2003 年，王国兴养殖的娃娃鱼逐渐进入成熟期。但就在这时，灾难却突然降临了。5 月的一天，一场几十年不遇的暴雨连续下了一天一夜。夜里 11 点，王国兴来到洞口，眼前的一幕让他惊呆了：只见洞里的水已涨到一人多深，洞口那扇 1000 多公斤的铁门，也被冲到洞前的河里去了。因为洞外有很多孔洞与山洞相通，大量雨水从山上涌进去。狭小的山洞灌满了洪流，上千条娃娃鱼被冲得七零八落。

王国兴顾不得自己危险，跳进洪流，这只手抓 1 条，那只手抓 1 条，一连救出 10 多条娃娃鱼。忽然，他发现 1 条 30 多公斤重的母鱼被水冲了出来，就急忙扑上去想抱住它，可是鱼身很滑，几次都没抱住。见那条大鲵的嘴张得很大，王国兴索性把左手伸了进去，大鲵自救心切，一口就咬住了。大鲵牙齿锋利，一旦咬住某种东西就不会松口。更要命的是，它咬到东西以后，还会像鳄鱼那样，身子作 360 度翻转。当时王国兴被咬得锥心痛，但他硬是强忍剧痛，把它拖到安全地带。最后他的左手总算拔出来了，可食指却被生生咬断。

这次洪灾给王国兴造成的损失，几乎是毁灭性的。1400 多条大鲵被冲走，当时损失达 700 多万元。最令人心疼的是，他失去了一批十分珍贵的成年种鱼。大鲵有一个特点，生长比较慢，培养一条种鱼要好几年，甚至上 10 年的时间。50 岁的王国兴，觉得自己已经等不起了。看着眼前那个空荡荡的山洞和几十条被抢救出来的娃娃鱼，已经一无所有的王国兴不由抱头痛哭。

"大鲵之父"，山洞里养出亿万财富

为了将山洞恢复到原来的状态，王国兴只好四处筹资，一下子从千万富翁变成了负债大户。好在天无绝人之路，就在他弹尽粮绝之际，一位台湾老板得知消息，马上赶了过来，提出要用 1 个亿买他的大鲵繁殖技术。

1 亿元，对王国兴来说，确实是一个不小的诱惑。有了这笔钱，他一家人不用再苦干就能购车、买房、出国……这样的日子，谁不羡慕，谁不向往！全家人没一个不主张把技术卖掉，把 1 亿元拿到手。

王国兴也动心了，但就在签合同的前两天，他却忽然地对家人说："我想通了，决定不卖！我搞了这么多年不容易，现在有人要买这个技术，心痛！"其实他看中的是比 1 个亿要多得多的东西，那就是娃娃鱼养殖的市场前景。再说，技术成功了就应该属于国家，而不是我个人。将来如果把娃娃鱼的技术推广开去，就可以带动家乡的老百姓致富……"

谁也不知道他葫芦里卖的什么药，很多人都说他是疯子。但是，已经大学毕业

的儿子王建文很支持父亲的决定:"爸爸说得对,人活着,除了钱,总得有更高一层的追求。"

王国兴拒绝了台商,可他的基地却到了山穷水尽的地步,连员工的工资都发不出,有几个人因此离开了。82岁的母亲心疼儿子,看着王国兴为资金发愁,在人员紧张的情况下,提出帮他在隧洞前面的水坝守几天。2003年农历腊月十九日,也就是老母在为他守护娃娃鱼的第二天,由于走路不慎,再加上老人上了年岁,竟然摔死在山里,那一刻王国兴痛不欲生。

也许有人会问,大鲵是国家二级保护动物,不能吃也不能卖,王国兴到底为啥养它?其实根据国家相关部门的规定,娃娃鱼人工驯繁的子二代(也就是老娃娃鱼的孙子),是可以上市经营的。

2005年,在众多专家的实地考证下,王国兴的大鲵养殖场,终于获得了湖南省畜牧水产局颁发的经营利用许可证。这时,成年娃娃鱼在张家界的市场售价为每公斤2000元,而且严重缺货。

因为邵阳、湘西等贫困山区,气候环境条件恰好最适合大鲵生长,很快湖南就掀起了人工养殖娃娃鱼的热潮。5公分左右长的小种鱼,能卖到800元1尾。"娃娃鱼是肉食类动物,鱼虾、螃蟹和动物内脏是它的最佳饵料。两天饲喂一次,而且不易生病,只要水温在16度～22度之间,非常好养。最令人心动的是,大鲵吃到5斤鱼就能长1斤肉。"一位农户卖出2条15公斤左右重的成年公娃娃鱼,一下就抱回6万元。"可以毫不夸张地说,养20头牛或50只羊创造的利润,还不如养1条娃娃鱼!"讲这话时,王国兴满脸的兴奋和自豪。

有趣的是,咬断王国兴手指的那条大鲵,如今已长到80多公斤,仅它产的卵就孵化出大概3000多尾苗子,为王国兴创造了240万元的价值。大概这就是它对主人拼死相救的回报吧!

如今,王国兴通过公司加农户的合作养殖方式,已帮3000多名农民脱贫致富。一位叫赵继新的养殖户接受记者采访时说:"我是4年前从王国兴那里买的苗子,现在养了上千条娃娃鱼。大的有5到8公斤的。算这个账的话,1年可能赚几百万元钱。"2009年11月13号,中央电视台经济频道报道王国兴养大鲵成为亿万富翁的新闻后,全国各地要求与他合作搞养殖的人更是蜂拥而至。

前不久有人为王国兴算了一笔账,仅他山洞里现存的娃娃鱼,价值就超过4亿元。现在,王国兴在市区投资3000多万元,建起了占地35亩的全国唯一的娃娃鱼养殖培训基地。他还计划与外商合作,再修建大型水族馆、大鲵科普馆及海洋馆等等,以期形成观赏性的新兴旅游项目。

更令人敬佩的是,在王国兴的四处奔走呼吁下,当地政府在他的家乡桑植县七眼泉建立了娃娃鱼保护区,现在已成为国家级大鲵核心保护区。

如今在中外科学界,王国兴是公认的"大鲵之父",同时他还悄然走红网络,被网友们称为"中国最牛的农民"!

26. 开着奔驰灭老鼠

马大勇是湖北省阳新县的一名农民。20世纪90年代末,他离开阳新到武汉打工,学到了抓老鼠的技术,养成了随时拿手电筒找老鼠洞的习惯。初中文化的他好不容易有了一门手艺傍身,顿时觉得只要有老鼠洞的地方就有商机。

2001年5月,马大勇在武汉注册了"清波灭鼠公司",开始准备大刀阔斧干一场。然而武汉的捕鼠业发展得很早,那里的市场已经饱和,马大勇从同行们手上根本抢不到什么生意,生活都难以维持。屋漏偏逢连夜雨,马大勇有一次好不容易接上一单活儿,结果凌晨回家的时候遇到了打劫的。

在武汉没挣到钱,又被劫匪砍得满身是伤,马大勇心灰意冷,他决定另找地方开辟战场。每个城市都有老鼠,他就不信自己会饿死。2001年,马大勇来到了湖南长沙。

马大勇一到长沙并没有急于抓老鼠,而是整天在各个大街小巷转悠。在位于长沙市五一路一家做餐饮的百年老店附近,马大勇一待就是3天。他从门前转到门后,每一个缝隙都没有放过。第三天等人家下班的时候,马大勇进去了,一开口就是要帮这家店免费抓2个月的老鼠。这家百年老店以前也花钱找过人抓老鼠,可效果并不理想。这会马大勇提出免费抓老鼠这么好的事,经理自然乐得死马当活马医,当晚就找了人监督马大勇抓老鼠。

经理对马大勇第一晚就抓了21只老鼠的战绩赞赏有嘉,当时就决定和马大勇签下合约,1个月150元抓2次老鼠。马大勇也早就打好了主意,一定要使出绝招,在长沙的餐饮业一炮打响。那么,马大勇究竟有什么绝招,能比别人抓到更多的老鼠呢?

老鼠是一种相当狡猾的动物,一只成年老鼠的智商就相当于一个7岁的孩子。一旦发现外界的环境稍有改变,它们就会变得相当警觉。要想抓到狡猾的老鼠,除了老鼠夹、粘鼠板、慢性鼠药等工具,还要用一些非常手段。马大勇首先让人沿着墙角在地板的缝隙中钉上铁钉,然后缠上细细的铁丝,厨房里就布置成了一张天罗地网。只要接上火线,打开电源,一旦碰到铁丝,老鼠就会被打晕过去。

使出了绝招,马大勇最多一晚上在一个餐厅里抓到过101只老鼠,这让他在长沙餐饮业名声大振。他不但和百年老店成了固定的合作关系,3个月之后,他又签了5家中等规模的餐厅。

半年之后长沙的抓老鼠行业就发生了变化,同行渐渐多了起来,有的甚至掌握了他的绝招。面对同行在餐饮业的竞争,马大勇想到的第一步就是开拓餐厅外的业务范围。他把目光盯向超市,练就了在超市货架上一眼就能看到老鼠脚印的本事。除了一对辨认老鼠足迹的火眼金睛,马大勇还大胆地跟超市提出了一个承诺:如果说发生老鼠咬坏超市货架的商品,经双方核实以后,那就按照进价进行赔偿。

马大勇的这两招让他顺利地争取到了很多超市的业务。抓老鼠按面积收费,小超市几百元不等,5000 到 1 万平米的大超市每个月抓一次老鼠,至少收费1000 元。

马大勇的公司发展得很快,但是马大勇却始终在为一个问题担心。抓老鼠不需要多大成本,技术也不难掌握,如果这些员工想要自立门户,那岂不是有了更多的竞争者?怎么才能解决竞争和发展的关系呢?

马大勇想出了一个一举两得的办法:员工到公司有一定的成绩以后,就让他出去做。马大勇说的出去做,就是指想要自立门户的员工,他都主动出资,支持他们去湖南以外的地方建立分公司。这样既能阻止他们成为湖南市场范围内新的竞争对手,又能把公司的品牌迅速打到全国去。

2010 年,马大勇参加了广州一个总裁学习班,他花了 16800 元在这个总裁班学习了 3 天的时间。总裁学习班要求每个同学根据自己的职业写一句广告词。一想到老鼠,马大勇很快交出了答案——"开着奔驰灭老鼠"。

总裁学习班回来后,马大勇买下了一辆豪华奔驰轿车,并刻意在车身上喷上醒目的"开着奔驰灭老鼠"的广告词。马大勇说他这句广告词,是想告诉面临就业难题的年轻人,工作不分高低贵贱,行行都能出状元。

马大勇的成功创业经历和豪迈之言激励人心,让人振奋。如今他在全国 16 个省建立了 16 家分公司,员工多达上百人,业务遍及中国多个城市,一年的总收入超过了 2000 万元。

27. 一碗酸辣汤、一份煎饺年赚 200 万

　　一家只有几张餐台的小店,只靠一碗酸辣汤、一份煎饺打天下,却要承受 18 万元的年租,你会接手吗?相信大部份餐饮人听了后都会直摇头——风险太大了!但今天,就是要给大家介绍这么个案例,店主不仅没有关门大吉,而且年赚 200 万元,小日子相当滋润!

经营奇迹:几张餐台竟年赚 200 万!

　　只有几张餐台的小店如何赚大钱?店主人、有着龙虾烹饪大师头衔的周庆就给大家提供了一个活生生的样板。

　　周庆的"欢喜锅贴"门面简陋、面积狭窄、寥寥几张餐台,主打酸辣汤和锅贴两种小吃。但笔者了解到,这间其貌不扬的小店居然年赚 200 万元!笔者落座后,刚吃了两盘锅贴,旁边的台子已翻了两三次;这间小店冷天主推的熟醉蟹和烤猪蹄,不断有人进来打包带走;下午备好的锅贴提前卖完,洗碗、煎档和收银员速速摆下案板,现包现煎......

　　据了解,"欢喜锅贴"50 平方米的店面,每天要交 500 元租金,卖的却是人均十几元的锅贴和酸辣汤!对此,周庆笑言:"这就好比在上海中山路租个铺面卖茶叶蛋。"

　　但仔细缕过他的开店经,你就知道"龙虾、小吃各赚百万"可不是在吹牛皮。

选址思路:50平月租18万,接!

2011年,周庆决心自己开店做龙虾,找位置时,碰上了现在这个铺面,位于无锡八佰伴的后街,前身是家房产中介,周边几乎没有餐饮店,租金超贵——一年18万元,店面极小——满打满算50平方米。

这种店面到底能不能接呢?当时,亲戚朋友人人反对。但周庆分析,开店有几大要素:毗邻小区、写字楼、大型商场,保证了人流量;门前开阔,既方便停车,又方便拓展营业面积,那就注定是有生意的。所以他的结论是:能做!

"别人说,18万的租金不能做!那多少钱能做?3万的就能做?但一个店能不能开下去,不是这3万和18万的区别,如果产品定位不准,就算一分钱店租不收,也可能不挣钱。一个店能不能做下去不在于租金,而在于产品。"周庆说。

定位思路:小店初开,就卖两样

店面合同一签,产品的选择就决定了这个店的生死。周庆在确定产品线时极为冷静和现实:先生存、后发展,最后才是"实现梦想"。

步骤一:寻找"全天开工"的小吃

在这个铺面周围,有商场里的数千名营业员,有写字楼里的白领,有大型小区的居民,周庆的目标顾客就是这些人。他分析道:"这样的店面和位置,上来就做龙虾肯定没有胜算,因此要先寻找别的切入点,将店做起来,再慢慢渗透进龙虾。"

他要选的这个产品既不能是主食类,又不能是零食类,必须是主食+休闲食品的组合,目的就是让正餐和休闲时间都能营业。因为以这么小的面积承担如此高的租金和人工,必须全天运转,如果只做正餐,两餐中间就空掉了,所以他放弃了每天只能"开两顿"的快餐,选定了可以"全天开工"的小吃。

步骤二:一盘煎饺一碗汤

周庆寻找的是这样的产品:单一,贵精不贵多,"所有人就围着几个品种操作,才能做得精、做得独到。"

因此最早开业时,墙上只挂了两块木牌,一块是"酸辣汤",一块是"欢喜锅贴"。这两个品种是如何确定的呢?

在选择小吃时,无锡小笼包、各色面条都在考虑之列,但后来这些品种都被否定了,因为馄饨、小笼包等产品在当地多如牛毛,形不成特色,另外,这些小吃的口味可比性太高、价格太透明,毛利很难做得上去。最后,周庆选定了酸辣汤和实质上是煎饺的锅贴。

为什么是这样一种组合？

周庆表示，一个是汤，一个是每盘只有 5 只的主食，如果单点一样，每样都吃不饱，所以无形中就引导了客人将这两个产品作为套餐来点，两者加起来才 16 元（刚开张时两种产品均售 8 元），十几块钱吃一顿饭，在食客的接受范围内。

如果选择开面馆，客人点一碗面或馄饨，既有主食又有汤，吃一份肯定就饱了，极少有人会点两碗来吃，而按照无锡面店的消费水平，最便宜的面只需 5.5 元，人均也不过 6 元钱，假设同样是每天 100 人的客流量，那么面店的营业额只有 600 元，而欢喜锅贴则是 1600 元。

价格不高，毛利不低。据了解，其实这两个主打产品的毛利相当高。在确定毛利时，周庆完全抛弃了厨师定毛利的传统算法："进料成本是 5 块钱，那么我的定价就应该是 10 块钱，保证毛利在 50%。就因为东西做得精致，又经过巧妙的变化和组合，毛利定得高一点客人并不介意——其实一份现售价 9 元的酸辣汤，成本只有 2.5 元，而一份售价 8 元的锅贴，只有 5 个，成本 1.2 元，毛利分别高达 72% 和 85%。只要进来一个人，我就能挣他 10 块钱！"

步骤三：如何确定这两样产品的口味？

要的就是不正宗。酸辣汤是无锡本地的传统小吃，普通馆子的做法是用不锈钢桶烧上一大桶，有客人点单就给盛上一碗，是款人人离不了却上不得台面的低档小吃。周庆看中了其普适性，改成单份制作的砂锅版，作为主打产品推出。他设计的酸辣汤，其酸度和辣度如果让老无锡人来评价，肯定是"不正宗"，这是他刻意为之，口味偏酸辣的设计其实是为了迎合现在年轻人的口味。

在试制酸辣汤时，周庆没有使用高汤而是用了清水，"我亲自试尝对比过好几次，真的吃不出区别。"后来他总结了一下原因：这版酸辣汤本身偏酸辣，调入的辣酱和醋都比较重，混合后完全压制了高汤的鲜味，因此周庆决定直接用开水烧制，既减少了工作量又节约了成本。

"真正有生命力的经典菜品中其实很少有花里胡哨的元素，其用料和烧法都是很朴实无华的。记得去年夏天在乡下去姨妈家吃到她烧的龙虾，真的非常好吃，可她用的料非常简单，就只有姜、葱、蒜、辣椒、盐，还有农村那种土法压榨的菜籽油，连味精都不加，连我这个做过成千上万斤龙虾的人都自愧不如。"周庆这么告诉笔者。

这个馅料不寻常。锅贴则是沿用了周庆当厨师时做过的干煎馄饨改良而来。当地也有"锅贴"的叫法，指的是两头"露馅"的传统锅贴，而周庆做的其实是煎饺，他设计了两个口味，除了适合普罗大众的基本款鲜肉馅，还有一款剁椒豆腐馅。

周庆表示，之所以只有两种，一是因为品种多了做不精，二是每天备货太多很难保证新鲜度。以前无锡根本就没有豆腐馅的饺子,周庆的灵感源于在浙江吃过的一例豆腐馅包子。此馅一出,就迎合了90后、00后的猎奇心态,很多人会冲着这个馅料来尝尝看,咬开一尝,哎,居然还是剁椒味的,新鲜!

步骤四:一年涨两元,客人不敏感

周庆表示,从消费者心理考虑,8元和10元之间的区别是细微的,而10元以下和10元以上的区别,消费者则是比较敏感的,所以开业时他先将酸辣汤定价为8元打开市场,半年后涨到9元,以后再涨到10元,客人对这点变动是不敏感的,毫无问题。

"别小看这1元钱的涨幅,慢慢涨,利润就慢慢上升了!"

周庆笑着说。

28.把小坚果做成大生意

　　一家 2012 年成立的网上零食销售公司,如何做到在双十一日销 3562 万元?请看创始人章燎原的口述。他认为线下好一点的企业,在网上评分反而最低,它们不受欢迎是因为根本不了解用户,这是传统企业被颠覆的原因,但不要低估这些对手,2014 年会出现传统企业的集体上线,这会对纯粹的互联网品牌形成真正的挑战。

品　　牌

　　三只松鼠这个品牌名字,我觉得已经过渡到具有互联网为出发点的想法。互联网这个销售行为和销售方式,对一个品牌产生了一定的变化,更要求这个品牌有记忆性和互动性。在互联网时代,每天接触信息太多了,一闪而过,记不住。而互联网主流群体是 85 后,非常年轻。所以互联网化的品牌,要好记忆,并且好玩些。这两者合为一体,我们就想到动物,这就是三只松鼠名称的由来。

　　一开始的时候,三只松鼠形象也是通过网络,找到一些漫画的爱好者来帮我们完成的。而现在我们已经有专门团队,并且在创作动漫,已拍到第六集。在第五集的时候,我们又否定前四集(原画设定)。互联网快速发展变化,是一个持续创新,不断变化的东西。但有一些核心的东西还是不会去改变。三只松鼠的主品牌主要是定位于坚果。通过坚果这个项目的操作,获得各方面的资源以后,会衍生出以松鼠形象为代表的若干个子品牌。

　　我们做传统企业,在创立伊始一切问题都考虑得很清楚,而互联网没有办法去考虑清楚很多问题。互联网不怕做错，就怕不做。错了我们可以改，不做我们就没有机会。互联网很多时候是一个时间差的东西。因为它是一个新的竞技体系，新的销售形势和行为。往往对新的东西，比别人更早了解一点，证明你抓住了一个机会。目前来讲，互联网是带有机会型的，这也警醒我们去反思，2013年三只松鼠做到3个亿，所有的团队都知道，这并不是一个终点，这也并不是什么令人兴奋的事情。压根儿就不能去兴奋，这仅仅是一个开始和起点。因为互联网来得快，去得也快。目前三只松鼠基本能做到盈亏平衡。

一个品牌，一个形象如果深入人心之后，加上供应链能跟得上的话，消费者是会爱屋及乌的，因为互联网跟传统最大的不同是，互联网只要你能做得出来，顾客喜欢你，就有无限化的可能。而一个互联网的品牌，用户是具有粘度的，2次购买率是较高的。我们2次购买率超过30%。我们有一个子品牌叫松鼠口袋。专门做衍生品的品牌。我们给它定位为，围绕我们消费者年轻一代的生活半径，去做那些小玩意。小玩意不会太大。比如说我可以为你做一个拖鞋，也可以为你做一个口罩。也可以为你做一个收纳盒，一个玩具，一个手机套，你的办公桌上面、小家里头、床头摆的东西。用营销的话语来说，就是我要包围消费者的生活半径。这个商标品牌，我们会采取零利润的模式。就是我通过规模化的采购，通过我的设计，把我的松鼠形象融入进去。但是我卖给你，这个东西5块钱买来的，我只卖你5块钱，一分钱不赚，就是零利润模式。我们是卖零食的，卖学生食品的。在这个地方是有利润的。但是我们这个衍生品，我是没有利润的。顾客一个是很爱我们品牌。另一个它身边这些东西每一个都有需求。这些东西我会根据你的需求，帮你造出来，并且以极低的价格，成本价的方式，提供给你。那么你的生活圈都是松鼠，在未来可以替代一个什么费用呢？广告费用。

目标客户

互联网发生的变化，就是不是你想让它怎么样就怎么样，消费者有很强的话语权。我们现在到处说，我们萌。我们卖萌卖坚果，这个萌不是我们自己去定位出来的。所以互联网我认为很大一个跟传统企业不同的地方，是话语权发生转移，不再是企业说了算，而是消费者说了算。这就导致企业在互联网发展过程中，没有办法把很多东西做一个定义型和标准型，而是根据用户的需求适时调整去迎合他们。

以前我们做一个品牌，一看某某企业定位哪个群体，我们也去定位。我觉得这是一种错误的思维。为什么非要这样呢？人也是一个更新迭代的过程，下一代人迟早会来。所以你为何不服侍好下一代人呢？我们就这么想问题，所以我们将客户群体定位在85到90这个年龄阶段，我们只要服务好这一群人，陪伴他们一起成长,再过五年,他们将是消费能力最强的个群体。我们公司的人很年轻。我们年轻也是基于我们互联网的一种行为,因为我们的群体很年轻,我们了解用户。谁最了解用户,我们的年轻人最了解。

老一代人要吃坚果,难道新一代人不吃坚果吗?但是新一代人他有一个特点就是他之前可能并没有吃坚果的欲望,或者并不知道坚果为何物。其实很多学生开始并不吃坚果。所以某种角度讲,这是一个蓝海市场。只不过这个蓝海,是一个零消费市场。你不去想的时候,你想不到,是这样一个逻辑。

供应链

相对于传统企业,我们会控制得更好一点。因为我们的反馈系统很实时,供应链响应很快速。举一个例子来讲,你到超市去买一袋坚果。肯定生产日期是3、4个月以前的,甚至更长。因为传统的模式,这个产品,我要卖给你,要通过代理商,通过这个仓库,那个仓库,通过商超,积压,各方面等等。它的货龄会比较长。第二个在整个物体的运输过程当中,它会失去一定的控制。

所以我们的产品,相对传统企业,它会更新鲜。因为互联网,都知道是直销模式,是我的仓库发给你。而且我的仓库,夏天的时候,我们会有空调,可以起到保鲜作用。这是一个先进性。第二个,对上游供应商的管控,我们能够实现快速的响应。这个快速的响应是指,我的数据是实时发的。每个消费者买过之后,好不好他会做出评价。那么对于这个品质的好坏,相对传统企业,我们的反应是迅速型的。有人说咸了,有人说淡了,买过之后它立刻写评价。你的产品好不好,4.9分,4.8分。马上出来。我们会实时改进。以前叫持续改进计划。

同时,我们现在开始试点,为上游的供应商提供金融担保,应该叫互联网金融。通过我们做电子商务良好的现金流水,银行对于我们这个授信分析,基于我们的基础上,提供的一种类似于应付账款的担保贷款。银行看的是我们的现金流水,因为现金流水每天都会回到它哪个账户上,它能看得到,所以它很放心的。以一定额度,在我们的基础上贷给我们上游的供应商,银行收取供应商利息。

食品安全和口味

我们通过这些数据的打通,可以掌握到上游供应商一系列制造的信息。当然,现在没有完全做到位。但是我们现在已经在进行信息化技术的开发。也就是在不久的将来,供应商的一举一动我们一清二楚。

从模式上来讲,在中国有几种模式,一种就是恰恰模式。它自己收购瓜子的原料,然后自己进行加工,通过超市销售。来伊份的模式,它自己不加工。它制定要求和标准,让它的供应商,帮它包裹最后送到仓库销售。我们的模式是这两者之间,综合。我们不做上游的初加工。上游加工我们不做,但是我们会制定要求和标准,然后送到我们芜湖的分装工厂。分装工厂会对它进行品质的检测,合格还是不合格。合格之后,我们自己包装,自己分装。我们有理由相信,这个坚果是通过我们自己的工人包装出来的。我的食品的安全度,肯定比来伊份那种完全的外包模式更好。应该这样讲,我们是核心环节自主完成,非核心环节以外包的方式。这样做的结果跟好处就是能够支撑我们快速的发展。

恰恰与消费者是断层的。恰恰一年卖 30 个亿,它卖给谁他知道吗?他肯定不知道。超市又不是它家开的,顾客在买过之后又不会登一个记,我在你这里买了。互联网呢?我们做 3 个亿的产值,有将近 160、175 万的客户。160 万人买过多少次,是男是女,家住在什么地方,在我们这里评价过什么,我都知道。

如果一个产品在网上一放,咸了。顾客马上会说啊,他们写评价。所以这个其实是对于我们这个产业,最大的一种改变。就是人们可以购买这个产品,并且对这个产品提出意见和改善。而企业获取这个数据之后,对你的品质和服务,实时的进行调整。所以我们说,打造一个互联网时代的新农业生态链。其实这个新就新在这个地方,是以互联网这个主线为主,来改变了过去这个产业的构成。刚刚我讲一个改变的方式,更加新鲜的产品,口味和品质,实时改进的,这是传统企业做不到的。

还有更好的一种服务,我们的服务是一对一的,传统的销售方式不可能一对一。更有杀伤力是更低的价格。传统坚果行业毛利在 45%~50%,线上毛利在 30%,平均降低了 15%~20%。线下看什么地方,专卖店是这样的。如果商超的话,定价可能更高。专卖店直销模式是这样一个毛利,如果你到商超去买,商超的毛利基本上会突破 55%。传统企业到沃尔玛、家乐福要交进场费,或者找中间商有中间商的费用,开专卖店有专卖店的费用,我们这里都没有。所以我们的产品比传统模式下,要便宜 20%。就是它实际成本是 40 多块钱,到超市可能 100 块钱,在我们这里可能 70 块就卖给你。

核心竞争力

系统的竞争力。电子商务我觉得没有什么核心不核心,真正的核心就是你应该看不到短板,你就是一个系统化的东西来组成你的核心。举个例子来讲,过去我们推荐式产品,推荐式营销,在互联网不行,你两头都要好。首先在互联网上,你产品不好,就不要做互联网了,顾客希望反馈出来。过去你在超市买个东西不好,你没有办法去告诉别人。互联网,你要买的东西不好,他马上会评价。这个不好那个不好,你还能卖吗?所以产品好是个标配,是个基础,基础性的工作。现在超市那些坚果,要放到互联网上去卖要给骂死。你有没有注意像洽洽,来伊份等,线下好一点的企业,在网上天猫的评分最低?证明它们互联网上根本不受欢迎。这就是我们觉得传统企业被颠覆的原因,他们不了解用户。所以我们认为目前为止我们的核心是形成了一个相对来讲因为电子商务,互联网的体系。稍具健全的产品的开发,工厂,物流体系,信息化系统。

我认为我们现在做到了 60 分。因为我的信息化系统开发还不是很健全,这是追求极致的过程。但已经比传统线下企业领先了一两年。我们的 60 分,对别人来讲已经是一百多分了啊,因为别人还没有做,我们这个行业连 ERP 系统,还是去买标准化的产品,而我们是自己开发的。我们对客户的购买,一次两次,我们会对行为进行分析的。而且我们在中国已经有三个物流发货仓,很多企业没有做到这些的。一个顾客在我这里买了多少次,什么评价,我们一清二楚啊。这套系统构建了我们一个核心的竞争力,那么一个企业互联网真正的核心竞争力,不是你今天看到了什么,他应该是一个内在的竞争力,就是一种持续创新的能力。一招鲜,吃遍天——在传统企业有用,但在电子商务里面无效,模仿太快。全网的包装都跟我们一样了。都是两层的包装,带芯都是一样大,全网都是动物为名字的品牌,所以这个我们不是靠一两个点来取胜,而是持续的创新。

再过两年,我们的信息系统能够监控上游的情况,然后我们物流仓持续的建设,送货的速度更快,然后我们物流周转速度更好,成本控制价格更低,我们还有松鼠口袋这种衍生品,以及松鼠动画片。假如两三年以后我们把这些都做成熟以后,就是一个壁垒。现在很多企业,在包裹里放一袋湿巾,一个袋子,一个开箱器,所有厂商都在放,互联网有个什么概念呢,你今天做的什么事情,明天就被模仿了,而且被标准化了,大家都在做。以前创新,一年一次够了,现在互联网不得了,你每个星期都要创新,你每个星期都要变化。有个创新的基因在,这是我们的竞争力。

跟目前在互联网上卖坚果的其他企业相比,首先在硬件上,肯定是有差异的。信息化建设、仓库、健全的物流体系,现在在没有哪一家能做到跟我们一样的。第二,在品牌和用户理解上,我们比他们强。而我认为,真正的竞争应该是 2014 年,在应对传统企业集体的上线,因为传统企业的这些企业家们比较可爱。以前不是几个阶段?一开始看不见,后来是看不起,电子商务小打小闹,看不起,最后是看不到,我认为现在是第四阶段,坐不住了。传统大佬坐不住了,一天看到三只松鼠在报道,他们疯了,所以在 2014 年他们会到互联网上来。真正的竞争是跟传统的这些大佬竞争,因为他们有实力,有供应链,有钱,这会是我们面临的更大竞争。

29.4 人创业小团队"农村包围城市"做智能家居

智能家居,一听就是个高大上的玩意,给人感觉高深莫测,充满科技感。现实的状况却是:理想很丰满,现实很骨感。现在所谓的智能家居,普遍做法也都仅仅是在设备上增加一个手机控制而已,在我看来,只是按了个遥控方式,智能二字,似乎还有点距离。

现在智能家居的从业者,普遍有两种做法:一是从家装开始,在房子装修期间就统一设计,加入各种智能设计;二是从小件物品入手,以农村包围城市的打法,慢慢渗透。两种打法,各有优势,第一种打法,明显只能属于高大尖企业,从源头开始抓起,所以可以看到现在大部分创业者都在第二条道上你追我赶,都盼望着能抓一个小入口,从点到面,慢慢渗透覆盖。

作为一名微型创业者,对于智能家居,我认为还真只能走农村包围城市的路线。原因有以下几个:

一是家装进入成本高,不仅仅要求创业者有相当的装修设计能力,还涉及与广大开发商、家装设计公司的议价能力。现在国内大部分出售的商品房都是带装修出售。换句话而言,对于普通大众,新房子再装修的可能性和意愿性太低。没多少人愿意去折腾这个,费钱费力气。一般创业者没这个能力去做这个事情,这不是主观上说能做就做的事情,没钱,没人,没资源。基本上在这件事上就是一个'三无'人员,可以说基本没戏。

二是在现有的家庭再进行二次改造的可能性太低。对于大部分人而言,家里的像水电这些东西,一旦固定了就基本不会想要再进行变更了,除非一种情况:出毛病了。至于像更换开关面板这些,从现在看来,除非是十分有兴趣又愿意折腾的,不然像换插座面板这种技术活,一般人是不愿意去动的。别说换插座面板这技术活,就算是换灯泡这种简单的小事,对于大部分人而言,除非灯坏了,不然去换灯泡估计也是能懒则懒。而要改变国人对这类事情的看法,教育市场需时太长,等到市场教育起来了,对于小创业者,就算不死,也已经是苟延残喘。

以上也是为什么智能家居说了这么多年却一直没能大行其道的其中一些原因。好了,说了那么多废话,那怎么样切入市场,分一点点蛋糕吃吃呢?

对于一般创业者而言,人力、物力、资金如果难以支持大规模的的研发、推广,那选择适合的产品来进行这个大市场就有点意思了。

产品首先要有普遍性,应该是大部分家庭都有,都用得起的;

产品的价格不会太高，一般工薪家庭能承受得起；

产品没有一个具体的锚定价格，定价相对可以灵活；

产品灵活性，不需要额外的安装，操作简单易用，即买即用；

产品要么实用，要么可以装某种风格；

产品能加入新的元素，但同时不影响用户使用习惯。

把这些条件一框起来，家居用品中的东西就真的不多了。我们选择台灯（U-Lamp）作为切入口，算是基本符合以上条件。台灯在每个家庭基本上都会有，市场价格幅度很大，从几十元到上千元都有，与灯泡不一样，无须安装，即插即用。

最关键的便是融入新的元素。现在是智能机泛滥的年代，没有手机控制当然是跟不上潮流了，但仅仅加了手机控制就完事了吗？那只能说只完成了基本配置。灯最重要的目的当然是提供光线，那围绕着这一点，可以有创新有变化的便是让灯在适合的时间提供适合的光线，让灯能感应人的需要。这一点就需要去挖掘用户的硬需求。人体感应，光线感应，简洁的遥控器等等，这一切都是为了使台灯能自动亮起来，尽量减少人手干预，让灯可以在合适的时间提供合适的光线。

当你能解决了用户最本质的需求后，你的产品才有可能站稳脚跟，至于由产品所获得的数据如何分析、如何利用则是一个再扩大规模的问题了。因为对于小创业者而言，首先要考虑的是生存，完了之后才有力气去想其他的事情，农村包围城市的战略才迈出一小步，能否走出第二步就要看对产品质量的把控及用户反馈的响应了。

对于小创业团队，用心挖掘用户的需求本质是最关键的一步，至于用什么技术来实现倒不是一个最重要的。创业的路漫漫，一步一个脚印，用心解决用户的核心的本质的需求才是硬道理。

创业路漫漫，作为创业者，痛并快乐着，在这里与所有创业者共勉；也借机卖个广告：U-Lamp目前也已经在众筹平台上线，有兴趣的朋友欢迎一起来讨论分享。

30. "卖臭豆腐"小伙的创业故事

"做的不开心"

2006 年 12 月,李悦就在某房地产公司求得一职位,由于当时公司的楼盘还没有开盘,一个月下来感觉无所事事。2007 年 1 月,李悦又在某酒店做行李员。一年下来,他的薪水从每月 700 元涨到 3000 元。"如果再加上客人给我小费的话,每个月至少也有 5000 元啦,作为上班族,这个收入不算少了,可我做的不开心。"

"我就喜欢餐饮"

2007 年春节过后,李悦在株洲一个广场前见到一家卖臭豆腐路边摊的生意火爆,商机油然而生,"海口的臭豆腐多是路边摊,环境不好,颜色又多是黑色的,感觉不卫生,而这家臭豆腐店里干净整洁,且炸好的豆腐是金黄色的,看着都流口水,何不开个这样的臭豆腐店呢?"

到了海口后,卖臭豆腐的想法一直在李悦脑海里打转。李悦一边找经营臭豆腐的场地,一边上网寻求制作方法。在一家名为"老绍兴臭豆腐"的网站,李悦找到了自己想要的东西,遂加盟。由于李悦是海口第一家加盟店又是应届大学毕业生,公司有优惠政策,他只用了 5000 元加盟费。

2008 年 3 月份,李悦把店面选在了自己就读的大学里。

第一天开业就营业了四百多元,扣除必要的开支,还能剩下两百元。不过好景不长,后来两个月下来赔了 2 万多元钱。

李悦回忆,做餐饮要比上班辛苦的多。每天早上 5 点多就要起床准备材料,7 点就要开门营业,刚开始创业又舍不得雇人,什么都是亲力亲为,从配料到切豆腐、炸豆腐到宣传,自己成了全能人了。

"把臭豆腐做强做大"

后来李悦把学校里的店面兑出去后,就来到了解放西路。

那里是繁华地段,卖吃的人也较多。"要想在那里站稳脚跟,就必须要靠自己的实力赢得顾客。"他和女友想出了很多创意,把平时课堂上学的知识和自己两年来在社会上学习的经验巧妙结合起来。

他们先把臭豆腐的味道和质量做到最好。

渐渐的,不断有老客人和新客人。

　　现在在全省已经有 7 家加盟店了,每一家的生意都不错,李悦自己有种成就感。他还增加了肉夹馍、麻辣烫、清补凉、炒冰果、桂林米粉等品种,这些美食的制作方法都是他去外地学习的,他说:"我就喜欢做餐饮,即使辛苦也值得。"

31.门外汉做餐饮

谁说大款和厨子不能同体？芦苇就是这么一个例子，旁人常笑称："他是大款里做饭做得最好的，是厨子里钱包装得最鼓的"。芦苇听完总是一摆手哈哈大笑，在他看来，他这个"厨子"是速成的，这个"大款"更是速成的。

一碗面改变人生

36岁的芦苇正值本命年，仅仅度过3圈生肖轮回，身上却拥有着相当数量的标签：退伍军人、国企买断职工、广告经理、保险销售、厨子、老板……

如果将这些标签以岁月为方向，像多米诺般依次推倒，就会发现有那么一碗面，将芦苇的人生分隔为了两截。前半截的标签零散繁多，后半截却只有两个：厨子与老板。然而，在芦苇看来，就是这仅有的两个标签，将延续完他余下的三分之二人生。

他15岁入伍，曾在红旗下热血澎湃；19岁转业回到家乡南阳，在国企温水中郁郁不得志；28岁趁企业改制，咬牙以2.8万元买断14年工龄（工龄从入伍时算起）；31岁前，跑广告、卖保险、开网吧，在商海中跌跌撞撞，寻找方向。

"每个人的一生都像一碗面，酸甜苦辣的经历都只是佐料，如何做出最适合自己口味的面，只有不断尝试后才能知道。"

从时间纬度上来看，那碗改变芦苇人生的面出现在2008年。

2008年3月份，芦苇刚刚转手网吧，寻找新项目无果，带着女朋友去"天府之城"成都散心，顺便碰碰运气看有没有什么好项目。午饭时分，女朋友提出想吃四川的特色面点——担担面。于是，俩人边走边找，挑了天桥下面一家门面不大但异常热闹的面馆。

50平米的面馆塞满了食客，"哧溜—哧溜"，吃面声此起彼伏，排队买面的更是从店内排到了门外。芦苇点了一碗担担面、一碗牛肉面，尽管前面排着长队，可不到五分钟就吃到了热腾腾的面。

"媳妇，味道咋样？"

"好吃！我们俩换一换试试。"

芦苇吃惯了北方的面食，初尝南方的面点，只觉得香辣爽口、辣中带麻，吃完后酣畅淋漓，就连一向对饭菜甚为挑剔的女朋友都赞不绝口。芦苇当时突然灵机一动：北方人喜欢吃面，但却很少吃过南方的面，如果把这家店复制到南阳，生意肯定不错。

当机立断,芦苇马上跑到店门前查看招牌上的信息,看看这家店是否可以加盟,马上便联系上了这家面庄的总部——重庆胡和记面庄。

厨子速成记

就在去年,一档名为《嘿!小面》的纪录片登陆中央电视台,重庆小面红遍全国。芦苇所联系的胡和记面庄,就是一家地地道道的主营小面的重庆面馆。

联系了胡和记后,芦苇当天下午便从成都赶到了重庆考察项目。其实,当时芦苇心中一直存在一个顾虑——自己根本不会做饭,如果加盟面庄,能行吗?

"盐少许,味精适量,油七分热",中国餐饮里的烹饪流程向来模糊,这就决定了一个厨师的经验对于菜品的味道起了关键作用。也正因为这样,对于不懂厨艺的"门外汉"而言,做菜似乎是件困难的技术活,更别提让一个外行开餐馆了。

"胡和记的加盟商里有95%以上之前都没做过餐饮!"在听到总部介绍时,芦苇很是吃惊:"难道做一家面馆的门槛如此低?"

在详细了解后芦苇才明白,并非是面馆的门槛低,而是胡和记面馆的门槛低。这有什么不同?原来,餐饮连锁加盟中的重中之重便是将菜品口味标准化,在不同的连锁店铺中所吃到的口味必须保持相同。看似容易,做起来却并不简单。

20世纪90年代,麦当劳、肯德基闯入中国,受其影响,大陆餐饮一直在口味标准化的道路上反复探索,涌现出真功夫、乡村基等一批快餐企业。但是,面食领域却鲜有脱颖者,更别提细分之下的重庆小面。胡和记面庄作为小面领域率先"吃螃蟹"者,为了打造标准化餐饮体系,按照业务需求"倒推"组织架构,成立六大功能组织:

餐品与调味品研发中心——专业从事调料研发;

运营中心——拓展与管理连锁店铺,维护调味品生产供应系统;

净龙生产分厂——生产胡和记系列食品、调味品等产品;

理化中心——保证餐品和调味品质量;

物流中心——与知名物流企业合作,实现对连锁店铺自主独立快捷配送;

售后服务中心——在加盟店聚集区域建立区域性的售后服务分中心,以点带面,提高售后服务的质量和效率。

正是这六大组织将胡和记面庄的加盟经营流程切割为了六大标准板块,无论是面食制作还是店铺经营,都成了一条条标准化流程,门槛就是这样被降了下来。

芦苇心中的顾虑打消后,又了解到单店加盟费才一万块钱,当时就做出了加盟决定。

加盟之后芦苇才发现,为了实现标准化,胡和记在细节上都下足了功夫。使用调料时有专门的"量勺",每一个碗中都标上了刻度用来指示汤的多少。做面变成了一项傻瓜式操作,在总部仅仅培训了一个星期,芦苇就能亲手做出和他之前吃过一样口味的牛肉面。

一碗面卖出百万元

从做出加盟决定到完成总部培训,再到选址装修开业,只用了十一天时间。2008 年 4 月 29 日,芦苇说这是个和结婚纪念日一样不可能忘记的日子,河南首家胡和记面庄在南阳师范学院旁边开业。也就是在这一天,芦苇经历了"忧喜两重天"。

早上九点半开业,鞭炮也放了,音乐也响了,鲜花也撒了,可整个上午看热闹的人多,来吃面的却很少。眼看着中午饭点即将过去,店铺依旧冷冷清清,芦苇原本自信的心中也敲起了小鼓。

所幸,忧虑并未继续蔓延,从下午开始,店铺人流逐渐增加,到了晚上彻底爆发。4 张四人桌、10 张两人桌,全部坐满,排队的人群长达十几米。当天准备的 100 斤面竟然提前全部用完,临时又紧急调来了 50 多斤。到晚上九点半关门的时候,忙乎了十几个小时的芦苇小腿都开始打起了哆嗦,盘算下来,这一天竟然卖了接近 4000 块钱。

按说开门大吉,芦苇应该高兴才是,但他心中却又渗出丝丝忧虑:食客们的新鲜劲儿过去后,万一生意下滑,怎么办?

芦苇的顾忌并非多余,街边经济在开业初期,往往能凭借新鲜噱头吸引顾客,但如何能够可持续地经营,却是一项长期考验。

今天来看,芦苇不仅靠着一碗面"打下了江山",而且也成功地"守住了江山"。如果从结果来分析过程,芦苇觉得他做对并且做好了两样最重要的事情:口味与服务。

西南地区喜麻辣,如果直接将胡和记的面点风味照搬过来,对于北方人而言,口味偏重。于是,芦苇亲自参与到专门针对河南本土口味面食的开发,独创出了适应北方大部分口感的"微辣"系列。为了防止口味下降,每个星期,芦苇总要亲自将店铺内的所有菜品亲自尝过一遍,并且定期邀请亲朋好友试吃、提意见。

在服务上芦苇也是丝毫不敢马虎。有一天晚上,店里已经熄了炉灶准备下班,突然一位顾客走进来说要吃面。芦苇解释已经打烊,可这位顾客说他听朋友介绍这家面好吃,特意从大老远赶来,因为距离原因,之前来了三次都已经下班。芦苇听后立马重新开灶为这位顾客煮了一碗面。

提起这事,芦苇笑着说:"做那碗面消耗了平时十倍的费用成本,但也正是这碗面,又拴住了一位忠实顾客。"

用口味留住顾客的胃,用服务留住顾客的心。芦苇的店铺每天都能保证四千以上的营业额,在旺季更是能达到五六千的营收。此前芦苇绝未想到,靠着一碗面,每年竟能卖出上百万元,并且被《南阳晚报》《大河报》连续报道。

开业后仅三月,芦苇趁热打铁拿下了胡和记面庄的南阳总代理,2012年再次出手拿下河南省总代理。截至目前,芦苇在河南省已经发展了70多家胡和记面庄,并且筹划在未来5年内扩大至500家。从"速成"厨子到"速成"老板,芦苇觉得:"经营好一家面馆和管理好几十家、上百家面馆的道理一样,都需要在口味与服务上用尽心思、下尽功夫,不同的是以前是自己这样做,现在是要说服更多人和自己一起这样做。"

32. "泥鳅王"的创业之路

有的人创业是办厂,有的人创业是开店,但还有创业的人既不办厂也不开店,而是搞养殖专业。这里要给读者介绍的就是一位靠养殖发家的创业者,而且还是一位80后的创业者。

这位被喻为"泥鳅王"的创业者便是姜林虎,江苏常州武进区人。姜林虎的家庭是养殖专业户,他父亲养了几十年的珍珠,所以从小姜林虎就对养殖很感兴趣,并且也积累了一定的养殖经验。2004年7月,姜林虎高中毕业后,他父亲给他联系了一所专本连读的大学,虽然要读5年时间,但毕竟能得到一个本科文凭。姜父满以为儿子会高兴地去读大学,因为读了大学就可以跳出"农门"了。不料,姜林虎根本不愿意读大学。在他看来,花一笔钱去读5年书,还不如用5年时间自己来创业,不仅不用花钱,还可以赚钱,养殖之余自己同样可以学习知识。

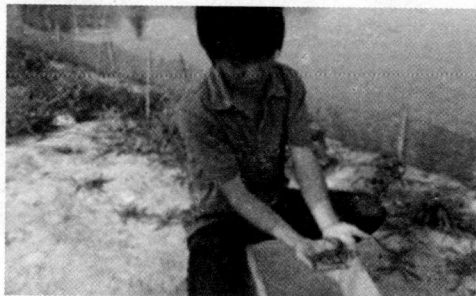

姜父见儿子执意不愿意读大学,一心要搞养殖,也没办法,只好由他了。姜家养了400多亩河蚌,收益还算很不错。刚毕业的姜林虎一时没有找到什么事做,就跟着父亲学着养珍珠。姜父以为儿子是要帮助他一起养珍珠,觉得这也是件好事情,毕竟自己也需要个好帮手。不料,后来姜父的愿望落空了。2006年时,姜林虎偶尔从网上意外获悉养泥鳅是一个非常好的致富途径,于是向父亲提出要到外面去考察一下泥鳅的养殖和市场情况。姜父得知儿子对养泥鳅很感兴趣,便同意了儿子的要求,并派了一个有水产养殖经验的杨师傅跟着儿子。

由于常州当地没有什么养泥鳅的,更没有形成一个泥鳅销售市场,所以,杨师傅带着姜林虎去了养泥鳅较多的安徽。在安徽,杨师傅带着姜林虎转了很多的水产市场。由于姜林虎年龄还不到20岁,看起来就像个不懂事的孩子,所以他在水产市场转悠,别人都不太在意,加之姜林虎嘴甜,跟人一口一个叔叔、阿姨地叫着,装着对泥鳅非常感兴趣的样子,问价钱,打探行市,寻找泥鳅苗的货源,别人都毫不戒备地告诉他,甚至连电话号码都给了他。

安徽水产市场转一圈下来,姜林虎对泥鳅养殖有了更深的了解。他自己算了一笔账,一亩水塘可以投入泥鳅苗 1000 公斤,等收获时至少可以长到 2000 公斤以上,按每公斤 22～25 元价格计算,扣除成本,每亩水塘至少可赚 10000 元以上。养螃蟹、黄鳝每亩的利润不过 2000 元,而养泥鳅却是它们的好几倍。姜林虎更看重的是泥鳅的销售市场。因为泥鳅的营养价值非常高,含丰富的维生素 B1,且是其他鱼虾的 3～4 倍,还具有较高的药用价值,被誉为"水中人参",在我国的广东、浙江、福建等许多地方都倍受消费者青睐,甚至在日本、韩国等地都十分俏销。

在外面考察了一番市场后,只是了解了销售环节和引进泥鳅苗的途径,对于如何养泥鳅姜林虎还是一知半解。为了学会养泥鳅的技术,姜林虎又跑到苏北、江西、安徽等地拜师学艺。每到一地,他就四处打听泥鳅养殖场。找到一个养殖场后,他都要使出各种招数求人家教他养泥鳅的方法和经验。为了能够学会泥鳅养殖,姜林虎甚至不惜给人当免费的小工,整天泡在养殖场。姜林虎一边给人当苦力,一边偷师学艺。经过一年多时间在各地的拜师学艺,姜林虎终于学会了如何养泥鳅。

2007 年 7 月,在父亲的帮助下,姜林虎租用了 10 亩水塘,采购来泥鳅苗,并按照自己所学到的泥鳅养殖技术,开始试验泥鳅养殖。没想到只是短短的 3 个来月时间,姜林虎所养的泥鳅就长大了 3 倍多,用不了多久就可拿去卖钱了。想到自己辛辛苦苦养殖的泥鳅很快就要出成果了,心里感到很兴奋。然而,天有不测风云。就在姜林虎的泥鳅即将收获的前夜,500 余斤的泥鳅一夜之间突然全都死掉了。看到这一情景,姜林虎又急又气,好几天都吃不下饭。为了搞清自己的泥鳅突然死亡的原因,姜林虎走访了武进区农林局的专业人士,并向农业水产方面的专家请教。经过专家的指导,姜林虎终于找出了自己所养殖泥鳅死亡的原因。原来是由于水塘养殖的泥鳅密度较高,使水塘里缺氧,导致水塘里的蚌死亡。蚌死亡后蚌壳污染了水质,才造成泥鳅死亡的。

找到了泥鳅死亡的原因后,姜林虎信心更足了。姜林虎的父亲见儿子确实想干一番事业,有决心有信心,于是给予他大力支持。家里给姜林虎投资了 150 万元,挖了 18 口水塘,面积达 80 余亩,全都用来养殖泥鳅。重新养殖泥鳅,姜林虎做得可认真了。他每天清晨 5 点多钟就起来了,先到水塘边仔细巡视一圈,然后回来自己配置专用的泥鳅饲料;给泥鳅喂完饲料,姜林虎还要给水塘清淤、消毒等。泥鳅养殖的每一件事,姜林虎都亲自做,他生怕再出现意外。毕竟投入了 150 多万,绝对不能有任何闪失的了。虽然姜林虎每天起早贪黑地干,又苦又累,但是他感到很欣慰,因为泥鳅在他的精心饲养下,长得很快,一条能够长到一两重了。

经过两年的艰苦努力，姜林虎养殖泥鳅取得了成功，一年下来收获的泥鳅高达15万斤。按每斤10元计，他一年可赚150万元。姜林虎养殖泥鳅不仅是产量高，而且销路也很好，能卖到全国各地。为了把销路拓得更宽，姜林虎就从网上查询泥鳅批发销售。他意外查到连云港市有一家韩国公司在国内大量收购泥鳅出口到韩国。姜林虎想，如果找到这家公司，把泥鳅卖给他们，就可以让自己的泥鳅出口了，而且还可养殖更大面积的泥鳅。姜林虎开车跑到400公里外的连云港去找这家公司，由于他没有任何关系，人家不了解他，所以第一次没能进入公司去找负责的经理。但姜林虎没有气馁，他始终惦记着这件事。后来，在一朋友的引见下，姜林虎终于见得了这家韩国公司的曹经理。与曹经理详细交谈后，曹经理对姜林虎养殖泥鳅的情况有了较全面的了解；姜林虎也知道了韩国人非常喜欢吃泥鳅，并把泥鳅当成养身补品。韩国一年需要进口1.2万吨的泥鳅。与曹经理告别时，姜林虎热情邀请曹经理到常州去收购泥鳅。曹经理欣然答应了，称只要泥鳅养得好，产量能够达到5000公斤，他一定全部收购。这家韩国公司的曹经理没有食言。他亲自带人一起来到了常州考察姜林虎的泥鳅养殖场。看到姜林虎所养的泥鳅又大又好时，曹经理全部收购了姜林虎的泥鳅。

经过两三年的泥鳅养殖，姜林虎已经完全掌握了泥鳅的养殖技术，而且还能够做到把泥鳅养得又大又肥。确实，泥鳅的生命力极强，适应能力也很强，池塘、湖泊、河渠、水库、稻田等地方均可养殖。这项养殖属于投资少，见效快，风险低的致富项目，一亩地的纯利润能够达到2万元。姜林虎开始考虑到，如果把周边村子的乡村们都发动起来养泥鳅的话，那么就需要开拓更大的销售市场。

姜林虎发动周边的乡亲都来养殖泥鳅。对于愿意养泥鳅的，姜林虎就把养殖技术毫不保留地传授给他，并把泥鳅苗卖给他，对于在养殖过程中出现的困难和问题，都帮助一一解决。姜林虎自己则专门从事泥鳅的销售网络建设。因为养殖泥鳅乡亲多了，泥鳅的产量会更高，这需要有一个庞大的营销网络。姜林虎一面在网络上想办法，利用现代最新的信息技术进行泥鳅批发；另一方面，与全国各地经销商联系，扩大经销商队伍，力争把泥鳅卖至全国各地。武进区奔牛镇政府见姜林虎主动带领乡亲共同致富，便给予他更多的政策优惠和支持，鼓励他带领乡亲们养殖泥鳅共同致富。如今，姜林虎带领当地的乡亲们把泥鳅养殖事业做得红红火火，成了当地致富的带头人。

33.袜子销售生意经

一个女人,12年间资产从4.5万元翻到1500万元,这背后显然有故事。然而,当故事的主人公陶敏出现时,众人不禁大吃一惊,原来她并非人们想象中的样子,反倒是年轻、时尚。更让人难以相信的是,从白手起家到企业初具规模,重要的转折竟然就是普通的五趾袜。

千金散尽还复来

从四川宜宾嫁到浙江海宁的陶敏不满足只在亲戚的工厂中打工,而是开始想着要自己做。她的想法很简单,但是遇到的第一个问题就让她为难:没有资金。当时陶敏全部的资金只有自己靠打工攒下的1.3万元,即使是在1995年,这也不够。怎么办? 当时她知道婆婆手头有3万元,于是磨着向婆婆借。她善磨,钱到底借来了。

她用3万元买机器,1.3万元租赁一个铺位,在全部资金用完后,她硬是靠赊来一些皮料先做了起来。陶敏先做了几件皮衣样品,由于她有成衣制作经验,皮衣的款式很受欢迎,一件成本900元的皮衣甚至可以卖到1700元。她说:“当时雇了5个人做,每人一天做4件,一天20件都能卖出去。”陶敏迅速挖到了第一桶金。1997年,陶敏突遇双重打击。一方面因为买到了质量有问题的皮料,20多万元的货可做的不到一半;另一方面,被一个温州客户骗去了货款和产品共计26万多元。然而,她没有哭哭啼啼,而是从挫折中总结了经验。她开始细心分析市场,五趾袜很快进入她的视野。

五趾袜里有商机

浙江海宁是纺织品生产中心,投入少的袜子成为陶敏的销售目标。“2001年时,皮衣市场已经出现疲态,我们就开了袜厂,”她说,“当时主要是做传统袜子,利润刚够给工人发工资。”然而,喜欢尝试新事物的她在穿过一次五趾袜后,很快看到了商机。

“我看这个产品好玩,很新颖,当时市场上很少见。我给朋友试穿,他们都很习惯,上网一查,日本人几乎全部穿五趾袜,我觉得有前途。”然而创业的经历让她形成了一套严谨的方法调查市场。除了五趾袜的市场需求正在逐渐增大,她还了解到生产五趾袜的机器只需要8至9万元,比生产传统袜子的机器便宜约一半。通过计算,她发现,生产五趾袜能够在半年内收回成本。

说干就干。放弃皮衣生意的陶敏把心思完全放在了推广五趾袜上。她很快交了不少同行好友,被她称为"师傅"的吴为民是海宁最早引进五趾袜机器的人,陶敏经常向他请教,跟他一起讨论市场。尽管有竞争,但吴为民佩服这个想做行业第一的"徒弟",甚至亲自为她联系机器厂。2003 年 4 月,工厂买进五趾袜机器,6 月份就开始正常生产产品。这种主要销往日本的袜子利润可观,一年后,陶敏在海宁成为出口第一名。2004 年,海宁金益袜业有限公司正式成立。

网上卖货成状元

虽然五趾袜能够防止脚气,但在国内毕竟是一个新产品,怎么才能让国内的商家了解呢?2000 年就开始接触互联网的陶敏很自然地想到了利用互联网。2004年公司刚成立的时候,她就同步建立了企业网站。她在网上发消息、泡论坛、当版主,在与别人的交流中逐渐掌握了网上经营的要领。"更重要的是我获得了一种开放的心态,原来我怕把产品照片放到网上被别人抄袭,但后来一想,设计被抄袭是迟早的事情,但他抄不走的是我的生产能力和我的诚信度,网络能同时把我的这些优势展现出来,我的竞争力就是显而易见的。"

现在,陶敏的国内业务已经占到总经营额的 30%,国内市场成为新的增长点。她在网上经常看到上海伟雅的帖子,从中得到不少启发。2006 年网商大会,陶敏与伟雅在西湖边上有了深入交流。由此她决定把五趾袜的网上零售外包给上海伟雅来做。

"现在每批产品通常会多生产 500 双,我都发给上海伟雅,再通过跟他合作的300 多家淘宝店铺把袜子零售出去。"陶敏坦言,合作省心不少,能专心做好大买卖。

虽然卖五趾袜成了"状元",但是未知的市场风险仍然让她不敢掉以轻心。如今越来越多人开始看到五趾袜的市场,陶敏已经盘算怎样利用多余的厂房生产新产品了。

34. 小红薯的大事业

农村走出来的孩子都比较能吃苦,大学毕业后,他从卖红薯开始做起,走上自己的创业之路。从"红薯郎"到"红薯 CEO",看看这位"红薯哥"的创业故事。

他的目标:开百家店,做"红薯 CEO"

关掉了热闹的门店,回到家里安享 8 个月来创业的收获,李铿锵心里的快乐写在脸上:"卖红薯没有什么不好的。早晨 8 点开门,晚上 9 点关门,工作不累,生活挺开心。人多的时候,顾客要排队半个小时才能买得到我的红薯。"

不到一年,李铿锵用自己的品牌创立了 10 家连锁店,其中 3 家自营,7 家加盟店,生意一直火爆。"我希望一年内招 100 名大学毕业生做'红薯郎',月收入不会低于 1 万元。"

来自湖南省邵阳市洞口县杨林乡庄上村的李铿锵,家境十分贫寒。5 年前他考入中南林业科技大学就读公共事业管理专业。2009 年升入大四后,李铿锵开始感受到就业的巨大压力。

一个矛盾是工资待遇问题。李铿锵原本期望实习期月工资 1500 元,转正后月工资 3000 元。因为家中为了 4 个兄弟姐妹读大学已经借了 8 万元的外债,除了大哥参加工作有了微薄的薪水外,弟妹们的学习生活费用仍然是个巨大的缺口。但很多单位给的工资都很低。

另一个问题是,他觉得用人单位提供的一些岗位没有很大的价值。"比如让你做简单的机械劳动,虽然可以在劳动中提炼技术和经验,但那不是我追求的。"

求职难,那就自己干,"卖红薯"这个念头闪现了。2009 年 10 月,李铿锵在北京游玩时意外发现了烤红薯的商机,他考察了北京一家卖红薯机器的企业后,决定买回机器,卖烤红薯、红薯干等产品,冠名"博士地瓜",目标人群是在校大学生。在母校"试水"8 个月后,收益远远超出他的期望值。

很快,李铿锵开了 3 家店,加上机器费和店面租金,一共投入 5 万余元,除了自己打工存的两万元,再向同学借了 3 万元。他还邀请同学入股,并考虑分红给他们。现在小店的生意越做越好,多的时候一天可以卖出 300 个红薯,月收入超过 1.5 万元。

"我是从困难中走过来的,所以特别理解那些找不到好工作的大学生,他们的加入让我非常自豪。"李铿锵说,他有个目标:在湖南发展 100 家连锁店,让家庭条件不好、找工作无门的大学毕业生加入到自己的烤红薯队伍中来。"我可以不收加盟费,只希望大家在毕业后能少一些彷徨。"

贫困是一种压力却也是前进的动力

穷人的孩子早当家。李铿锵很早便开始有了做生意的想法:"我大一军训完后就在思考怎么去挣钱养活自己。当年是10月7日正式开学,我9日决定了去摆地摊赚钱。"

他选择的目标是明星海报,市场则是学校中众多的年轻粉丝。他逛了几次批发市场,并专门留心价格、种类和市场的批发量,下定决心试一把。

海报的进价是5角钱一张,精品店里卖2.5元,李铿锵则定价1.5元,生意顿时火爆。可是,学校的规定是,学生不能到其他寝室搞销售活动,他便在自己住的宿舍楼里挨门逐户销售。随着市场逐渐饱和,他索性将摊子摆到了校门口。

在校门口那条街上摆了很久的地摊,李铿锵有了不错的收益,还结识了学校最大的超市老板。

一次,李铿锵坐公交车去市里进货,在车上听一些人议论,河南省郑州那边现在流行吃寿司,而且要排队才买得到,价格高到6块钱一份。李铿锵立刻估算了一下,要真是这样,一天只要忙几个小时就有不菲的收入,比摆地摊强多了,也体面正规一些。

兴致勃勃地琢磨完产品加工销售、设备和店面问题后,他猛然发现其中的难处:当时刚刚还了一个学年的学费,手里已经没有什么钱可以投入了。眼见大好机会就这样溜走,李铿锵十分不甘。他找到超市老板商量,请他先提供门面,运行一段时间后再交钱。在他的反复游说下,最终老板答应了帮忙。

赊完门面费用后,他找同学借了2000多元进货的钱,捡了一个桌子改装的工作台,草草开张了自己的寿司店。对于这来之不易的机会,李铿锵非常珍惜,千方百计思考在保证质量的前提下,不断降低成本。渐渐地,寿司店走上了正轨,成了家庭经济的"新增长点"。

不自傲不自卑拓展人生创业路

李铿锵承认,以前摆地摊时挣的钱都是刚好维持生活和学费,开了寿司店后有结余,除了可以给母亲一些钱养家外,到大学毕业时还积累了两万多元,这成了他之后开办红薯店的关键启动资金。更重要的是,经历了初期创业的艰难后,对于今后的创业路和人生的理解,他有了足够的经验和承受失败的能力。

有媒体报道称,李铿锵的小红薯店月收入已经过万元,成为班上同学中率先富起来的一个。对此,李铿锵表示属实。然而,即便手中有了钱,他仍然不忘当年的苦日子。"大学期间一直穿校服,很多人不要校服,我就说给我,这样我就不用买衣服了啊!"

读书时穿的校服依然在身边,对他而言,这是一个时刻陪伴的提醒:要走的路还很远。李铿锵说,放弃寿司店的原因是,寿司店受技术的限制,不容易复制无法做大。而他慢慢开始意识到,创业的目的不仅仅是为了赚钱,更是要走出一条成功的路。而眼下红火的红薯店其实也有自身的瓶颈问题——一个季节性的产品,能否做出更多的色彩?

对此,李铿锵想出了对应之策:从深加工入手,把红薯制作成各类产品,除烤红薯外,还有蒸的、煮的、红薯干、香酥红薯、红薯仔,等等,这些产品带来的利润也更高。新产品的开发,不仅克服了红薯季节性的销售问题,更打开了市场空间。与他合作加盟的大学生创业者中,最好的一天营业额能做到 4000 元。他目前最关心的则是扩大规模所需要的资金问题。"现在我们的目标是大城市里的学生群体,将来的目标可能往中小城市走,相信开百家店的目标不用太长时间!"李铿锵说。

35. 创业艰难何其多

贺家田是怀化市鹤城区最边远的一个乡，尹承祥是该乡贺家田村的一个土生土长的农民。一年前，他由一名打工仔变身为回乡创业者，并在克服各种困难后，建立起了惠诚养殖专业合作社，并取得了不错的效益，带动了当地农民发展养殖业。

"总有一种不堪回首的感觉。"说起自己的创业故事，尹承祥总是有太多的感慨。以前，他在外打工卖过衣服，跑过运输。后来，孩子大了，父母老了，他觉得老在外打工不是办法，决定回家搞点什么，但又不知道到底搞什么好。

2010年，一次偶然的机会，尹承祥听朋友说养蛋鸡前景不错，市场上的鸡蛋销路很大。说做就做，2011年春节过后，尹承祥不再踏上打工的路途，他把这些年在外的所有积蓄都拿出来，回到家乡建起了养鸡场。尽管老婆当时不同意，但尹承祥却干得热火朝天，很快，一间能容纳2000只蛋鸡的养殖场在他家的坪地上拔地而起。

当初，尹承祥是一个人回家单干，什么事都得自己动手，"光给鸡打疫苗就要打15次，2000只鸡，别说打针，就是抓来抓去，也会让手抓得发酸。"白天要喂鸡，晚上要守在鸡舍边，随时关注它们的成长，还要学习养殖技术，上上下下，左左右右，一个人忙得够呛。

功夫不负有心人。3个月后，他从河南买来的2000只蛋鸡开始生蛋了，看着白白的鸡蛋，尹承祥露出了成功的喜悦。洒下了那么多的汗水，收获自然是沉甸甸的，他盘算了一下，除掉所有的开支，每天能赚到500元。

看到尹承祥的成功，附近的村民纷纷动了创业的心，2011年底，尹昌铁等四人自发相约，与尹承祥合伙，成立了惠诚养殖专业合作社。有了技术基础，再加上合伙人的投入，力量更加强大了，蛋鸡总数达到了10000多只。

然而事情总是没有想象的那么美好。开年后，鸡蛋价格一落千丈，市面上的鸡蛋从去年的八元一斤降到了三四元一斤。蛋价上不去，但开支却不能少，"10000多只鸡，一天光饲料就要吃1吨，需要3000多元钱，一个月下来，就是9万多。"

一个月之后，终于熬不住了，逼得他们五个人像热锅上的蚂蚁，四处借钱救济，"那段时间，我逢人就借钱，觉也睡不着，人都瘦得不像样子了。"合伙人尹昌铁说。

"我们遇到贵人了"

在这举步维艰的时刻，通过村里和乡政府的劳保站，尹承祥他们找到了鹤城区促进就业小额担保贷款服务中心。

　　鹤城区促进就业小额担保贷款服务中心对惠诚养殖专业合作社反映的情况高度重视,该中心主任杨迎春等人多次来到贺家田村进行实地考察,在进行了科学的评估分析后,积极联系邮政银行、信用社等金融机构,给予其50万元的创业贷款,并办理了财政贴息手续。这下,他们的燃眉之急迎刃而解,挺过了半年多的蛋价下跌危机期,并扩大了养殖规模。

　　"我们是遇到贵人了,这贵人就是杨主任他们。"8月31日,尹承祥又一次见到前来的鹤城区促进就业小额担保贷款中心主任杨迎春一行时,他高兴地向前来采访的记者说。

　　"你看看我的笑容,就知道我成功了"

　　现在,市场上蛋价有所回升,尹承祥的合作社又走上了正常。尹承祥告诉记者,现在的市场需求又扩大了,出现了供不应求的现象,"有几个老板来定购鸡蛋,他们每天至少要2万个,我总共才一万只鸡,哪里供得上呀?你看,我们仓库,没剩一个蛋了。""你看看我的笑容,就知道我现在成功了"

　　他说,他们准备再次扩大养殖规模,购买一台鸡粪综合利用机,在养殖的同时尝试开发菜地,搞生态种养殖,走多元化发展道路。

图为惠诚养殖专业合作社养殖场全景

图为尹承祥等人养殖的蛋鸡

　　村干部梁利国告诉记者,他们的专业合作社起了很大的模范带头作用,目前,村里养殖业已渐成风气,养猪、养羊、养鸭、养竹鼠的专业户如雨后春笋般冒了出来。

　　"尹承祥成功后,不仅带动了全乡经济发展,也促进了全乡的创业就业。目前,全乡有养殖户100多户,带动富余农村劳动力就地就业350多人。"鹤城区贺家田乡政协主席蒲中兴如是说。

图为尹承祥等人在分捡鸡蛋